VERLEIHUNGSURKUNDE

IN ANERKENNUNG DER UM VOLK UND STAAT ERWORBENEN

BESONDEREN VERDIENSTE

VERLEIHE ICH

HERRN REGIERUNGSOBERRAT

LEONHARDT MANIURA

WIESBADEN

DAS VERDIENSTKREUZ

AM BANDE

DES VERDIENSTORDENS DER BUNDESREPUBLIK DEUTSCHLAND

BONN, DEN 20. JUNI 1984

DER BUNDESPRÄSIDENT

Leonhardt Maniura

EINER WOLLTE DA NICHT BLEIBEN

Autobiografie

Originalausgabe
Herausgegeben von Michael Maniura

Bibliografische Information der Deutschen Nationalbibliothek: Die Deutsche Nationalbibliothek verzeichnet
diese Publikation in der Deutschen Nationalbibliografie;
detaillierte bibliografische Daten sind im Internet unter
http://dnb.dnb.de abrufbar.

Umschlagfoto: Deutscher Gefallenenfriedhof in Recogne
    (Belgien), aufgenommen von Michael Maniura am
    12. September 2020
Umschlaggestaltung: Isabell Maniura

Herstellung und Verlag: BoD – Books on Demand,
Norderstedt
© 2020 Michael Maniura
ISBN: 978-3-7526-2985-9

Inhaltsverzeichnis

Einleitung

Die Historie unserer Familie habe ich niedergeschrieben, um unseren Kindern und Enkelkindern aufzuzeigen, wie Ruth und ich es geschafft haben, die schwierige und entbehrungsreiche Jugendzeit zu bewältigen. Zugleich habe ich die weitere Entwicklung unserer Familie hier schriftlich festgehalten. Es gibt wohl nicht mehr viele Zeitzeugen, die den Zweiten Weltkrieg überlebt haben – und zum Glück hatten wir seitdem keine kriegerischen Handlungen mehr.

Den Titel ‚Einer wollte da nicht bleiben‘ wählte ich mit Bedacht, denn durch den Entschluss, nicht in den USA zu bleiben, kam ich mit Ruth zusammen und wir gründeten eine Familie, auf die wir stolz sein können.

Das erste Kapitel befasst sich mit meiner Vergangenheit bis 1947, also bis zu dem Zeitpunkt, als sich unsere Wege kreuzten.

Das zweite mit Ruth, ebenfalls bis 1947.

Das dritte mit unserem gemeinsamen Lebensweg.

Vorangestellt habe ich eine Beschreibung der Ortschaften, in denen wir auf diesen Wegen gewohnt haben. Welch' ein Zufall: Hersfeld, später Bad Hersfeld war für uns beide der dritte Wohnort; Ruth kam aus dem Westen und ich aus dem Osten. Ferner seien unsere kurzgefassten Lebensläufe vorangestellt.

Leonhardt Maniura im Juni 2005[1]

1) Viele der in diesem Bericht als noch lebend geschilderten Geschwister, Schwägerinnen und Schwager weilen nunmehr, 15 Jahre später, auch nicht mehr unter uns. Als einzige darf ich Liesel, die ältere meiner beiden jüngeren Schwestern, außer mich selbst dazuzählen. Meine Frau Ruth verschied am 26. 5. 2006.

Einige Chroniken zu für uns interessanten Ortschaften

Schomberg: Nach dem Tatareneinfall erfolgte in Oberschlesien, insbesondere im Beuthener Land, eine lebhafte Kolonisierung, der auch Schomberg seine Entstehung verdankte (1241). Es wird davon ausgegangen, dass Schomberg zeitgleich mit Beuthen gegründet wurde (1254). Eine erste urkundliche Erwähnung erfolgte 1289. In dieser Urkunde vom 9. 1. 1289 wird festgehalten, dass ein Fridericus de Schonenburch Zeuge bei dem bedeutenden Ereignis war, als Kasimir, Herzog von Oppeln und Herr in Beuthen, sein Land König Wenzel von Böhmen anträgt. 1526 fiel Böhmen mit Schlesien an Österreich. Im Jahre 1740, zu Beginn der Schlesischen Kriege zwischen Preußen und Österreich, kam Schlesien und damit auch Schomberg zu Preußen. Im Jahre 1895 hatte Schomberg 2523 Einwohner und 23 in Schombergmühle. Vom 1. Weltkrieg bekam Schomberg nicht viel mit, obwohl die russische Grenze bei Deutsch-Piekar gar nicht weit weg war. Der Ort litt sehr unter den drei polnischen Aufständen 1919, 1920 und 1921. Seit 1919 gehörte Schomberg zur neu geschaffenen preußischen Provinz Oberschlesien. Am 15. 7. 1922 verlor Schomberg durch die Grenzziehung zu Polen Schombergmühle. Im Jahre 1926 wuchs die Einwohnerzahl auf 7900, vor allem dank des Baus neuer Wohnhäuser durch die Hohenzollerngrube. Zu Beginn des Zweiten Weltkriegs wurde Schomberg mit Granaten beschossen. Im Laufe dieses Krieges eroberten sowjetische Truppen am 28. 1. 1945 Schomberg und die Industriegemeinde kam unter polnische Verwaltung und nach Abschluss des deutsch-polnischen Grenzvertrags am 14. 11. 1990 zu Polen. Zunächst hieß der Ort Szombierki, dann Chruszczow und seit 1985 heißt er wieder Szombierki. Die Eingemeindung nach Beuthen, polnisch Bytom, erfolgte am 17. 2. 1951. Im Jahre 1985 zählte Schomberg infolge Neubauten im Norden und Süden rund 50.000 Einwohner.

Elmshagen liegt im Landkreis Kassel und ist die älteste Ortschaft der Umgebung. Der Ort wurde 1334 erstmals erwähnt. Damals hieß es Elwineshagin. In einer Urkunde von 1348 heißt es, dass Hedwig Jude aus Niedenstein ihre Besitzungen ‚Im Gericht Elbinshain am Gozenberg und Steinberg' an die von Dalwigks abgab. Seit dieser Zeit ist also Elmshagen eng mit der Geschichte derer von Dalwigk verbunden und gehörte damit auch zum Gericht Schauenburg. 1459 stellten die von Dalwigks das Gericht Schauenburg unter den Schutz des hessischen Landgrafen Ludwig II.; Elmshagen wurde hessisch, nachden es vorher unter dem Einfluss des Mainzer Erzbistums gestanden hatte. Auch Elmshagen hatte im Dreißigjährigen Krieg viel zu leiden. 1707 wurden die ältesten Katasterpläne aufgenommen, die noch heute in ihren Grundzügen gültig sind. Während der napoleonischen Besatzungszeit, als das Königreich Westfalen mit seiner Hauptstadt Kassel existierte bzw. nach den Befreiungskriegen häuften sich in Elmshagen die Wechsel der Haus- und Grundstückseigentümer. In den deutsch-französischen Krieg 1870/71 mussten auch Elmshagener ziehen. 1895 zählte Elmshagen nur 242 Einwohner. Auch nach der Eröffnung der Naumburger Kleinbahn 1904 war das Dorf schlecht zu erreichen. Um zu ihr zu gelangen, war ein 20minütiger Fußmarsch über Feld- und Waldwege nach Breitenbach nötig. Ein bedeutender Schritt war 1972 der Zusammenschluss zur Großgemeinde Schauenburg. Durch Neubauten hat Elmshagen nun über 400 Einwohner und ist staatlich anerkannter Ferienort.

In südwestlicher Richtung, rund 1600 Meter Luftlinie von Elmshagen entfernt, erheben sich in 461 Metern Höhe die Reste der Burg Falkenstein.

Homburg an der Saar: Schwarzenacker kann als ehemaliger römischer Siedlungsplatz durch Chroniken des Klosters Wörschweiler belegt werden. Schon im frühen Mittelalter (1172) entstand auf dem Schlossberg die

Hohenburg, die Ludwig XIV. im 17. Jahrhundert zur Festung Vauban ausbauen ließ. Im 18. Jahrhundert wurden die Anlagen geschleift. Im Innern birgt der Schlossberg ein großes Labyrinth aus Buntsandsteinhöhlen. Der Homburger Ortsteil Schwarzenacker hat ein Römerhaus und ein Freilichtmuseum als Sehenswürdigkeiten zu bieten.

Homburg selbst erhielt im Jahre 1331 das Stadtrecht und wurde im 17. Jahrhundert französisch; dabei wurde die Stadt zur Festung ausgebaut. Im 18. Jahrhundert wurde es Wittelsbacher Residenz und 1815 kam Homburg zur Pfalz. 1920 gehörte die Stadt zum Saargebiet. Homburg war 1918 bis 1935 aus dem Deutschen Reich und 1946 bis 1955 aus der Bundesrepublik Deutschland ausgegliedert. Homburg zählt heute rund 42.000 Einwohner.

Lauterecken: Die Stadt hat ihren Namen nach der Lauter oder Waldlauter, die ihrem Namen nach damals offenbar sauber war. Sie entspringt am Nordrand des Pfälzer Walds südöstlich von Kaiserslautern und mündet nach nur 35 Kilometern in den Glan. An dieser Stelle entstand Lauterecken, und zwar schon in der Zeit der Burgengründungen. Sie wird 1224 in einem Reichsspruch erstmalig als ‚Lutereck' erwähnt. Das Burgendorf gehörte einst zum Nahegau, in dem ab 950 die Emichonen als Untergrafen mit der Verwaltung betraut waren. Mit dem allmählichen Schwinden der Reichsgewalt gelangten sie in den erblichen Besitz ihrer Herrschaften. Durch Teilung wurde das bedeutende Grafengeschlecht in mehrere Linien gespalten, von denen sich die Veldenzer in der Westpfalz gegen älteren kirchlichen Anspruch durchsetzen konnten. Die jüngere Linie der Veldenzer wurde zu Territorialherren in diesem Raum. Nach der unter Rudolf von Habsburg einsetzenden Periode der Stadtrechtsverleihungen im Reichsland wurden bald darauf auch Territorialorte bei Burgen in die alten Stadtrechtsfamilien eingereiht. Im Zug dieser Maßnahme erhielt auch Lauterecken zwischen 1343 und 1350 das Stadtrecht. Nach dem Aussterben des Lauterecker Grafengeschlechts fiel das Amt 1733 an den Kurfürsten von der Pfalz, der es schon seit 1697 besetzt hielt. Das Oberamt Lauterecken blieb bis 1797 unter dem einflussreichen kurpfälzischen Fürstengeschlecht, bis es dann unter französischer Herrschaft als Kantonsstadt in das Departement Donnersberg eingereiht wurde. Nach der Absetzung Napoleons gelangte der Kanton Lauterecken unter bayerische Verwaltung und wurde 1818 im Landeskommissariat Kusel dem Königreich Bayern einverleibt. Lauterecken hat rund 3000 Einwohner.

Allgemeines zur Pfalz: Durch den Frieden von Lunéville 1801 und dem Reichsdeputations-Hauptschluss 1803 gelangten die linksrheinischen Gebiete der Pfalz an Frankreich. Seit 1816 bildete sie einen bayerischen Regierungsbezirk; er wurde 1918 bis 1930 von den Franzosen besetzt, die dort 1923/24 Bestrebungen, sich vom Reich loszulösen und eine eigene pfälzische Republik zu gründen, stark unterstützten. Durch den Versailler Vertrag kam 1919 der westliche Teil des Regierungsbezirks Pfalz bis 1946 zum Saarland.

Bad Hersfeld: Im Jahre 736 gründete der Bonifatius-Schüler Sturm eine Einsiedelei und Lullus, der Nachfolger von Bonifatius auf dem Mainzer Bischofsstuhl, 769 das Kloster Hersfeld, die spätere Reichsabtei. Mit dem Bau der gewaltigen Basilika wurde 831 begonnen. Es handelte sich um den größten Kirchenbau nördlich des Mains, was die Bedeutung des Stiftes Hersfeld bezeugte. Im Katharinenturm neben der Stiftskirche hängt Deutschlands älteste datierbare Glocke aus der Zeit von 1036 bis 1059. Die Gebäude der Abtei sowie die Stiftskirche fielen den Wirren des siebenjährigen Krieges 1761 zum Opfer. Während dieses Krieges wechselte die Stadt nicht weniger als fünf Mal den Besitzer, bis die Franzosen endlich der militärischen Gewalt der verbündeten Preußen und Hessen wichen.

Aus einer kleinen Marktsiedlung vor den Toren des Klosters erwuchs im 11. und 12. Jahrhundert die Stadt Hersfeld. Nach langen Streitigkeiten zwischen Bürgerschaft und Stift wurde die Stadt im Westfälischen Frieden 1648 endgültig hessisch und als Reichslehen den Landgrafen von Hessen-Kassel zugesprochen. Es dauerte fast 100 Jahre, ehe die Zahl der Bürger die Grenze von 3000 endlich wieder überschritt.

Interessant auch für Oberschlesier zu lesen: ‚Am Christsonnabend des Jahres 1806 ist eine Kompanie vom ersten italienischen Infanterieregiment in Hersfeld unter Trommelschlag eingerückt. Sie soll eine Nacht hierbleiben und dann nach Kassel und weiter zur Armee in Polen abgehen.‘ 1807 drohte der Stadt abermals der Untergang, als Kaiser Napoleon nach einem Streit befahl, das aufsässige Hersfeld zur Strafe zu plündern und an allen vier Ecken anzuzünden. Es war der Mannesmut des badischen Oberstleutnants Lingg, der den Befehl zunichte machte. Mit stillschweigender Duldung seiner französischen Vorgesetzten führte er die kaiserliche Anordnung wörtlich aus und gab dabei lediglich vier einzeln stehende Häuser der Vernichtung preis. Die Befreiungskriege kamen und das Königreich Westfalen, zu dem Hersfeld seit 1807 gehört hatte, löste sich auf und Kurhessen, das als Landgrafschaft diesen Namen seit 1803 führte, entstand wieder. 1821 verschwand nach durchgreifender Verwaltungsreform das Fürstentum Hersfeld. Es gab nun den Kreis Hersfeld im kurhessischen Einheitsstaat. Diese neue Einteilung überdauerte den Untergang des Kurstaates 1866 und die beiden Weltkriege. Im Jahre 1949 bekam Hersfeld den Zusatz Bad und heißt seitdem Bad Hersfeld. Mit den im Jahr 1972 vorgenommenen Eingemeindungen zählt es nun gut 28.000 Einwohner.

Ein schönes Ereignis ist das traditionelle Lullusfest, das in der Woche gefeiert wird, in die der 16. Oktober fällt. Dabei wird auf dem Marktplatz das Lullusfeuer angezündet und bewacht, damit die Fuldaer es nicht heimlich nach Fulda holen. Denn Lullus war wie oben geschildert nebst Sturmius Schüler von Bonifatius und beide bauten Hersfeld nach dem Vorbild von Fulda mit den gleichen Flurbezeichnungen wie Frauenberg und Petersberg auf. Das Feuer darf also in keinem Jahr vorzeitig verlöschen. Während des Kriegs deckte man es sogar ab, damit es bei Luftangriffen nicht geortet werden konnte.

Nachdem der Turm der evangelischen Stadtkirche abgebrannt war, wurde er nur ‚klein‘ wieder aufgebaut. Auf diesen Kirchturm geht der Sage nach die Bezeichnung ‚Mückenstürmer‘ zurück. Als einmal ein großer Mückenschwarm am Kirchturm war, dachten die Hersfelder, es wäre ein Feuer ausgebrochen und riefen nach der Feuerwehr.

Ein besonderes Wahrzeichen von Bad Hersfeld ist neben der bereits erwähnten berühmten Stiftsruine, in der nunmehr jährlich Festspiele stattfinden, das Rathaus.

Vor dem Rathaus steht der Lullusbrunnen mit seinen Erinnerungen an die Entstehungszeit der Stadt.

Frankfurt am Main: Ursprünglich ein Römerkastell, wurde es in nachrömischer Zeit eine fränkische Pfalz. 794 wurde erstmals ein Franconofurd erwähnt, zweifellos unser heutiges Frankfurt am Main. Seit etwa der 2. Hälfte des 12. Jahrhunderts bildete sich mehr und mehr der Stadtcharakter der Siedlung heraus. Im Jahre 1372 erlangte Frankfurt die Reichsunmittelbarkeit. Durch die Goldene Bulle 1562 wurde die Stadt Ort der Wahl und Krönung deutscher Könige und Kaiser. Im Jahre 1536 trat Frankfurt dem Schmalkaldischen Bund bei. Im Jahre 1806 gab Napoleon die Stadt an den Fürstprimas des Rheinbundes, Theodor von Dalberg und schuf 1810 das Großherzogtum Frankfurt. In den Jahren 1815 bis 1866 war die Stadt Sitz der Versammlung des Deutschen Bundes. 1848/49 tagte die Frankfurter Nationalversammlung in der Paulskirche. Die Reform der Bundesverfassung erfolgte 1863 durch den Frankfurter Fürstentag. Nach dem Deutschen Krieg kam Frankfurt durch Annexion an Preußen und im Jahre 1945 zum neu geschaffenen Land Hessen. Die Einwohnerzahl der bedeutendsten Stadt Hessens beträgt ungefähr 630.000.

Wiesbaden: Die Anwesenheit von Menschen auf diesem Gebiet ist bis in die Zeiten der Eiszeitjäger nachgewiesen. Bei der vorgeschichtlichen Besiedlung gab es zwei Kulturen: Die Bandkeramiker und die Schnurkeramiker. Nach und nach kam es zu einem Besiedlungswettkampf verschiedener Stämme. Im Jahr 72 v. Chr. zogen die Sueben ein und verdrängten die Ubier. Aus Niederhessen rückten die Chatten ein und aus den zurückbleibenden Chatten bildete sich der Stamm der Mattiaker. Nach ihnen erhielt das spätere Wiesbaden von den Römern seinen ersten, auf die heißen Quellen bezogenen Namen ‚Aquis Mattiacis'. Den Römern folgten Alemannen und Franken. Die Franken badeten außerhalb der Siedlung in Wiesenbädern im Sauerland, daher wohl der Name Wisibada. Von 16 kleinen Badehäusern und einem Spitalbad berichtete erstmals eine Chronik aus dem Jahre 1338.

Fränkische Herrscher errichteten in der Nähe des heutigen Stadtschlosses einen königlichen Wirtschaftshof, der nach und nach zu einer Burg ausgebaut wurde. Sie war bis zum Beginn des 13. Jahrhunderts im Besitz der fränkischen Könige. Das Gebiet wurde dann unter die Nassauer und Eppsteiner Grafen und die geistlichen Mainzer Herren aufgeteilt. Bei den Fehden zwischen ihnen wurde die Stadt wiederholt zerstört. Später war sie Reichsstadt. Zwischen 1816 und 1866 war Wiesbaden Hauptstadt des Herzogtums Nassau. Danach kam die Stadt zu Preußen und nach dem Zweiten Weltkrieg zu Hessen. Wiesbaden wurde zur Landeshauptstadt und zählt heute 274.000 Einwohner.

Lebensläufe

Ruth Kunz, verheiratete Maniura: Am 7. 4. 1932 Aufnahme in die Volkshauptschule Lauterecken. Der letzte Eintrag im Zeugnis stammt von der 8. Klasse, 1. Halbjahr 1939. Danach Besuch der Südschule Hersfeld. Abgangszeugnis vom 19. 3. 1940. Ein Jahr Landdienst im Hof Steinhauer in Lauterecken mit begleitendem Besuch der Ländlichen Berufsschule vom 1. 4. 1939 (?) bis 29. 3. 1941. Anschließend wieder in Hersfeld. Besuch der Städtischen Handelsschule Hersfeld bis 16. 3. 1943. Am 1. 4. 1943 Beginn der Berufstätigkeit beim Arbeitsamt Hersfeld, und zwar als Kriegsaushilfsangestellte in der Vergütungsgruppe X. Zum 1. 4. 1944 Eingruppierung in Vergütungsgruppe IX. Beendigung des Arbeitsverhältnisses am 5. 5. 1945. In der Zeit vom 1. 8. 1945 bis 31. 6. 1947 in Büromöbel-Fabrik Hartmann Baumgardt, Hersfeld, beschäftigt. Am 26. 6. 1947 beginn der Beschäftigung als Angestellte bei der Landesversicherungsanstalt Hessen, K.B.-Abteilung bei der Allgemeinen Ortskrankenkasse in Hersfeld in Vergütungsgruppe IX. Ihre Tätigkeit war die einer Chefsekretärin. Die höhere Einstufung in Vergütungsgruppe XIII erfolgte am 1. 7. 1948. Am 24. 12. 1949 Verlobung mit Leonhardt Maniura und am 23. 12. 1950 Heirat. Am 30. 6. 1951 wurde das Beschäftigungsverhältnis gelöst und am 10. 9. 1951 der erste Sohn Wolfgang geboren. Der zweite Sohn Norbert kam am 14. 6. 1954 zur Welt. Hauptberuf seither Hausfrau und Mutter und seit 1. 9. 1990 Rentnerin.

Leonhardt Maniura: Vom 2. 5. 1933 bis 29. 3. 1941 Katholische Volksschule I in Schomberg und vom 17. 4. 1941 bis 27. 3. 1943 Städtische Handelsschule Beuthen (Oberschlesien). Berufsbeginn am 1. 4. 1943 als Verwaltungslehrling beim Versorgungsamt Gleiwitz mit Ernennung zum Regierungsinspektor-Anwärter ab 1. 1. 1944. Reichsarbeitsdienst vom 28. 8. 1943 bis Ende November 1943 und Luftwaffe vom 17. 12. 1943 bis 14. 1. 1945 mit anschließender Kriegsgefangenschaft bis 6. 4. 1946. Vom 15. 4. 1946 bis 14. 2. 1947 beim Versorgungsamt Kassel sowie bei der Orthopädischen Versorgungsstelle Kassel beschäftigt, zunächst erneut als Verwaltungslehrling und ab 1. 8. 1945 wieder als Regierungsinspektor-Anwärter. Innerhalb der Versorgungsverwaltung am 15. 2. 1947 nach Hersfeld/Bad Hersfeld und am 21. 5. 1951 nach Frankfurt am Main versetzt. Am 10. 7. 1953 zum Regierungsinspektor ernannt. Am 1. 4. 1956 zum Ministerium Kriegsopferreferat in Wiesbaden versetzt und am 20. 8. 1957 zum Regierungsoberinspektor befördert. Weitere Beförderungen: Am 9. 5. 1963 zum Regierungsamtmann, am 10. 7.1968 zum Amtsrat, am 14. 5. 1970 zum Oberamtsrat, am 14. 4. 1983 zum Regierungsrat und am 2. 4. 1984 zum Regierungsoberrat. Am 30. 4. 1987 in den Ruhestand versetzt. Vom 12. 11. 1990 bis 28. 2. 1991 reaktiviert und als kommissarischer Leiter des neuen Versorgungsamtes Suhl eingesetzt.

Familienkurzchronik

Die Vorfahren väterlicherseits mit Namen Maniura wie auch die Vorfahren mütterlicherseits mit Namen Kroczek stammen aus Preußen, Provinz Schlesien/Oberschlesien. Es gibt verschiedene Abstammungstheorien:

1) Onkel Paul Maniura sagte mir, dass er in Boronow gelesen habe, dass sich ein Mann aus der Schwäbischen Jura dort als Köhler niedergelassen habe; er sei mit Napoleon hierher verschlagen worden. Für dort ansässige Polen war er dann der Mann aus der Jura.

2) Cousin Bernhard Maniura hatte eine andere Version: Als er vor dem Kriege zur Marine kam, musste er einen Stammbaum nachweisen. Er kam bei der Ahnensuche auf Italiener aus der Florenzer Gegend (siehe auch Chronik von Bad Hersfeld). In Italien soll es heute noch den Namen Maniura geben.

3) Ich selbst habe beim Pfarramt in Sodow bei Lublinitz im Jahre 1999 festgestellt, dass es dort den Namen Maniura schon in der vor-napoleonischen Zeit gab.

Väterlicherseits kommen die Urgroßeltern aus Czischowa, Deutsch-Piekar und Philippsdorf, das zur Kirchengemeinde Randsdorf/Wieschowa gehörte, die Generation davor aus Boronow, Sonczow und Deutsch-Piekar. Die Urgroßeltern Johann und Carola M. heirateten in Sodow; mein Urgroßvater starb in Koschentin.

Mütterlicherseits kommen die Urgroßeltern aus Woiska (Kirchengemeinde Kirschen/Wischnitz), Langendorf und Blaschowitz (Kirchengemeinde Kirschen/Wischnitz), die Generation davor aus Woiska, Koppinitz/Adelenhof (Kirchengemeinde Lubie/Hohenlieben) und Lubie/Hohenlieben.

1. Kapitel: Einer wollte da nicht bleiben

Zu diesem Titel beflügelte mich Georg Gärtners Buch ‚Einer blieb da – Als deutscher Kriegsgefangener auf der Flucht vor dem FBI'. Er blieb also in den USA, während ich 1945/46 nicht in den USA bleiben, sondern zurück nach Deutschland in eine sehr ungewisse Zukunft wollte. Als Untertitel könnte ich auch nehmen: Ein Verwaltungslehrling bringt es zum Amtsleiter. Ich beginne am Anfang.

Geboren wurde ich am 17. Dezember 1926 in Schomberg im Kreis Beuthen (Oberschlesien). Bei der Taufe am 23. Dezember 1926 in der römisch-katholischen Pfarrkirche ‚Herz-Jesu' in Schomberg erhielt ich die Vornamen Leonhardt Franz – Franz wohl deshalb, weil die Tante Fränzi Matysiok, geb. Kroczek, meine Taufpatin war. Bei meiner Geburt wog ich noch nicht einmal fünf Pfund. Frau Anna Smak aus Schomberg, Dorfangerstraße 4 war meine Hebamme. Die Geburtsstunde blieb unbekannt. Sicher ist, dass sie im Laufe des Vormittags geschah. Großmutter meinte, ich sähe hässlich aus, sodass mich meine Mutter gar nicht anschauen wollte. Dann sah sie doch hin und erkannte, dass ich ein schöner Bub war. Zunächst wohnten wir Vier – Vater, Mutter, Bruder Alfred und ich – parterre in der Wilhelmstraße 11 bei der verwitweten Großmutter Johanna Kroczek. Die Wohnungsnot war infolge der Teilung Oberschlesiens 1922 sehr groß. Unsere Nachbarorte Orzegow und Godullahütte waren damals polnisch geworden.

1927/28 zogen wir in die erste eigene Wohnung in der Verbindungsstraße 4 in den ersten Stock, deren Küchenfenster in den Hinterhof wies. Meine Eltern mussten für sie eine Kaution von 500 Reichsmark bezahlen. Hier wurde am 2. 2. 1929 mein Bruder Reinhold geboren. In jenem Februar war es so kalt, dass das Wasser im Waschbecken gefror.

Die Familie wurde immer größer. Daher suchten meine Eltern eine geräumigere Wohnung. Der Umzug in die Wilhelmstraße 19 folgte 1929/30, wiederum ins Parterre.

Inzwischen besuchte ich den Kindergarten auf der Beuthener Straße. Er lag in der Nähe der Kirche und des Klosters, in dem auch Räume für Veranstaltungen aller Art eingerichtet waren. In diesen Räumen spielten wir Kindertheater. Unter anderem wirkte ich in der Vogelhochzeit mit. Das ‚Brautpaar' verkörperten Klara Dyllich und Bernd Bialas. So schön wie im Theater waren wir sonst nicht eingekleidet. Ein andermal spielte ich den Sausewind: Die Fenster zu, die Türen zu, der Sausewind geht um, hu, hu! Er rüttelt am Fenster, an Tür und an Tor und fegt in den Ecken und träumet davor....

Ein Wort zu meiner Eltern. Mein Vater Josef Maniura war am 2. 3. 1899 in Roßberg, das später nach Beuthen eingemeindet wurde, und meine Mutter am 28. 8. 1899 ebendort geboren. Mein Vater verunglückte am 16. 4. 1940 in der Schomberger Hohenzollerngrube tödlich. Diese Grube war auch das Schicksal meiner beiden Großväter Joseph Maniura (* 8. 1. 1864, † 21. 1. 1913) und Caspar Kroczek (* 6. 1. 1874, † 9. 9. 1911). Meine Mutter Marie Maniura, geb. Kroczek, starb am 3. 1. 1997 in Beuthen. Ihre letzten Lebensjahre hatte sie bei ihrer jüngsten Tochter Anni zugebracht, die als ihr einziges Kind in Polen geblieben war. Sie kam in Vaters Grab auf dem Schomberger Friedhof. Es ist wohl der einzige Grabstein in Schomberg mit deutscher Inschrift. Die Grabsteine bzw. Grabkreuze meiner beiden Großväter waren Ende der 50er, Anfang der 60er Jahre abmontiert worden. Ihre Gräber waren aufgelöst worden, um neuen Platz zu machen.

Die Maniuras und Kroczeks verzogen im Jahre 1911 von Roßberg nach Schomberg in von der Hohenzollerngrube gebaute Werkswohnungen. Familie Kroczek zog nach dem Tod des Vaters in das Privathaus Bonczek in der Wilhelmstraße 11.

Nach der sorglosen Zeit im von Nonnen geleiteten katholischen Kindergarten kam ich am 2. 5. 1933 in die katholische Volksschule I in Schomberg. Am 19. 4.1936 ging ich zur ersten Heiligen Kommunion; praktischerweise hatte ich zu diesem Anlass einen Matrosenanzug bekommen, den ich weiterhin tragen konnte. Am 28. 4. 1937 folgte die Firmung, für die ich aus zwei Namen einen aussuchen durfte: Johannes oder August. Ich entschied mich für August.

Bis einschließlich der 6. Klasse war Johannes Wieczorke, der den deutschen Namen Wenndorff angenommen hatte, unser Klassenlehrer. Danach übernahm Rektor Bernhard Lubojanski (deutsch Liebenhoff) diese Rolle. Vom 10. 1. bis 31. 3. 1939 weilte ich zur Erholung im Haus ‚Schwedenschanze' in Neustadt (Oberschlesien). Gern denke ich daran, dass mein Vater mich während dieser Erholungszeit einmal besuchte und dies bei einer beachtlichen Entfernung von Schomberg aus. In Neustadt hatten wir zwar auch Unterricht, aber unser Schomberger Lehrer brachte der 6. Klasse gerade die Bruchrechnung bei, die ich in Neustadt nicht mitbekam. Ich musste sie mir später mühsam selbst beibringen.

1938/39 war ich also in der 6. Klasse und der Lehrer Wenndorff hatte viel zu tun, weil er während dieser Zeit die beiden Parallelklassen mit insgesamt rund 60 Schülern zusammen unterrichten musste.

Den Kriegsausbruch erlebten wir noch in der Wilhelmstraße 19. Am 1. 9. 1939 wurde Schomberg von Godullahütte und Hubertushütte aus mit ca. 100 Granaten beschossen, wobei auch unsere Schule getroffen wurde. Wir bekamen an diesem und am nächsten Tag schulfrei, weil Danzig von deutschen Truppen eingenommen worden war. Was ein Glück, denn eine Granate traf an diesem Vormittag gegen 10 Uhr auch unser Klassenzimmer. Der Tag des Kriegsbeginns wurde auf diese Weise zu meinem zweiten Geburtstag. Wir verbrachten zwei oder drei Nächte im Keller. In Schomberg gab es dabei einen Toten und einige Verletzte. Mein älterer Bruder Alfred bekam davon nichts mit, weil er in Runkel an der Lahn zum Landdienst eingezogen war. Als er zum Weihnachtsurlaub 1939 nach Hause kam, konnten wir ihm nicht genug über diese Tage erzählen, denn er hatte ja – wie wir Buben meinten – ein ‚Abenteuer' verpasst. Als 12jähriger Junge hatte ich nicht im Traum daran gedacht, diesen Krieg als Soldat und Kriegsgefangener zu beenden.

Während der Schulzeit war ich sowohl in der katholischen Jugend als auch im Jungvolk bzw. in der Hitlerjugend. In der Kirche war ich zeitweise ‚Vorbeter', wobei mir Kaplan Burtzig richtiges Hochdeutsch beibrachte. Oberschlesier neigen dazu, ö als e, ä als e und ü als i auszusprechen. Mit Pfarrer Drzyzga, der dieses Amt bis 1937 innehatte, und Augustin, der diesem folgte, hatte ich wenig zu tun.

Dass ich wie fast alle anderen Kinder im Jungvolk war, gefiel meinem Vater gar nicht. Hier interessierte mich später vor allem der Fanfaren- und Spielmannszug, in dem ich als Trommler mitmachte, das Segelfliegen und das Morsen. In einer schulischen Arbeitsgruppe unter Anleitung der Lehrer Bernhard Mende und Adolf Schwerdtner bauten wir im Dachgeschoß des Schulgebäudes Flugmodelle und Heißluftballons. Die Lehrer hatten vor dem Krieg deutsche Familiennamen angenommen. Wenndorff und Liebenhoff hatte ich bereits erwähnt. Adolf Schwerdtner hatte vorher Schablitzki geheißen.

Im kirchlichen Bereich half ich als Schüler in der Borromäusbücherei im Dachgeschoss des Vereinshauses. Ich führte die Ausleihkartei unter Aufsicht von Mieze Klossek. Sie gab mir aus dem Versteck im Dachboden als Anerkennung das Buch ‚Im Gluthauch der Sahara', ein Buch über die Fremdenlegion. In diesem Versteck waren noch weitere Bücher. Man wollte nicht, dass sie infolge der im dritten Reich vorgenommenen ‚Bücherverbrennungen' verloren gingen. Beim Synagogenbrand in der sogenannten Reichskristallnacht am 9. 11. 1938 wurde auch die Beuthener Synagoge angezündet. Wir sahen sie brennen und alle Leute waren sehr still und wunderten sich, dass die Feuerwehr nicht eingriff. Mein Vater hatte bei der Machtübernahme 1933 schon eine Vorahnung gehabt, als er sagte, dass es bei uns nun so kommen werde wie in Russland, nur von rechts. Während des dritten Reichs wurden in unseren Klassenzimmern die Kreuze durch Hitlerbilder ersetzt. Die Judenverfolgung machte sich auch in Beuthen bemerkbar, wie der erwähnte Synagogenbrand zeigte. Juden mussten einen Judenstern tragen und ihre Geschäfte wurden boykottiert. Einige waren als ambulante Händler tätig und verkauften auch uns Textilien auf Abzahlung. Ich erinnere mich daran, dass meine Mutter die wohl letzte Rate bei einer Judenfamilie, die am Beuthener Ring wohnte, bezahlte und wie sich die Familie, die gerade beim Essen war – sie hatten Mützen auf dem Kopf –, wunderte, noch Geld zu bekommen, wo doch nun niemand mehr mit ihnen zu tun haben wollte. Ihre Namensschilder im Flur waren mit Teer verschmiert.

Eine gute Erinnerung habe ich an unseren Harmonikaklub. Mit zehn Jahren waren wir schon dabei. Die Eltern kauften uns zwei Harmonikas, und zwar für meinen älteren Bruder Alfred und für mich – und das auf Abzahlungsbasis. Wir waren in der älteren Spielgruppe. Später kamen meine jüngeren Geschwister Reinhold und Elisabeth in die jüngere Spielgruppe samt ‚unseren‘ Harmonikas.

Mein Cousin Adolf Jonderko spielte ebenfalls in dieser Gruppe. Sein Vater war Kassierer im ‚1. Handharmonika-Club Schomberg 1937‘ und mein Vater Schriftführer. Erster Vorsitzender war Karl Lauer. Unsere Dirigenten waren Wilhelm Hunn aus dem Schwabenland und Adolf Schulz aus dem Nachbarort Bobrek.

Bevor ich meinen weiteren Lebenslauf erzähle, einige Anmerkungen zur nächsten Verwandtschaft.

Meine Großmutter Maria Maniura war eine geborene Mainka, wurde am 25. 1. 1870 in Deutsch-Piekar im Kreis Beuthen (Oberschlesien) geboren und starb am 25. 4. 1945 nach Einmarsch der Sowjettruppen und Enteignung ihres Hauses in Reigersfeld. Meine Tante Elisabeth Maniura, geborene Sobotta, erzählte mir nach dem Krieg, dass Oma einen Herzanfall erlitten hatte, als sie vom nahe liegenden Wald aus an einem Baum gelehnt zu ihrem enteigneten Haus hinüberschaute. In diesem Haus wohnte auch ihr am 18. 7.1907 geborener Sohn Vinzent mit seiner Familie. Wenn wir in Reigersfeld waren, hieß es immer, Onkel Vinzent ist im ‚Urlaub'. Erst nach dem Krieg erfuhren wir, dass er vom 21. 1. 1937 bis 20. 4. 1939 im KZ Buchenwald inhaftiert war.

Meine Großmutter Johanna Kroczek, geb. Mucha am 27. 12. 1877 in Woiska (Kreis Gleiwitz) starb am 31. 3. 1941 in Schomberg in ihrer Wohnung in der Wilhelmstr. 11.

Zu meinen Geschwistern. Alfred als ältestes Maniura-Kind wurde am 3. 5. 1925 geboren und wohnt in Brühl-Badorf, Wingertsberg 1. Reinhold, geboren am 2. 2. 1929, lebt nach einem Schlaganfall im Pflegeheim der Johanna-Kirchner-Stiftung in Frankfurt am Main, Gutleutstraße. Elisabeth, genannt Liesel wurde am 19. 11. 1930 geboren und wohnt in Wiesbaden-Klarenthal, Otto-Wels-Str. 70. Nach ihrem inzwischen verstorbenen Ehemann Hubert heißt sie Koczar. Anna (Anni), geboren am 24. 7. 1939, ist mit Reinhold Drzensla verheiratet. Beide wohnen in Oberschlesien: Tworóg-Połomia, ulica Pyskowicka 14. Der Ort liegt im Kreis Tarnowitz, nachdem er zunächst Tost-Gleiwitz zugeordnet war.

Am 19. 6. 2005 rief meine Schwägerin Marianne an und sagte, dass Alfred gestern an seiner Krebserkrankung gestorben sei. Dann kurze Zeit später die weitere Schicksalsnachricht: Reinhold starb am 6. 7. 2005 an den Schlaganfall-Folgen. Alfred ist in Brühl-Badorf beerdigt, Reinhold in Frankfurt (Main)-Höchst.

Das letzte große Geschwistertreffen hatte am 28. 8. 1999 stattgefunden. An diesem Tag hatten wir Maniuras uns im Kohlheck-Forum zur Erinnerung an Mamas 100. Geburtstag getroffen. 54 von 62 direkten ‚Maniura-Nachkommen' – also von Marie und Josef Maniura – hatten sich eingefunden. Unser Enkel Thorsten befand sich damals in Großbritannien.

Über unsere Familie später mehr, und zwar im 3. Kapitel. Nun weiter mit mir, zunächst über meine Volksschulzeit.

Damals konnte man noch in den Höfen spielen. Heute sind sie meist bepflanzt oder mit Garagen zugebaut. Unsere Eltern führten über ihre Finanzen ein Buch. Vater hatte vor, ein Haus zu bauen und ein Auto zu kaufen. Dafür kam im Hinblick auf die Familie nur ein großes in Frage. Zu diesem Zweck wurde das vom Finanzamt gezahlte Kindergeld gespart. Gespart wurde auch beim Haare schneiden. Wir bekamen dazu die neue Frisur vom Onkel Norbert Meisner verpasst. Die Eltern taten sehr viel für uns: Ferien in Stanitz und Hubertsgrund, und das nicht etwa bei Verwandten, sondern in – so würden wir heute sagen – einer Ferienwohnung. Es gab aber auch schöne Ferien bei Großmutter in Reigersfeld, wo Vater, Alfred und ich per Fahrrad hinfuhren, während die anderen per Eisenbahn nachkamen. Sie kauften uns – wie schon erwähnt – Handharmonikas. In der Familie waren ein bis zwei Fahrräder vorhanden, worauf auch wir übten. Wir gingen ins Kino nach Beuthen, aber auch nach Bobrek, ferner ins Beuthener Stadttheater. Alfred und ich sahen dabei u. a.: Zar und Zimmermann, der Vogelhändler, Rumpelstilzchen, Madam Butterfly, der Bettelstudent; später genoss ich zusammen mit meinem Cousin Adolf Jonderko im Königshütter Theater Aida. Viel Zeit vertrieben wir in der Schomberger Fasanerie, in die wir manchmal unsere Harmonikas mitnahmen. Zusammen mit meinem Nachbarbub Berthold Fabritzek war ich oft in einer Beuthener Leihbücherei in der Tarnowitzer Straße und lieh dort vor allem Western aus. Was in dieser Zeit für heutiges Verständnis eigenartig war: Gegrüßt wurde nicht mit „Guten Morgen", sondern mit „Heil Hitler". Gartenarbeiten lernten wir nicht nur im Garten der Familie Meisner, sondern vorher schon im Schulgarten.

Ich durfte auch mein Interesse für die Fliegerei ausleben. In meinem Flugbuch findet sich der erste Eintrag am 1. 7. 1942. Darin sind 35 Flüge mit dem Abschluss der A-Prüfung am 16. 5. 1943 eingetragen. Weitere Flüge unterblieben, weil ich im August zum Reichsarbeitsdienst einberufen worden war. Geflogen bin ich in Dramatal und in Radzionkau (Fliegerberg). In der Ausbildungs-Laufkarte steht unter ,vormilitärischer Ausbildungsstand': Als Flugzeugführer = Segelflug A-Prüfung und als Funker = in Ausbildung. Da ich damals noch keine 45 kg wog, riet mir der Fluglehrer, zum Ausgleich zwei Gewichte in meine Hosentaschen zu stecken. Für die ersten einzelnen Flüge hatte ich ein Segelflugzeug vom Typ SG 38 (Schulgleiter 1938) zur Verfügung, in dem festes Angurten oberste Pflicht war.

Bis 1941 schrieben wir die deutsche Sütterlinschrift, die 1915 in Preußen eingeführt worden war. Daneben lernten wir die Schönschrift, also die deutsche Schrift mit lateinischen Buchstaben. Dies führte dazu, dass z. B. im Schulentlassungszeugnis der Volksschule I in Schomberg (nicht mehr katholische...) vom 29. 3. 1941 bis auf den Nachnamen und die Ortsbezeichnungen alles in Sütterlin geschrieben wurde. Aber auch danach wurde von älteren Deutschen noch Sütterlin geschrieben, wie die Briefe von Oma Kunz aus Bad Hersfeld zeigten. Auch im schon erwähnten Flugbuch vom 1. 7. 1942. Hier steht mein Name auf dem Umschlag in lateinischen Buchstaben, während im Innern des Buches meine Personalien, auch Nachname und Wohnort in Sütterlin stehen.

Unsere privaten oder von der Schule organisierten Ausflüge und Wanderungen führten immer nach Westen, denn Beuthen war ja seit 1922 sowohl im Norden als auch im Osten und Süden von Polen eingezwängt.

Am 16. 4. 1940 verunglückte mein Vater nach einer Nachtschicht tödlich. Ich erfuhr es vom Lehrer in der Schule, der mich heimschickte. Damals war ich 13 Jahre und vier Monate alt. Am 1. 4. waren wir in eine für uns ziemlich große Wohnung in der Feldstraße 18a umgezogen.

Die Wohnung lag im 1. Stock des Doppelhauses Nr. 18/18a im linken Flügel. Hatten wir für die bisherige Wohnung 15 Mark Miete bezahlt, war sie hier auf 21 Mark gestiegen. Es war eine Werkswohnung und als mein Vater kurz nach dem Umzug starb, wurde die Miete rücksichtslos auf über 30 Mark erhöht, weil ja kein Betriebsangehöriger mehr in ihr wohnte. Das bedeutete für meine Mutter eine enorme Belastung.

Zur Wohnsituation noch die Ergänzung, dass mein ältester Bruder oft bei der Großmutter Johanna Kroczek übernachtete. Als er älter war, kam dann ich in den Genuss, bei ihr in einem großen Zimmer allein zu schlafen. So schlief ich auch bei ihr, als mein verstorbener Vater in unserer Wohnung aufgebahrt worden war. Oma sagte danach zur Mama, dass ich in der Nacht viel geweint hätte, was mir eigentlich gar nicht mehr in Erinnerung ist. Ich weiß nur, dass wir Buben am Beerdigungstag, einem Sonntag, im Sommerschacht rumgetollt haben und dies in den neuen Anzügen! Seinerzeit war ich 13 Jahre und vier Monate alt. Wir machten auch Wallfahrten nach Deutsch-Piekar und wenn ich mich nicht irre, auch auf den Annaberg.

Das nur ein Ausschnitt aus unserem seinerzeitigen Leben. Nun komme ich so langsam auf die Zeit nach dem Tod meines Vaters und nach der Entlassung aus der Volksschule. Als mein Vater in der Hohenzollerngrube tödlich verunglückte, war meine Mutter naturgemäß sehr verzweifelt. Sie konnte sich nicht vorstellen, dass ihre Kinder ebenfalls Grubenarbeiter würden, trotz des Transparents an der Grube, wobei ein Junge mit einem glänzenden Zeugnis (alles ‚gut‘) sagte: ‚Jetzt will ich Bergmann werden, das ist der schönste Beruf auf Erden‘. Meine Mutter sah dies anders, wohl auch im Hinblick darauf, dass die beiden Großväter ebenfalls in dieser Grube verunglückt waren. Sie fasste den Entschluss, alle Kinder in weiterführende Schulen zu schicken. Für Alfred kam dies zu spät, er war bereits in der Lehre, allerdings nicht in einer Kohlengrube, sondern als kaufmännischer Lehrling bei der Holzgroßhandlung Hoschek in Beuthen. Ich besuchte ab 17. 4. 1941 die Städtische Handelsschule der Stadt Beuthen (Oberschlesien).

Ostern 1941, kurz Vor Beginn der Handelsschulzeit, war ich in Woischnik (Ostoberschlesien) bei Verwandten von Familie Jonderko gewesen. Die kannte ich schon von früheren Besuchen, die ich mit Tante Stasi und Onkel Bruno Jonderko sowie mit meinem Cousin Adolf mitgemacht hatte, als Woischnik noch über eine polnische Grenze zu erreichen war. Es waren nette Leute und sie hatten einen stattlichen Bauernhof. Sie waren mit einem Pferdefuhrwerk nach dem Tod von Oma Kroczek nach Schomberg gekommen, auf dem sie ihren Haushalt mitführten. Diesem Fuhrwerk schloss ich mich per Fahrrad an und blieb einige schöne Tage in Woischnik, wobei ich zu Ostern beim Kirchgang noch die Rasselgeräusche im Ohr habe, die statt Glocken während der Karzeit die Gläubigen riefen. Meine Mutter war über diesen spontanen ‚Ausflug' nicht informiert und erfuhr erst später, wo ich mich aufgehalten hatte.

Von der Zeit in der Handelsschule kann ich allerhand berichten. Es war eine gute Klassengemeinschaft, in der wir uns auf Anhieb verstanden, obwohl wir aus den verschiedensten Orten zusammen gekommen waren. Aus Schomberg stammten lediglich zwei Schüler, Josef Ruscher und ich. Als ich erstmals im Schreibmaschinensaal war, waren alle Schreibmaschinen mit beschrifteten Tastaturen schon belegt, sodass für mich nur eine Maschine ohne Beschriftung übrig blieb. So war ich von Anfang an gezwungen, mich nach der Tastatur-Tafel an der Stirnwand des Klassenzimmers zu richten und nicht versucht, auf die Tastatur zu schauen. Das war für mich insofern ein Vorteil, als ich von vornherein ‚blind' schreiben lernte. Dr. Wischhusen fragte mich auch, ob ich Klavier spiele, weil ich so gelenkige Finger hätte. Handharmonika oder diatonisches Akkordeon scheint ein guter Ersatz zu sein. Wir hatten zwar mit der auf der Parallelstraße gebauten Volksschule einen gemeinsamen Schulhof, aber die Pausen verbrachten wir in der Regel im Flur der Handelsschule, wobei wir immer still im Kreis herumgehen mussten. Ernst Kaluza, mit dem ich mich enger anfreundete, und ich unterhielten uns trotzdem durch Morsezeichen, die wir uns in die Hand drückten.

Einen Schulausflug unternahmen wir zum Schloss Neudeck; an weitere kann ich mich nicht erinnern. Dieser Ausflug fand im Sommer 1941 mit Dr. Wischhusen statt.

In der Handelsschule wurde mir weiteres Rüstzeug für das Berufsleben gegeben. Dabei war das Schreibmaschine schreiben und Stenographie wichtig. Dazu gab es beim Abgang aus der Schule am 18. und 19. März 1943 Sonderprüfungen durch die Gauwirtschaftskammer Oberschlesien, und zwar die: Stenotypistenprüfung mit Kurzschrift. 120 Silben in der Minute langten für ausreichend und 150 für gut. 260 Reinanschläge auf der Schreibmaschine wurde ebenfalls mit gut belohnt – seinerzeit gab es noch keine elektrischen Schreibmaschinen.

Mein Abschlusszeugnis trug das Gesamturteil gut wie auch das Entlassungszeugnis der Volksschule 1941. In der Handelsschule kam ich um die mündliche Prüfung drumherum, weil ich gesamthaft eine glatte und keine sogenannte Zwischen-/Halbnote erzielte.

Schulentlassung war am 27. 3. 1943. Bereits vor Schulbeginn 1941 waren wir aus der Wohnung in der Feldstr. 18a in eine kleinere in der Feldstr. 13 umgezogen, weil aus bereits geschilderten Gründen die Miete nach dem Tod meines Vaters sehr aufgeschlagen hatte.

Der Wohnungswechsel vollzog sich am 1. 3. 1941. Wir wohnten in besagtem Haus im 2. Stock zum Hof zu. Vom Flurfenster zur Straße zu konnte man weit nach Süden bis Godullahütte und Orzegow schauen, denn die andere Seite der Feldstraße war nicht bebaut. Dort gab es viele Gärten.

1956 fand sich nach 13 Jahren erstmals die Möglichkeit, meinem Geburtsort Schomberg einen Besuch abzustatten. Im Gegensatz zu den meisten meiner Vertriebenen-Schicksalsgenossen hatte ich auch während der kommunistischen Zeit nie Scheu, immer wieder in meiner Heimat vorbeizuschauen.

Im späteren Leben kamen mir meine geografischen Kenntnisse sehr zugute. Ich musste nämlich ein Referat über die USA halten. Über die dabei erarbeiteten Kenntnisse wunderten sich manche Mitgefangene in Fort Knox, Kentucky. Darüber später mehr.

Fast ein halbes Jahr vor der Entlassung aus der Handelsschule waren wir Schüler zur Berufsfindung beim Arbeitsamt in Beuthen gewesen. Dabei wurde uns gesagt, dass es möglich sei, mit der mittleren Reife den Weg eines Berufsbeamten im gehobenen Dienst zu ergreifen. Uns Fachschülern wurde vorgetragen, dass es hierzu drei Verwaltungen gibt, die Interesse an uns hätten: Finanzverwaltung, Justizverwaltung und Versorgungsverwaltung. Fast alle bewarben sich für die Finanzverwaltung, einige für die Justizverwaltung und lediglich zwei, nämlich Josef Moczko und ich für die Versorgungsverwaltung. Ich dachte mir, dass es besser sei, in eine Verwaltung zu gehen, die nicht so bekannt und damit für fast alle uninteressant war. Meine Wahl war richtig, wie der Aufstieg in diesem Beruf es bestätigte. Für viele war die Wahl auch deshalb leicht, weil sie in Beuthen ausgebildet werden konnten; das Versorgungsamt war jedoch in Gleiwitz. Ich stellte mich für dieses Amt bei dessen Leiter, Regierungsrat Dr. Maximilian Schleiffer, Anfang Dezember 1942 in dessen Gleiwitzer Wohnung in der Schillerstraße vor. Das Interesse am Stammbaum meiner Familie wurde vielleicht dadurch geweckt, dass ich zwingend einen ‚arischen Nachweis' einreichen musste. Bereits vor Weihnachten traf die Zusage des Amtes ein. Als ich das erste Mal die Dienststelle in der Keithstraße 7 betrat, war ich von einem weiteren Schild an der Haustür irritiert: ‚Orthopädische Versorgungsstelle Gleiwitz', die im selben Gebäude untergebracht war und mich an eine krankenhausähnliche Einrichtung gemahnte. In meinem Tagebuch, das ich Weihnachten 1942 von meiner Mutter geschenkt bekam, habe ich notiert: 15. 1. 1943

(Freitag): Heute früh bekam ich den Bescheid vom Hauptversorgungsamt in Breslau, dass ich mich am 1. April d. J. beim Versorgungsamt Gleiwitz mit meinem Abschlusszeugnis melden solle. Ich habe mich darüber sehr gefreut. Am 1. 4. 1943 (Donnerstag) notierte ich: Heute ging ich zum ersten Mal zum Dienst zum Versorgungsamt Gleiwitz.

Mein Ausbildungsplan als Verwaltungslehrling sah wie folgt aus: vom 1. 4. bis 31. 5. 1943 bei der Kasse; vom 1. 6. bis 31. 7. 1943 im Verwaltungsabschnitt und ab 1. 8. 1943 im Rentenabschnitt K. Der Abschlusssatz lautete: Für die Ausbildung als Regierungsinspektor-Anwärter ab 1. 1. 1944 wird ein neuer Dienstplan aufgestellt. Während dieser Ausbildungszeit feierte das Amt die Beförderung des Amtsleiters zum Regierungsoberrat. Der Ausbildungsplan konnte nicht voll erfüllt werden, weil ich am 28. 8. 1943 zum Reichsarbeitsdienst einberufen worden war. Um zur Arbeitsstelle zu kommen, musste ich sehr früh aufstehen, mit der Straßenbahn nach Beuthen und von dort aus mit der Eisenbahn nach Gleiwitz fahren. Vom Gleiwitzer Bahnhof aus hatte ich zu guter Letzt einen längeren Fußmarsch zur Keithstraße zu absolvieren. Ich hatte eine Monatskarte für die ‚Verkehrsbetriebe Oberschlesien AG. Gleiwitz' mit Passbild.

Wie schon während der Handelsschulzeit mussten auch beim Versorgungsamt Gleiwitz Nachtwachen gestellt werden, um bei Luftangriffen rechtzeitig Hilfe herbeizuholen. Da auch wir Lehrlinge beteiligt wurden, nahm ich ab und zu meine Handharmonika mit, um nachts für Unterhaltung zu sorgen, denn bei diesen Wachen waren wir immer zu zweit.

Gleiwitz lernte ich in dieser Zeit dadurch gut kennen, dass ich als Lehrling vom Amtsleiter für Besorgungen in die Stadt geschickt wurde. So suchte ich einmal eine Gärtnerei auf, um Tomatenstauden für ihn zu kaufen.

Am 1. 7. 1943 meldete ich mich freiwillig zur Luftwaffe. Zum Einen wurde mir dadurch von der Anwärterzeit ein Jahr geschenkt. Zum Anderen lockte sie mich als Segelflieger und Funker ohnehin. Bei Zwangseinberufung im 17. Lebensjahr wäre ich zwangsläufig bei der Infanterie gelandet. Meine frühzeitige freiwillige Meldung sollte sich beim Reichsarbeitsdienst aus einem überraschenden, weiter unten geschilderten Grund als glücklich erweisen.

Ab 28. 8. 1943 also Reichsarbeitsdienst. Der erste Standort war Bauerwitz-Eiglau im Kreis Leobschütz und der nächste Jelesnia, Kreis Saybusch in den Beskiden. Ich hatte insofern Glück, als man mich als ehemaligen Handelsschüler sogleich in die Schreibstube steckte. Parallel machte ich jedoch eine Grundausbildung mit Erdarbeiten mit, wobei der einem zugeteilte Spaten immer blitzsauber sein musste. In Jelesnia erhielten wir zum Spaten noch ein russisches Beutegewehr, mit dem wir in Löchern rings um das Lager Wache halten mussten, vor allem nachts. Während meiner Zeit in diesem Lager gab es jedoch keine Angriffe von polnischen ‚Aufständischen‘. In Bauerwitz war es die RAD-Abt. 1/120, in Jelesnia die Abt. 1/124(?). Meine Mutter besuchte mich an beiden Standorten. Sie war darüber erschrocken, dass wir in Jelesnia mit Gewehren Wache in Schützenlöchern halten mussten. In Bauerwitz war dies deshalb nicht der Fall, weil dieser Ort in Oberschlesien und nicht im eroberten Ostoberschlesien liegt. Dass es in Ostoberschlesien unsicherer war, erfuhr meine Mutter am Kattowitzer Bahnhof. Dort wurde per Lautsprecher immer wieder durchgegeben: Vor Taschendieben wird gewarnt. Während der Arbeitsdienstzeit hatte ich zumindest einmal Heimaturlaub gehabt, den ich selbstverständlich bei meiner Mutter in Schomberg verbrachte.

Die Beskiden machten einen nachhaltigen Eindruck auf mich, denn hier waren die Berggipfel schon im November mit Schnee bedeckt. Bis zur Grenze nach der Slowakei war es nicht weit. Wir waren hier mit dem Anlegen einer Straße in Richtung Grenze beschäftigt.

In Jelesnia kamen eines Tages Offiziere der Waffen-SS, die Freiwillige für ihre Truppe suchten. Wir waren in der

Kantine. Die Tür wurde abgesperrt und jeder meldete sich ‚freiwillig' zur Waffen-SS, da er vorher nicht aus der Kantine hinausgelassen wurde. Ich blieb deshalb ungeschoren, weil ich bereits die Freiwilligenmeldung zur Luftwaffe hatte, die ich vorzeigen musste.

Dass negative Erlebnisse während der Zeiten des Reichsarbeitsdienstes und der Wehrmacht ein Leben lang nachwirken, habe ich zwar zum Glück in dieser Stärke nicht erlebt, aber Erzählungen von Bekannten nach Jahrzehnten belegen, wie einen so etwas belastet. So sagte mir ein ehemaliger Arbeitsdienstler, der ebenfalls in den Beskiden war, dass er einmal von einem SS-Offizier gebeten worden sei, aus einer gefangenen polnischen Aufständischengruppe einen Mann auszusuchen. Er suchte einen gut aussehenden Polen aus, weil er dachte, der würde nun entlassen werden. Stattdessen erschoss man diesen Polen. Dieses Erlebnis verfolgt ihn noch heute, weil er sich mitschuldig fühlte. Mein Schulfreund Alfred Strzoda erzählte mir, dass er nach Jahrzehnten immer noch von dem Bild verfolgt werde, dass er mit seiner Einheit während der Ardennenoffensive auf sie zukommende Amerikaner im Kampf erschossen habe. Das Schlimme für ihn war, dass der Kompaniechef den Befehl zum Schießen erst dann gab, als die Amerikaner auf offenem Feld kurz vor ihren Schützengräben angelangt waren und ihre Gesichter deutlich zu erkennen waren. Das zweite Ereignis ist ein Vorgriff auf meine Wehrmachtszeit – aber hier passt diese Darstellung zielsicher ins Bild.

Gegen Ende November 1943 (den genauen Tag weiß ich nicht mehr) wurden wir aus dem Reichsarbeitsdienst entlassen; ich teilte dies dem Wehrmeldeamt in Tarnowitz mit und nahm meine Tätigkeit beim Versorgungsamt wieder auf. Hier erhielt ich als Verwaltungs-Lehrling ein Lehrgeld von monatlich 55 Reichsmark; als ich am 1. 1. 1944 zum Regierungsinspektor-Anwärter ernannt wurde, bekam ich theoretisch einen Unterhaltszuschuss von 140 Reichsmark – in Wirklichkeit waren es lediglich 70 Reichsmark, weil ich zu dieser Zeit bereits Soldat war. Da wurden die Bezüge zwar weiter gezahlt, jedoch nur zur Hälfte. Diese gingen auf mein Sparbuch bei der Kreissparkasse in Beuthen (Oberschlesien), denn ein Girokonto hatte ich damals noch nicht. Das stellte sich später als vorteilhaft heraus, denn Sparbücher wurden aufgewertet und Girokonten nicht.

An meinem Geburtstag – ich war also gerade 17 Jahre alt geworden – wurde ich zur Luftwaffe einberufen. So markante Tage merkt man sich, genau so wie der 28. 8. (Einberufung zum Reichsarbeitsdienst) ein markanter Tag war, nämlich der Geburtstag meiner Mutter. Zur Luftwaffe kam ich nach Crailsheim, das ich auf der Landkarte suchen musste. Reinhold begleitete mich noch bis zum Umsteigebahnhof Gleiwitz, während ich mich von den anderen Familienmitgliedern bereits am Beuthener Hauptbahnhof verabschiedet hatte. In Crailsheim wurden wir eingekleidet. 1943 feierte ich dort meine erste Weihnacht ohne Familie, erkältet und mit starker Bindehautentzündung. Ich erinnere mich deshalb so genau daran, weil es hieß, ich weine vor Heimweh. Ende des Jahres 1943 kamen wir dann zur Grundausbildung zur 14. Kompanie im Flieger-Regiment 51 in Eindhoven (Niederlande). Während die Kompanie im Kloster Marienhage an der Paterskerk Augustijnen, die wegen einer großen Christusfigur auf der Kirchturmspitze bekannt ist, untergebracht war, lag der 1. Zug, dem ich angehörte, in einem anderen Klostergebäude samt Schule in der Nähe des Heezer Wegs. Ein Nebeneffekt des ‚Kommiss' ist die Uniformiertheit in Uniform: Im Winterhalbjahr, also von Oktober bis März mussten wir voll zugeknöpft antreten; ab 1. April durfte dann oder besser gesagt musste der oberste Kragenknopf geöffnet werden, egal, ob es weiterhin kalt war oder nicht.

Mein Soldbuch vernichtete ich bei der Entlassung aus der Kriegsgefangenschaft in Bad Aibling, damit nicht zu erkennen war, dass ich aus Oberschlesien stamme, sonst wäre ich nicht nach Kassel, sondern nach Oberschlesien entlassen worden.

In der Grooten Heide von Eindhoven erhielten wir unsere Grundausbildung. Das Gelände war riesig. Auf diesem Gelände mussten einmal die teilnehmenden Soldaten mit ‚Helm ab' vor mir hinknien, weil ich der beste Maschinengewehrschütze war. Dabei war dieser Erfolg nur auf meine Zaghaftigkeit zurückzuführen. Während nämlich fast jeder Soldat die zur Verfügung stehenden 15 Schuss in zwei bis drei Feuerstößen mit geringer Trefferquote verschoss, kam ich bei fünf Feuerstößen auf zwölf Treffer. Sobald das Ding nämlich zu schießen begann, ließ ich den Hahn erschrocken los, sodass es zu diesen kurzen Feuerstößen und jeweils neuem Anvisieren kam.

Alfred schickte ich ein Foto mit folgender Anschrift: SS-Strm. Alfred Maniura FPNr. 26006 A – Dein Bruder Leonhardt (Strm = Sturmmann, FPNr. = Feldpostnummer).

Anfang Januar 1944 erhielt ich vom Versorgungsamt Gleiwitz eine Abschrift meiner Ernennungsurkunde zum Regierungsinspektor-Anwärter. Darüber war ich sehr erleichtert, befürchtete ich doch, dass diese Übernahme ins Beamtenverhältnis wegen parteipolitischer Unzuverlässigkeit nicht vollzogen würde. Meine ‚Unzuverlässigkeit' resultierte daraus, dass ich nach meiner Entlassung vom Reichsarbeitsdienst aufgefordert worden war, wieder zum HJ-Dienst (HJ = Hitler-Jugend) in Mechtal zu kommen, da die Flieger-HJ ein politisches Führungszeugnis fürs Versorgungsamt Gleiwitz abgeben soll. Dort wurde ich vom Einheitsführer vor versammelter Mannschaft gemaßregelt, weil ich einen anderen Schritt als die anderen Hitlerjungen hätte. Ich sagte ihm, dass ich diesen großen Schritt so beim Reichsarbeitsdienst gelernt habe. Er war damit nicht zufrieden und ich sagte laut, er solle mich doch am A... lecken. Anscheinend gab er dann doch ein positives Zeugnis ab. Ob das deshalb war, weil ich nun in den Krieg zog und ihm das leid tat?

Während meiner Zeit in Eindhoven wurden wir ärztlich begutachtet. Dies war am 22. 1. 1944 in der Flieger-Untersuchungsstelle in Soesterfeld bei Utrecht. Als Ergebnis wurde festgehalten: Wehrfliegertauglich, aber wegen nicht voll befriedigendem Allgemeineindruck – also zu leicht und schmächtig – untauglich als Fallschirmschütze. Im Gutachten steht auch, dass meine Psyche eher robust, stabil, lebhaft und ich sehr schlagfertig sei. Zur Erinnerung: Seinerzeit war ich 17 Jahre alt.

Während der Grundausbildung erlebten wir nicht nur die Rekrutenausbildung, sondern wurden auch zum Wachdienst im Fliegerhorst Eindhoven eingeteilt. Als ich einmal von einem solchen Wachdienst zurückkam, fehlten mir einige Patronen – und das war fast ein Verbrechen mit Disziplinarverfahren. Ein solches Verfahren (Befehl: zum ‚Rapport‘ mit Stahlhelm) wollte ich auf jeden Fall vermeiden. Es gelang mir, mein Patronensoll von 100 dank eines mitfühlenden Kameraden aufzufüllen. Ich ging in Ausgehuniform durch die Stadt zum Fliegerhorst Eindhoven, weil ich von dort ein Gasprüfgerät abholen sollte, und klagte mein Leid dem diensttuenden Wach-Obergefreiten. Der beruhigte mich und nahm aus der Trommel seines Flieger-MGs 15 die fehlenden Patronen 'raus und ich ging sehr erleichtert zu meiner Einheit zurück. Der Unteroffizier war gerade dabei, mit den anderen Rekruten in Drillichzeug auf schlammiger Erde das Hinlegen zu üben und sagte zu mir, ich solle mich gleich daneben legen. Ich sagte zu ihm, wenn er mir nachher die Ausgehuniform säubere, dann legte ich mich mit größter Wonne in den dicksten Schlamm. Ich brauchte daraufhin wundersamerweise nicht mitzuüben. Ich war über diese für mich erfreuliche Reaktion deshalb so überrascht, weil die Ausbilder mich mit der Bezeichnung ‚Scheißhaus-Anwärter‘ immer wieder zu schikanieren versuchten, seit sie wussten, dass ich Regierungsinspektor-Anwärter sei. Meist erfolglos, denn ich grinste sie dabei stramm stehend an und sagte: „Ich mache ein dienstfreudiges Gesicht" – was wiederum sie ärgerte.

Die Rekrutenzeit bereitete mir keine besonderen Schwierigkeiten, denn ich begleitete sämtliche Ausbildungsphasen mit dem Gedanken, dass ich entsprechendes Verhalten an der Front gut gebrauchen könnte, z. B. sehr schnelles Hinlegen, ohne die Fersen/Hacken hochzuschmeißen, denn dann kam es zu Beinschüssen. Wir marschierten und sangen auch mit aufgesetzten Gasmasken.

Irgendwann hieß es Abschied nehmen von Eindhoven mit der markanten Kirche und dem anliegenden Kloster, auf dessen Innenhof wir exerzierten. Wir wurden hier am Karabiner 98 k (k = kurz) und am Flieger-MG 15 ausgebildet, aber auch am MG 34, an den Pistolen 08 und 38 sowie an Handgranaten.

Dort wurden auch die Passbilder für die Soldbücher aufgenommen. In der Kantine war ein Spruch von Friedrich dem Großen aufgemalt: ‚Tadelt nicht die Missetaten der Soldaten. Männer, die da sterben sollen, müssen haben, was sie wollen. Lasst sie lieben, herzen, küssen, wer weiß, wie bald sie sterben müssen'.

Ich erhielt meine Erkennungsmarke: 351 – 14./Fl.Rgt.51. Am 15. 3. 1944 wurde ich mit einigen anderen Luftwaffensoldaten von Eindhoven nach Huijbergen bei Bergen op Zoom verlegt. Auch hier waren wir in einem Kloster untergebracht. Mein Dienstgrad war weiterhin ‚Flieger'. Hier wurden wir an stärkeren Waffen ausgebildet: Schweres Maschinengewehr, schwere Granatwerfer, Hafthohlladung gegen Panzer und einige sogar am PAK-Geschütz (PAK = Panzerabwehrkanone). Wir hielten auch Wache auf dem in der Nähe liegenden Flugplatz, an der Küste bei Bergen op Zoom und am Bahnhof Essen in Belgien. Als ich einmal Flugplatzwache hatte, fand ich in einem der vielen Bombentrichter leere Packungen von Gewehrmunition. Da meine Munition seit Eindhoven mehr oder minder lose im Brotbeutel lag, nahm ich einige Packungen an mich und legte nach dem Motto ‚Ordnung muss sein' meine Munition hinein. Es dauerte nicht lange, da bestellte mich nach einem Appell der Kompaniechef aufgerüstet und mit Stahlhelm auf dem Kopf zum Rapport. Aus den Aufdrucken auf diesen Packungen hatte man festgestellt, dass sie von gestohlenen Munitionsbeständen stammten. Ich gab beim Rapport meine wahre Geschichte zum Besten, was ihn veranlasste, in die Packungen zu schauen. Dabei stellte er fest, dass diese Munition tatsächlich nicht in diese Packungen gehörten – was ein Glück für mich!

Die Bombentrichter auf sandigem Boden veranlassten mich zu einer sportlichen Tätigkeit: Ich stellte mich in voller Montur an den Rand und machte einen Salto vorwärts in den Trichter hinein, was auch prima klappte und mir Spaß machte.

Auf dem Flugplatz waren zur Zwangsarbeit rekrutierte Holländer beschäftigt. Wir kontrollierten sie am Tor und ich konnte meist nicht feststellen, ob der Ausweis auch zur jeweiligen Person gehörte; wir waren für solche Kontrollen einfach nicht ausgebildet worden. Kamen sie nicht zur Arbeit, wussten wir, dass es einen Fliegerangriff auf den Flugplatz geben würde. Sie waren bestens informiert.

Beim Wachestehen in Bergen op Zoom war ich einmal erstaunt, dass das Nordseewasser beim nächsten Wachetermin nicht mehr zu sehen war. Ich dachte schon, ich wäre am falschen Standort, bis ich informiert wurde, dass es die Ebbe war, die sich so stark auswirkte.

In Huijbergen gab es jeden Sonntag evangelischen und katholischen Gottesdienst für die Soldaten. Dazu wurde vorher angetreten und es ging in Marschkolonne in den Gottesdienstraum des Klosters. Einmal hatte ich meinen Karabiner am Durchschlupf des Zauns, der als beliebte Wegabkürzung vom Flugplatz diente, stehen lassen und das erst im Quartier bemerkt. Welch' ein Vergehen! Sofort lief ich zurück und es stand zum Glück immer noch dort.

Unser Wehrsold betrug 10 Reichsmark je Dekade, deutlich mehr als beim Reichsarbeitsdienst, bei dem es lediglich 25 Pfennige pro Tag gegeben hatte. Meine Mutter besserte meine finanzielle Lage dadurch auf, dass sie mir nach Holland Geld überwies. Ich vermute, dass dies meine Waisenrente von der Reichsknappschaft war, die ich immerhin noch bis Dezember 1944 bekam.

Bei einem Ausmarsch von Huijbergen aus kamen wir in eine steinigere Gegend, die ebenfalls mit Bombentrichtern gespickt war. Es handelte sich um eine Geländeübung an der Grenze zu Belgien. Hier sollte ich mit vollem Gepäck – außer Karabiner – dem Zugführer meinen ‚berühmten‘ Salto in einen solchen vorführen. Es kostete mich allerhand Überwindung, aber es klappte und ich war glücklich.

Es gab auch regelmäßig Marketenderware, vor allem Tabak, Zigaretten und Zigarren. Als Nichtraucher sandte ich meine Ration vom Mai zum Alfred, der als Soldat in Russland war. Auch bei der täglichen Essensration gab es jeweils drei Zigaretten.

In Essen (Belgien) bewachten wir am Bahnhof abgestellte Waggons mit Flugbenzin. Dort waren wir auch jeweils – welch ein Luxus für einen einfachen Soldaten – im Hotel am Bahnhof untergebracht. Allerdings hatten wir dorthin in voller Montur samt Tornister und Waffen hinzumarschieren. In dieser sandigen Gegend bekam ich wegen des ständigen Rutschens und Leertretens nach einer Weile Fußbeschwerden. Deswegen ging ich ins Revier, wo der Arzt einen Mittelfußknochenbruch links feststellte. Mit meinen 17 Jahren war ich ja noch im Wachsen. Man schickte mich zurück zur Kompanie, um meine Utensilien zu holen. Bei der Kompanie hörte ich jedoch, dass ich inzwischen aufgerufen worden sei, weil ich neben anderen zur weiteren Ausbildung in die Bordfunkerschule 4 nach Lyon sollte.

Das mit der Marschfraktur geschah im Mai 1944. Ich musste nun sehen, wie es weiterging: Entweder ins Krankenrevier am Flugplatz Huijbergern oder Verlegung nach Lyon in Südfrankreich. Die Entscheidung fiel mir nicht schwer, denn ich wollte ja Bordfunker werden. Ich meldete mich daher in der Schreibstube sowie beim Rechnungsführer ab, wobei ich mir von ihm einen Anschiss holte, weil ich Hausschuhe anhatte und keine Stiefel. Ich sagte dennoch niemanden etwas vom Krankenrevier. Ich ging etwas O-beinig, weil ich mit dem linken Fuß verkantet auftrat, aber wenigstens einigermaßen ohne Schmerzen.

Am 15. 5. 1944 marschierte ich mit vollem Gepäck und diesem Fuß zusammen mit einigen anderen Kameraden zum Bahnhof. Wir kamen über Antwerpen und Brüssel, wo wir im Soldatenheim übernachteten, nach Paris – manchmal sogar im Zug stehend, weil er so überfüllt war. In Paris blieben wir einige Zeit, sahen uns dort um, lernten auch die Metro kennen und übernachteten im Soldatenheim gleich drei Mal. Dann ging es weiter nach Lyon, wo wir am 19. 5. eintrafen. Welch Wunder: Mein Fuß tat mir nach dieser langen Reise nicht mehr weh.

In Lyon empfing uns – obwohl erst Mai – angenehme Wärme. Per Straßenbahn ging es zu den an der Rhône gelegenen Messehallen, die zur Luftnachrichtenschule 4 umfunktioniert worden waren.

Nun war ich kein ‚Flieger‘ mehr, sondern ein ‚Funker‘. Während meine Kameraden und ich in einer oberen Etage der riesigen Messehalle untergebracht waren, fand der Morseunterricht in großen Räumen im Parterre und der Geräteunterricht wiederum in einem Raum in der oberen Etage statt. Ganz oben befand sich der Speisesaal und in einem separaten Gebäude die Kantine. Neben Morse-unterricht genossen wir weiterhin militärische Ausbildung. Auch die Lehrgänge für Unteroffiziersanwärter blieben davon nicht verschont, denn fliegendes Personal setzte Unteroffiziersrang voraus. Was mich anfangs bedrückte, war das Finden neuer Freunde, denn immerhin war dies schon die dritte Verlegung für mich – und viele alte Freunde blieben zurück. Der Park gefiel uns sehr, aber auch die Stadt mit den vielen Brücken über die Rhône und Saône. Wir mussten in diesem heißen Sommer immer lange Unterhosen tragen, denn der raue Uniformstoff setzte einen sonst in Form gereizter Haut sehr zu. Zu meinem

Erstaunen kam ich in Lyon nie ins Schwitzen, während die Kameraden immer ganz schön durchnässt waren. Sanitäter sollten später herausfinden, dass meine Fiebergrenze genetisch bei 34°C statt bei 37°C liegt, was in meinem Nachkriegsleben zu häufigen Fehldiagnosen führen sollte. Eine nette Erinnerung an die Unterwäsche: Bereits in Eindhoven war uns im Spaß gesagt worden, wir bräuchten die Unterwäsche nicht auszubessern, weil wir ja nie wissen würden, ob wir nach der Wäsche unsere Unterwäsche wiederbekommen würden. Bei einer Spindkontrolle hier in Lyon wurde ich anschließend vor versammelter Mannschaft vom Zugfeldwebel gerügt, weil ein kleines Loch im Unterhemd von mir nicht gestopft worden war. Ich sagte zu ihm, stramm stehend mit ernstem Gesicht, dass wir bei der Rekrutenausbildung gesagt bekommen hätten, Unterwäsche nicht zu flicken, weil wir nach der Reinigung andere bekämen. Er nahm dies sprachlos zur Kenntnis und ich feixte innerlich. Es gab dauernd Nudeln mit Vorsuppe, wobei diese wegen der Abwechslung mit Nudeln angereichert war. Nichtsdestoweniger esse ich Nudeln auch heute noch gern.

Lyon ist eine sehr schöne Stadt, als wir sie bei dem einen oder anderen Ausgang kennen lernten. Bei solchen Ausgängen mussten wir – wie schon in Eindhoven – den Karabiner und einen Pariser (!) mitnehmen. Bei einem erlebten wir einen Bombenangriff der Alliierten auf die Umgebung des Bahnhofs Perrache.

Bei der Funkerausbildung kam es manchmal zu Überstunden. Einmal brachten diese Überstunden einige von uns – und auch mich – in Bedrängnis, denn wir mussten die Gasmaskenbehälter abgeben, damit die Namen drauf mit weißer Farbe aufgemalt werden konnten. Am Spätnachmittag erging der Befehl, diese Gasmaskenbehälter auf der Kammer abzuholen. Die Behälter unserer Gruppe blieben stehen, weil wir Überstunden machten und daher von diesem Befehl nichts mitbekamen. Den ‚Spieß' machte dies so wütend, dass er die Namen fürs Strafexerzieren notierte. Das Strafexerzieren fand am Samstag, dem 3. 6., statt. Obwohl wir die Gründe nannten, die es nicht zuließen, die Behälter rechtzeitig abzuholen, mussten wir beim Strafexerzieren mitmachen. Wir wurden nun vom Kompaniechef so gescheucht, dass sich meine Marschfraktur wieder bemerkbar machte, darüber hinaus auch am anderen Fuß. Nun hatte ich Marschfraktur beiderseits. Am drauffolgenden Montag meldete ich mich krank und kam ins Krankenrevier, das mehr wie ein Lazarett aussah und sich auf der anderen Seite des recht großen Parks befand. Um mein Utensilien zu holen, machte ich mich nochmals auf den weiten Weg durch den Park. Langsamen Schrittes näherte ich mich dem Messegebäude, wo unsere Kompanie gerade Appell hatte. Als der Spieß mich so gemütlich daherkommen sah, wurde er in Unkenntnis meiner Diagnose wütend und befahl mir schon von weitem, mich hinzulegen. Ich ging jedoch noch ruhiger weiter und als ich vor ihm stand, sagte ich, dass ich mich nicht hinlegen könne, weil ich Mittelfußknochenbrüche an beiden Füßen hätte und lediglich gekommen sei, um für eine stationäre Behandlung meine Sachen zu holen. Da ließ er mich endlich weitergehen. Im Krankenrevier, wohin ich wieder langsam und O-beinig zu Fuß ging, kam ich in einen Raum mit ca. 20 Kameraden. Dabei waren auch welche von der Infanterie. Einer davon hatte einen Radioapparat, mit dem er ab und zu ‚Feindsender‘ hörte. Dass wir dabei schlechtes Gewissen hatten, war verständlich, denn das war bei strenger Strafe verboten. Schon während der Nachtwachen in der Beuthener Handelsschule hatten Ernst Kaluza und ich mit demselben schlechten Gewissen BBC eingeschaltet gehabt.

Am Tag nach meiner Aufnahme, also am 6. 6. 1944 begann die Invasion in Nordfrankreich. Bereits am frühen Morgen erfuhren wir das von dem französischen Betreuungspersonal. Wir wollten es nicht glauben, bis dann im Laufe des Tages die Bestätigung durch deutsche Nachrichten kam.

Nach ungefähr vier Wochen wurde ich mit klebenden Kompressionsbinden an meinen Füßen entlassen. In der Luftnachrichtenschule ging es für mich weiter mit Funkunterricht, wobei wir nun auch die Q-Gruppen lernten. Eine Q-Gruppe mit drei Buchstaben ersetzte ganze Sätze. Für uns war QRL sehr interessant, bedeutete dies Zeichen doch: Nicht stören, bin beschäftigt. Zwischendurch wurde mir vom Spieß das Erstellen einer WDB-Liste befohlen. WDB bedeutete Wehrdienstbeschädigung. Die französische Widerstandsbewegung, also die Resistance – auch Maquis genannt – machte uns mächtig zu schaffen. Wir wurden zu sogenannten Säuberungsaktionen im Süden, Südosten und Osten von Lyon, aber auch in Lyon selbst eingesetzt. Nach jedem Einsatz wurden wir gefilzt, ob wir nichts geklaut hätten. Einmal wurden wir zu einer Polizeikaserne in einem Vorort von Lyon gefahren, um die französischen Polizeibeamten zu entwaffnen. Zu solchen Einsätzen meldete ich mich nie freiwillig. Ich hatte die Devise: Nie freiwillig melden – auch später nicht bei Spähtrupps oder Stoßtrupps. Wurde ich aber eingeteilt, dann machte ich selbstverständlich mit und tröstete mich dabei innerlich: Wenn etwas passiert, dann war's eben Schicksal. Sehr unangenehm war für mich, die Füße bei dieser sommerlichen Hitze nicht waschen zu können. Sie waren beide immer noch bis über die Knöchel verbunden; lediglich ein Teil der Fersen und die Zehen waren frei geblieben.

Die Post wurde merklich weniger, Pakete und Päckchen kamen gar nicht mehr an. Einmal kam doch ein Päckchen durch und dann noch eins für mich! Zu meinem Erstaunen war es mein eigenes Päckchen mit Tabakwaren, das ich von Holland aus zum Alfred nach Russland gesandt hatte. Seine Einheit war inzwischen nach Nordfrankreich verlegt worden, wo er am 22. August in Kriegsgefangenschaft geraten war. Das sollte ich allerdings erst sehr viel später erfahren. Jedenfalls ging die Sendung an mich als Absender zurück, zunächst nach Holland und von da aus weiter an meine neue Einheit hier in Lyon. Was hatte ich als Nichtraucher auf einmal viele rauchende Freunde!

Wenn wir bei Sondereinsätzen, die manchmal auch nachts durchgeführt wurden, ein Dorf durchkämmten, hieß es, die Häuser anzuzünden, in denen Waffen gefunden wurden. Ich selbst habe dies aber nie erlebt. Wir hatten einen nachtblinden Kameraden, der bei entsprechenden Einsätzen eine Taschenlampe dabei hatte, auch einmal, als wir über eine Rhônebrücke nach Norden gingen. Daran erkannte ich, dass unser Einsatz den Nordosten von Lyon betraf.

Mittlerweile sagten wir nicht mehr Kameraden, sondern Kumpel.

Ich musste zur Nachuntersuchung ins Krankenrevier. Dabei wurden die Binden so gefühllos entfernt, dass die Härchen oberhalb der Knöchel abgerissen wurden. In den nächsten Tagen bildeten sich an diesen Stellen Eiterherde, sodass ich erneut stationär behandelt werden musste. Es muss um den 20. 7. gewesen sein, denn im Feindsender – ich war wieder im großen Krankensaal gelandet und der Soldat mit dem Radio war noch da – wurde durchgegeben, dass nach dem Attentat auf Hitler nun Himmler den Oberbefehl über die deutsche Wehrmacht übernommen hätte und dass alle Soldaten nun mit dem deutschen Gruß, wie bei der Waffen-SS üblich, zu grüßen hätten: Ausgestreckte Hand an Stelle von Antippen am Stahlhelm. Peinliches Schweigen im Saal, weil niemand sagen konnte, ob diese Nachricht wahr war. Wir sagten uns, dass wir uns weiter so verhalten sollten wie vor der Einweisung in dieses Lazarett. Nach meiner Entlassung lief mir im Messegebäude ein Feldwebel über den Weg, den ich mit Handanlegen an die Mütze grüßte und von dem ich einen geharnischten Rüffel bekam: Ob ich nicht wüsste, wie man zu grüßen habe, ich käme wohl vom Mond! Innerlich war ich über diesen Anschiss froh, denn er bestätigte die Richtigkeit der Feindsender-Meldung. In Lyon bereiteten wir uns auf den Rückzug vor, vor dem Funkgeräte und ähnliches Großmaterial vernichtet wurde. Die Landung bei Marseille war am 15. 8. gewesen. Wir wurden zusätzlich mit der Handhabung verschiedener Maschinenpistolen vertraut gemacht und wurden belehrt, dass Amerikaner auf leisen Gummisohlen ankämen und nicht, wie bei uns, auf laut vernehmbaren genagelten Sohlen.

Bei unseren Wachen am Rhôneufer achteten wir besonders auf Lastensegler, aber vergeblich. In den Nachrichten war zu hören, dass die Amerikaner noch an der Rhône-mündung wären. Als wir am 21. 8. wieder einmal einen Blitzeinsatz gegen Maquis durchzuführen hatten, zogen wir die Ausgehuniform an, ließen Essen und Marketender-ware, die es gerade gegeben hatte, sowie meine Box-Kamera stehen, die von der Übung vor zwei Tagen schmutzigen und nun gewaschenen Drillichanzüge, die noch zum Trocknen am Fensterkreuz hingen, hängen und zogen los. Wir gingen wie üblich davon aus, bald wieder im Quartier zu sein, so auch der Befehl. Es wurden jedoch nicht Stunden, es war unser Abschied von diesem Quartier. Nun waren wir ,Luftwaffe im Erdeinsatz'. Per LKW wurden wir in eine Gegend südöstlich von Lyon gebracht, vorbei am Flughafen mit dem Sendeturm. Unterwegs kamen wir mit Infanteristen zusammen, die mit Panzerab-wehrkanonen ausgerüstet waren, sowie mit einer Einheit der 8,8-Flak (Fliegerabwehrkanonen), die erfolgreich im Erdkampf eingesetzt wurden. Kein Zweifel: Es war diesmal eine größere Sache!

Dass es bei diesem ,Kurzeinsatz' nicht nur gegen französi-sche Partisanen ging, sondern auch schon gegen die vom Mittelmeer aus vorrückenden US-Truppen, konnten wir eigentlich schon daran erkennen, dass allerhand schwere Geschütze mit im Einsatz waren. Dabei war in den Mittagsnachrichten gesagt worden, die US-Truppen be-fänden sich noch im Landungsgebiet Marseille-Toulon. Was hatte man uns doch propagandistisch ein Wiegenlied vorgegaukelt!

Wir fuhren ungefähr 30 km nach Südosten. Zwischen zwei Dörfern wurden wir vom freien Feld rechts aus beschossen. Kommando: Absteigen und Stellung beziehen! Ich legte mich wie die anderen auch in den Straßengraben und sah im Feld ungefähr 200 Meter entfernt Zivilisten, die auf uns schossen. Mein erster Gedanke war, dass am heutigen 21. 8. 1944 meine Feuertaufe erfolge. Bei den bisherigen Kurzeinsätzen bzw. Säuberungsaktionen war es nie zu einem Schusswechsel gekommen. Wir hatten es hier nicht mit US-Truppen zu tun, sondern mit Maquis. Es war ein recht eigenartiges Gefühl, auf Zivilisten zu schießen, obwohl bekannt war, dass die schwerbewaffneten Resistancemitglieder grausamer als reguläre uniformierte Feindtruppen kämpften. Wir zogen uns nach Beendigung der Schießerei ins Dorf zurück. Am Dorfrand ging eine Pak (Panzerabwehrkanone) in Stellung, während wir uns links der Straße auf einem Abhang einbuddelten; zusätzlich wurden Straßensperren errichtet. Wie lange wir hier blieben, weiß ich nicht mehr, aber der Einsatz dauerte einen längeren Zeitraum, denn wir waren erst am 2. 9. nach erfolgtem Rückzug wieder in Lyon.

In dieser Stellung schlief ich eines Nachts im Schützenloch vor Erschöpfung ein, wurde von einem Offizier in Begleitung eines Unteroffiziers geweckt und mit ,Tatbericht' bedroht, also mit einem Kriegsgerichtsverfahren. Das ging mir ganz schön in die Knochen. Wir wurden auch nicht abgelöst, sodass wir Tag und Nacht wachen mussten. Um während der nächsten Nacht nicht wieder einzuschlafen – ich war immer noch erst 17 Jahre alt –, kam ich auf die Idee, kurz vor dem Einnicken Lärm zu veranstalten. Ich informierte den Kameraden im benachbarten Schützenloch, der ja alles mitbekommen hatte, dass ich kommende Nacht einen Schuss ins Tal auf den auf einer Wiese alleinstehenden Baum abgeben würde, sobald ich merken würde, dass der Schlaf mich übermannte. Es sollte dann ebenfalls schießen. Das tat ich dann auch. Es war Vollmond. Als es soweit war, schoss ich und mein Nachbar schoss ebenfalls. Plötzlich war der Teufel los. Ich hörte unser MG rattern, aber auch die Pak legte los. Am nächsten Morgen behaupteten alle übereinstimmend, dass im Tal etwas los gewesen war. Vielleicht stimmte das sogar und wir hatten auf diese Weise ein feindliches Manöver durchkreuzt, denn eigentlich waren die Maquis nachts aktiver als am Tage.

In dieser Gegend gab es Maisfelder und Weingärten. Die Truppenkost bestand vor allem aus Knäckebrot und fettem Dosenfleisch. Zusätzlich bediente ich mich in den Weingärten mit Weintrauben. Meinen Durst löschte ich, indem ich aus Wasserpfützen am Wege trank. So machte ich die ersten Erfahrungen mit Durchfall. Als wir wieder einmal zwischen zwei anderen Dörfern in Stellung gingen, fand ich im Straßengraben eine 6,35 mm-Pistole mit vollem sechsschüssigem Magazin. Ich steckte sie ein, ohne es zu melden, und behielt sie bis zu meiner Gefangennahme am 14. 1. 1945. Gingen wir gegen Dörfer vor, unterstützte uns die 8,8-Flak.

Wir wollten einen Ort einnehmen, vor dem sich ein großes Maisfeld befand. Bei der Hitze nahm ich im Maisfeld den Stahlhelm ab, legte mein Taschentuch auf den Kopf und den Stahlhelm ebenfalls lose drauf. Ich muss bei vollem Kampfeslärm eingeschlafen sein, denn wir waren immer noch nicht abgelöst worden. Während dieser Schlacht fiel ein Stubenkamerad unserer Sechsmannstube durch einen Kopfschuss durch den Stahlhelm. Das hatte ich gerade noch mitbekommen. Wach wurde ich durch eine verdächtige Ruhe. Dabei merkte ich, dass ich nun allein im Maisfeld war und dass sich die Einheit zurückgezogen hatte. Vorsichtig richtete ich den Kopf hoch und wurde von unserem Offizier erkannt. Er rief mir zu, ich solle den Rückzug decken! Ich arbeitete mich daher aus dem Maisfeld zum Straßengraben vor – auf der anderen Straßenseite waren die Maquis – und schoss mit meinem Karabiner über die Straße, allerdings nur einen Schuss, denn ich war in Deckung geblieben und hatte den Karabiner in Kopfhöhe gehabt. Eingedenk des Todes des Stubenkameraden wollte ich den Kopf nicht über den Straßenrand heben. Durch den Rückstoss bekam ich den Gewehrkolben ins Gesicht. Schnell machte ich mich nun im Graben auf den Weg zu meiner Einheit. Auf die entsetzte Frage unseres Offiziers, was mit meinem Gesicht los sei, sagte ich ihm, das käme vom Gewehrkolben, allerdings vom eigenen.

So langsam zogen wir uns nach Lyon zurück. Kurz vor der Stadt kamen wir in ein einer Zitadelle ähnliches Gebäude, in dem Wäsche war; so konnte auch ich mein Oberhemd wechseln. Auf dem weiteren Rückzugsweg sah ich, dass der Sendemast am Flughafen nicht mehr stand. Dann hörten wir Detonationen, weil unser Munitionsdepot auf dem Flughafen gesprengt worden war. Am Stadtrand requirierten wir Fahrzeuge, vor allem Fahrräder, die wir zur Sammelstelle auf einem Fußballstadion brachten. Jeder von uns bekam ein Fahrrad. Das wenige Gepäck schnallten wir drauf und es ging quer durch Lyon zu einer stillgelegten Bahnstation in Ausfahrtrichtung Dijon, die sich auf einer Anhöhe über der Rhône und Saône befand. Pioniere sprengten die vielen Flussbrücken. Am 2. 9. verließen wir die Stadt, ohne unser Quartier samt dort verbliebener Klamotten wieder gesehen zu haben. Die Weiterfahrt auf Fahrrädern ging allerdings nicht nach Dijon, sondern über Besançon, Belfort und Mülhausen nach Freiburg im Breisgau.

Bei dem miesen Eindruck, den die Vorgesetzten von mir hatten, blieb es nicht aus, dass ich beim weiteren Rückzug als ‚Strafe' die Verpflegung für unsere Gruppe auf dem Fahrrad mitbefördern durfte, das heißt musste. Als ich Pannen hatte und das Fahrrad nicht mehr benutzen konnte, bat ich unseren Gruppenführer, die Verpflegung doch aufzuteilen, was er ablehnte. Ich hatte dann insofern Glück, als eine motorisierte RAD-Einheit mit Flak mich samt dem Verpflegungssack mitnahm. Gruselig bzw. schaurig hörten sich während des Rückzuges das deutliche Kettengeräusch der uns verfolgenden US-Panzer an, und das vor allem nachts. Von der 6. Schülerkompanie sah ich keine Spur mehr. Vermutlich hatte ich die Radfahrer nun auf einem Lkw sitzend in der Dunkelheit überholt. Später nahm mich ein Lkw der Infanterie mit und einmal saß ich sogar auf einem Tankwagenanhänger. So kamen wir meist nachts fahrend bis Mülheim im Elsaß, wo in einem Kasernengelände ein großes Auffanglager errichtet worden war. Unterwegs in einem größeren Ort bzw. einer kleineren Stadt zwischen Lyon und Belfort gerieten wir erneut mit Maquis zusammen. Wir lagerten tagsüber zwischen der Hauptstraße und der Kirche in einem kleinen Park. Plötzlich fuhren vier feindliche, voll besetzte Pkws – offene VW-Kübelwagen – mitten durch den Park zur Kirche in eine Sackgasse. Wir wurden dabei mit MGs beschossen und hatten viele Verluste. Ich lag ungefähr zehn Meter von diesem Weg entfernt und bekam nichts ab. Es gelang uns, die vier Autos abzuschießen, wobei ich noch einen Fallschirmjäger auf der anderen Wegseite sah, der eine Handgranate gekonnt in einen der offenen Kübelwagen warf. Sofort wurden Spähtrupps in die Umgebung entsandt, jedoch ohne Ergebnis. Die Maquis verbrannten in den Autos und ich sah erstmals in meinem Leben, zu welch' einem Nichts verbrannte Menschen zusammenschrumpfen. Unter den vielen Verwundeten war einer, der wie ein feindlicher Soldat aussah. Man wollte ihn vor Wut erschießen. Zum Glück fragte ich ihn, wer er sei. Ganz ermattet antwortete er mir leise „Deutscher"; er war einer von den Hiwis. Das sind Hilfswillige, meist ehemalige russische Kriegsgefangene, die nun auf unserer Seite kämpften. Auch er wurde wie die anderen Verwundeten sofort die Schule gebracht, die sogleich als Hilfslazarett eingerichtet wurde. Es war furchtbar, dieses Feuergefecht mitzuerleben, nicht zuletzt, weil wir Soldaten beim Schießen auf die Pkws auch eigene Kameraden töteten, die auf der anderen Seite des Weges lagerten.

Bei diesem Rückzug erlebten wir oft Angriffe von Jagdbombern, sogenannten Jabos, weil wir ab und zu doch tagsüber weiter mussten. Ich fuhr auf dem erwähnten Tankwagenanhänger. Plötzlich waren mittags auf freiem Feld wieder Jabos über uns. Der Lkw vor uns sowie der hinter uns waren bereits in Brand geschossen worden. Wir gingen auf einer Wiese in Deckung und sahen ohnmächtig das Mündungsfeuer der Jabos. Uns passierte aber nichts. Ich erlebte auch einen Jaboangriff auf einen deutschen Larazettzug. Was sich die Amerikaner dabei gedacht haben mochten? Die Straße verlief hier parallel zur Eisenbahnstrecke, sodass ich das gut sehen konnte.

In Besançon traf ich in einem Park einen Infanteristen, der viel Brot bei sich hatte. Da ich noch den Sack mit den Fleischkonserven besaß, hatten wir beide für die nächste Zeit ausgesorgt. In Belfort oben auf der Festung wollte ich die kleine Pistole aus der Hosentasche herausziehen, kam dabei unbeabsichtigt an den Abzugshahn und ein Schuss ging los und zwar am Bein runter in die Erde, ohne mich zu verletzen. Besançon wurde übrigens am 20. 11. von der ersten französischen Armee besetzt.

Per Eisenbahn gelangten wir von Mülhausen nach Freiburg im Breisgau, wo wir am Freitag, dem 15. 9. 1944 ankamen; es ist leicht auszurechnen, dass der ‚Kurzeinsatz‘ vom 21. 8. ein paar Wochen gedauert hatte – und was für welche!

Bevor ich zu den Einzelheiten meiner weiteren Verlegungen komme, ein kurzer Schwenk zu anderen Familienmitgliedern und wie es ihnen so ergangen war. Während ich in Südfrankreich im Einsatz war, war Alfred – inzwischen Gefreiter geworden – das in der Normandie. Vier weitere Verwandte, die ebenfalls Soldaten waren, standen in Russland an der Front: Onkel Norbert Meisner, Onkel Albert Kroczek, Onkel Vinzent Maniura (†) und Cousin Karl Matysiok (†). Cousin Bernhard Maniura war bei der Marine, Onkel Nikolaus Kroczek in Jugoslawien eingesetzt (†), Cousin Adolf Jonderko an der Westfront (†) und schließlich Cousin Erwin Bialek an der Ostfront (†), beide erst relativ spät. Die Hälfte kam nicht mehr heim! Mein älterer Bruder Alfred war seit der Invasion vermisst. Wie ich erst nach dem Krieg erfuhr, war er in englische Gefangenschaft geraten. Ein paar Tage nach der Gefangennahme musste er mit Kameraden – es war am 26. 8. 1944 – Gräber ausheben. Er war während dieser Arbeit von Todesahnungen geplagt, weil er und seine Kameraden dachten, sie würden ihre eigenen Gräber ausheben. Aber sie mussten dann die weniger glücklichen Kameraden dort zur Ruhe betten. Dieses negative Erlebnis hing ihm sein ganzes Leben nach. Er hatte einem gefallenen Luftwaffensoldaten die Uniformjacke abgenommen und sich in Kriegsgefangenschaft nicht als Mitglied der Waffen-SS, sondern als Luftwaffensoldat ausgegeben. Als er nach Ende des Krieges doch angab, der Waffen-SS angehört zu haben, wurde er nicht wie vorgesehen entlassen, sondern in ein Lager nach Schottland verlegt; seine Entlassung erfolgte erst am 14. 1. 1948.

Ende des Rückzugs war für mich also Freiburg im Breisgau. Hier traf ich niemanden von meiner Kompanie. Die Soldaten der verschiedensten Einheiten sammelten sich in einer Halle am Stadtgarten. Bei Fliegeralarm gingen wir in einen Bunker im Schlossberg. Tagsüber wurden wir in die Gegend westlich von Freiburg gefahren, wo wir der Zivilbevölkerung beim Ausheben von Panzergräben halfen. Hier blieben wir bis zum 20. 9.

Von Freiburg aus ging es per Eisenbahn, natürlich wie bei den Soldaten üblich in Güterwagen, über Triberg durch den Schwarzwald nach Stuttgart, weiter nach Mainz und über die Rheinbrücke nach Wiesbaden und Hannover, wo wir nicht im Zug, sondern im Soldatenheim übernachteten. Auf der Weiterfahrt war ich über die Aussage eines Soldaten erschrocken, der einen siebenjährigen Krieg voraussagte – also noch weitere zwei Jahre! Am 23. 9. kamen wir zu einem Zwischenaufenthalt im Fliegerhorst Nordhausen an. Hier sah ich erstmals den gekoppelten Flug einer Ju 88 mit einer FW 190, Mistelbomber genannt. Der Pilot saß in der oberen, kleinen Focke-Wulff, während die Junkers mit Sprengstoff vollgeladen war und kurz vor dem Ziel ausgeklinkt wurde; sie flog dann das Ziel ohne Piloten an. Am 25. 9. ging es weiter nach Gardelegen, wo wir zunächst im Waldlager ungebracht wurden. Nun war ich nicht mehr ‚Funker', sondern ‚Jäger', denn wir waren vor die Wahl gestellt worden, entweder zur Waffen-SS oder zu den Fallschirmjägern zu wechseln. Die Luftwaffe war mangels Benzin aufgelöst worden. Kaum einer entschied sich für die Waffen-SS. Am nächsten Tag kamen wir ins Untersuchungslager in Gardelegen. Hier wurden wir als Fallschirmjäger eingekleidet und es wurden neue Akten über uns angelegt. Die Einkleidung begann bereits in der Nacht vom 27. zum 28. 9. Wir lagen in einer großen Halle. Da es mir dort nicht gefiel, legte ich mich ‚um die Ecke' in einen kleineren Raum und schlief so fest, dass ich die Einkleidung nicht mitbekam. Am nächsten Morgen war ich der einzige Soldat in Luftwaffenuniform; man gab mir trotzdem noch eine Uniform der Fallschirmjäger. Kaum eingekleidet wurden wir versetzt. Vorher ging ich noch durch die leeren Räume und fand dabei ein kleines Notizblöckchen, in das ich Adressen notierte und ich noch heute besitze. Bei Anlegung der neuen Akten gab ich als Beruf nicht Regierungsinspektor-Anwärter, sondern Verwaltungslehrling an – und wurde in Zukunft in Ruhe gelassen. Was waren das nur für Ausbilder, die Regierungsinspektor-Anwärter triezten, Lehrlinge jedoch in Ruhe ließen? Meine Versetzung nach Halberstadt erfolgte am 28. 9. Vorher wurden wir noch gegen Tetanus geimpft. Eigentlich hätte diese Impfung schon vor den vielen Einsätzen in Südfrankreich erfolgen müssen.

In Halberstadt machte ich erneut eine Grundausbildung mit, wobei neu Bodenturnen für Fallschirmjäger dazukam. Was waren wir ein zusammengewürfelter Haufen; der Geburtsjahrgang 1927 war mit unserem vereint worden. Wir wurden ganz schön geschliffen. Zum Bodenturnen gehörte auch Fall vorwärts mit Abfangen durch die Ellbogen – nicht durch die Hände! –, Abrollen über die Schulter – nicht über den Kopf! – und von kniender Haltung aus mit auf dem Rücken verschränkten Armen auf Betonboden nach vorn fallen lassen, ohne die Nase zu zerkratzen. Zu Feldübungen gehörten Nahkampfausbildung mit dem Karabiner, schießen mit dem MG 42, das merkbar leichter als das MG 34 war und schnellere Schussfolge zuließ, und Hantieren mit der Panzerfaust und dem Ofenrohr. So mussten wir einmal eine angenommene Stellung auf dem gegenüberliegenden Hang erstürmen. Bei der schnellen Abwärtsbewegung auf unserer Hangseite schrie der Ausbilder „Deckung", weil wir Beschuss durch den Feind unterstellten. Alles legte sich am Hang hin, nur ich lief im Zickzack ins Tal und legte mich erst dort hin. Nach einem Anschiss durch den Ausbilder sagte ich lediglich trocken zu ihm, dass er und die anderen im Ernstfall ja nicht mehr am Leben wären, weil sie wie Zielscheiben am Hang gelegen hätten – und er sah dies tatsächlich ein!

Sahen wir eine Handgranate auf uns zukommen oder -rollen, mussten wir uns sofort so hinlegen, dass der Stahlhelm zur Handgranate zeigte, da nur so eine Überlebenschance besteht. Auch wurden wir mehr als bisher auf einen Gaskrieg vorbereitet; wir mussten öfters die Gaskammer aufsuchen und dabei Filter- und Klarscheibenwechsel vornehmen, was Tränen in den Augen zur Folge hatte. Als wir wieder einmal von einer Geländeübung heimkamen, sprach mich unser Feldwebel an, warum ich im Spind eine im Soldbuch nicht eingetragene Pistole hätte. Ich erzählte ihm, dass ich sie von einem Partisaneneinsatz in Südfrankreich hätte. Er machte keine Meldung, sondern gab mir zu verstehen, dass ich diese Pistole beim bevorstehenden Fronteinsatz gut gebrauchen könnte.

Am Hauptfriedhof von Halberstadt nahmen wir einmal mit Salutschüssen an der Beerdigung eines abgeschossenen deutschen Fliegers teil. Es gab Bombardierungen, auch auf das Fliegerhorstgelände. Wir gingen dabei in den nahe gelegenen Wald mit anschließenden Aufräumarbeiten an zerstörten Gebäuden.

In Halberstadt selbst waren wir nicht oft. Doch einige markante Punkte sind mir noch gut im Gedächtnis. So ist der mächtige Dom in Halberstadt zu erwähnen, aber auch an den Hauptbahnhof, das Arbeitsamt, das Hallenbad und den erwähnten Hauptfriedhof sowie an den angrenzenden Park mit Splitterschutzgräben erinnere ich mich. Die schaute ich mir genauer an, weil mit Luftangriffen zu rechnen war.

Bei dieser Einheit freundete ich mich mit Günter Beck aus Kattowitz und Walter Hänsch aus Mönchmotschelnitz bei Breslau an, denn wir waren die einzigen Oberschlesier bzw. Schlesier in der Kompanie. Günter war Jahrgang 1924 und Obergefreiter und Walter 1927 und Jäger. Mit Günter Beck ging ich einmal zum Ausgang nicht in die Stadt, sondern in die entgegengesetzte Richtung. Wir kletterten über den Zaun des Fliegerhorstes und besuchten eine kleine Ortschaft, in der er eine polnische, eine sogenannte Fremdarbeiterfamilie ausfindig gemacht hatte, die in einer Baracke untergebracht war. Bei dieser Familie haben wir nette Stunden verbracht, zumal Günter polnisch konnte.

Beim Schießen im offenen bergigen Gelände mussten wir einmal mit unserem MG 42 auf Pappkameraden zielen. Ich war also wieder beim MG-Trupp gelandet. Ich schoss dabei mit ‚aufgesetztem Korn‘, sodass die Kugeln kurz vor dem Pappkameraden den felsigen Boden trafen. Die Folge war, dass die Pappe von Steinsplittern durchlöchert wurde. Damit hatte ich die meistern Treffer erzielt.

Bei einem Marsch zum Übungsgelände sahen wir, wie riesige Bunker für Fabrikhallen in die Harzberge getrieben wurden. Dabei begegneten wir einer Marschkolonne von elend aussehenden Männern, die uns um Brot anbettelten. Ich gab einem von ihnen Brot aus meinem Brotbeutel und holte mir einen Anschiss vom Zugführer ein, weil wir keinen Kontakt mit ihnen aufnehmen durften. Ich vermute, dass es sich um KZ-Häftlinge handelte. Der Zugführer wollte sich auf keinen Fall mit der Wachmannschaft streiten.

Bereits am 18. 10. 1944 war die Ausbildung zum Fallschirmjäger zu Ende und wir fuhren per Eisenbahn in die Niederlande. Hier wurden wir in Oldenzaal ausgeladen und kamen per Lkw in den kleinen Ort Fleringen am Nordhorn-Almelo-Kanal. Nun waren wir Angehörige des 9. Fallschirmjägerregiments innerhalb der 3. Fallschirmjägerdivision. Ich wurde hier zusammen mit Günter Beck und Walter Hänsch der Pionierkompanie 15 zugeteilt. Während das Gros der Kompanie in der Dorfschule untergebracht worden war, kam der Zug, dem wir drei angehörten, in ein größeres Bauernhaus an der einzigen Straßenkreuzung. Zunächst nächtigten wir im Hühnerstall, dann aber in der Scheune; aus dem Hühnerstall waren wir wegen Läuse geflohen. Nun wurde mir eine Ausbildung als Pionier zuteil, die sich im Minenlegen und -suchen sowie dem Fällen von Bäumen erschöpfte. Zum Baumfällen: Schätzten wir bei dünneren Bäumen den Durchmesser, zogen wir so oft Knallschnüre um den Baum, wie der Baumdurchmesser in Zentimetern maß, befestigten eine Zündschnur und zündeten aus sicherer Entfernung. Dickere Bäume wurden mittels einer Ladung umgelegt. So errichteten wir Straßensperren.

Eigenartigerweise hatten wir hier zu wenig Karabiner, sodass wir bei entsprechenden Übungen Karabiner des Nachbarzugs ausborgen mussten. Gewitzt durch Erfahrungen als Soldat, schaute ich bei der Übernahme des Karabiners durch den Lauf, ob er auch sauber war. Das gefiel dem Unteroffizier des anderen Zuges nicht. Ich ließ mich jedoch nicht stören, denn ich sollte den Karabiner ja sauber zurückbringen.

Einer in unserer Gruppe – ein prima Kumpel, den sie an der Ostfront degradiert und die Auszeichnungen abgenommen hatten – bat mich um meine Pistole, weil er allein einen Auftrag im benachbarten Städtchen Tubbergen zu erledigen hätte. Ich gab sie ihm, zumal auch hier Partisanen zu befürchten waren, und als er sie mir dann zurückgab, waren nur noch vier Kugeln drin. Er erklärte das damit, dass er unterwegs auf ein Eichhörnchen geschossen habe.

Wir nahmen auch an einem größeren Manöver in der Tubberger Heide teil. Wir marschierten die ca. 20 km Wegstrecke durch. Dabei kamen wir auch durch Albergen. Ich trug das MG 42 auf den Schultern und der MG-Schütze 2 die vollen Munitionskästen mit ihren dünnen eisernen Handgriffen; nach einer gewissen Zeit wechselten uns ab. Unser Gruppenführer war ein Student aus Wien. Er half uns beim Tragen des MGs, eine nette kameradschaftliche Geste. Wir erhielten den Befehl, beim Manöver nur sparsam zu schießen, da Munition wertvoll sei. Mein MG-Schütze 2 und ich waren uns aber einig, dass wir den Rückweg nicht so bepackt antreten würden. Ich zog daher beim Schießen auf Pappkameraden den Abzugshahn fest zurück und ließ ihn erst los, als die Munition alle war. Auf Vorhaltungen des Offiziers sagte ich, dass sich der Abzugshahn festgehakt hatte. Mein Freund Walter Hänsch war infolge der Anstrengungen vor allem beim Marschieren noch fertiger als ich, denn ich stützte ihn zeitweise beim Rückmarsch und in Albergen gingen wir sogar in ein Haus hinein und baten die Holländer um Wasser. Diese Strapazen hatten auch zur Folge, dass sich bei mir wieder die bekannten Fußbeschwerden einstellten. Dazu kam leichtes Fieber. Günter trug mich in Fleringen zu einem nahen Bach, damit ich die heißgelaufenen Füße abkühlen konnte, packte mich dann warm in der Scheune ein – und es half! Übrigens lernten wir hier auch den Umgang mit dem Gewehrgranatgerät kennen: Handgranatenersatz für weite Entfernungen. Ferner amüsierten wir uns darüber, dass in dieser Gegend den ganzen Tag über mit „Moin, Moin" gegrüßt wurde.

Das Ende dieser Zusatzausbildung war am 28. 11. 1944. Wir wurden auf Lkws geladen und gelangten nach längerer Fahrt durch Lövenich nach Weiden bei Köln, das wir am 2. 12. erreichten. Der größte Teil der Kompanie wurde zum Einsatz im Raum Aachen, Düren, Eifel weiter transportiert. 21 Soldaten – darunter auch wir drei Freunde – blieben in Weiden. Hier sollten wir als Pioniere an schweren Geräten ausgebildet werden, die jedoch nie eintrafen, da die Transportwege durch vielfache Fliegerangriffe zerstört waren. Seit Fleringen waren wir alle verlaust. Eine Entlausungsstation gab es nicht. In Weiden kamen wir in verschiedene Privatquartiere. Mein Freund Walter Hänsch und ich in die Bahnstraße 179, wo Frau Sophie Kerner mit Tochter Susi Berndgen ein Radiogeschäft und einen Friseursalon betrieben. Hier fühlten wir uns wohl, war doch mein Freund von Beruf Friseur. Mein anderer Freund Günter Beck, von Beruf Bäcker, wurde ins Nachbarhaus einquartiert. Schlecht in Erinnerung sind die Bomben- und Jaboangriffe auf Köln und Umgebung. Im Luftschutzbunker sehnten wir Soldaten uns nach draußen, denn dann wären wir hier nicht wehrlos – wie die Zivilbevölkerung – den Angriffen ausgesetzt gewesen, sondern wir hätten zurückschießen können.

Eine Gulaschkanone diente als Küche und war in Lövenich untergebracht. Bis das sehr fette Essen in unseren Kochgeschirren im Weidener Quartier ankam, war es kalt und es hatte sich eine dicke Fettschicht obendrauf gebildet. Hier von bekömmlich zu reden wäre geschönt.

Irgendwie kam ich wieder zu einer Fotokamera, mit der ich in Weiden ein paar Aufnahmen machte. Meine unangenehmsten Erinnerungen sind die an die Läuse, sie uns seit Fleringen befallen hatten; mich begleiteten sie noch bis Mitte Januar 1945. Sie fühlten sich vor allem zwischen Taille und Hals wohl und waren mit unseren bescheidenen Mitteln nicht klein zu kriegen. Wir waren gar nicht winterlich gekleidet. Frau Kerner vermachte mir einen braunen Pullover, einen weißen Schal und Handschuhe; ferner nähte sie mir einen ledernen Pistolenhalfter für die 6,35er und wusch unsere Wäsche. Sie wunderte sich über die vielen kleinen Blutflecken im Unterhemd, die ganz profan von den geknackten Läusen stammten. Der Mieter von Frau Kerner war Soldat an der Ostfront und hatte einige Tage Urlaub bekommen. Er sagte uns, dass die Russen bald in die deutsche Front einbrechen und in Kürze in Oberschlesien sein würden. Ich konnte dies nicht glauben. Er sollte leider Recht behalten. Er meinte, die Ostfront sei zu dünn besetzt.

Eins meiner damals verfertigten Fotos, das ich an meine Mutter geschickt hatte, erhielt ich wieder, als meine Schwester Elisabeth Koczar samt Familie Ende der 60er Jahre endlich aus Oberschlesien ausreisen durfte. 1944/45 war ich bzw. unsere Einheit unter der FPNr. 63109 Luftgaupostamt (LGPA) Unna (Westfalen) zu erreichen. Wir durften während der Soldatenzeit unseren Aufenthaltsort nicht angeben, wir schrieben ‚O.U.‘, das bedeutet: Ortsunterkunft. Der Brief aus Weiden mit meinem Foto war der letzte, den meine Mutter vor meiner Gefangennahme erhielt. Danach galt ich als vermisst – mein Bruder Alfred ja bereits seit August 1944.

Schräg gegenüber von unserem Quartier war die Gaststätte ‚Weideneck‘. Hier hatten wir Soldaten am 16. 12. 1944 – es war ein Samstag – eine vorgezogene Weihnachtsfeier. Die Feier zog sich bis nach Mitternacht hin und um Mitternacht feierten wir meinen 18. Geburtstag. Damit endete der Bezug meiner Waisenrente. Die Stimmung der Soldaten war auch deshalb gehoben, weil der Beginn der Rundstedtoffensive bzw. Ardennenoffensive bekannt geworden war. Dies hat die Moral der Soldaten nach den vielen Rückschlägen der Truppe nach dem Motto ‚es geht wieder vorwärts‘ mächtig gestärkt. In Weiden sahen wir erstmals Männer mit Armbinden, die dem neuen ‚Volkssturm‘ angehörten. Sie waren ziemlich schlecht mit Waffen ausgerüstet. Auch fanden wir Flugblätter in polnischer Sprache mit der Überschrift ‚Robotnik‘ oder ähnlich. Stanniolstreifen, im Gelände von Flugzeugen abgeworfen, sollten die Ortung der Flugzeuge erschweren. Diese Praxis kannte ich bereits aus Eindhoven.

Zu Weihnachten war ich in der überfüllten katholischen Kirche von Weiden zur Beichte und Kommunion gewesen. Das gibt einem innere Ruhe und Ausgeglichenheit. Einmal erhielten wir hier sogar Marketenderware, unter anderem Apfelwein. So lernte ich das mir bis dahin unbekannte Getränk kennen. Seinerzeit schmeckte es mir nicht. Auch erhielt ich als ‚Bürohengst' ein Kalenderblatt 1945, auf dem ich später einige Aufzeichnungen machte und das ich noch heute besitze. Hier die Aufzeichnungen des ersten Halbjahres als Vorgriff auf meine weitere Soldaten- und spätere Kriegsgefangenenzeit:

1. Januar: Gefr. (Gefreiter geworden)
5. Januar: H. u. B. gefallen (Walter Hänsch und Günter Beck gefallen)
14. Januar: Gefangen 9.00 (Uhr). Thirimont, MALMEDY
15. Januar: Huy
16. Januar: Namur
18. Januar: ATTICHY, (dort die Kgf-Nr.) 31 G – 784440 erhalten
6. Februar: F (Fahrt)
7. Februar: CHERBOURG
22. Februar: F (Fahrt)
23. Februar: LE HAVRE
3. März: VERSCHIFFT MONTICELLO 13.500 BRT
17. März: NEW YORK
18. März: F (Fahrt)
19. März: FT. KNOX KENTUCKY downstairs 9. (ich kam also ins untere Nebenlager, 9. Kompanie)
In der 2. Jahreshälfte 1945 steht lediglich:
30. Juli: Zahnarzt
18. August: upstairs 7. (nun also im oberen Hauptlager, 7. Kompanie)

Ausgerechnet zu den Feiertagen wurden wir von der Kompanie angefordert. Offenbar war es sinnlos geworden, auf die schweren Pioniergeräte zu warten. Nun ging es durch das ziemlich zerstörte Euskirchen ab nach Amel bei Malmedy, wo der Tross der Kompanie sein Quartier bezogen hatte. Dahin gelangten wir mehr oder minder auf Lkws, teilweise aber auch als Anhalter und zu Fuß. Wir kamen über Stadtkyll, Prüm und St. Vith, das zu Weihnachten bombardiert worden war. Während dieser ‚Reise' behielt ich die Sichtung deutscher V-1-Flugkörper, die ziemlich tief flogen und unkontrolliert die Richtung änderten, in unguter Erinnerung.

Den undurchsichtigen Frontverlauf zeigt ein typisches Beispiel von ‚friendly fire': Malmedy wurde vom 23. - 25. 12. von der US-Luftwaffe bombardiert, obwohl die Stadt von eigenen Truppen besetzt war.

Bis wir beim ersten Mal den Gefechtsstand unserer Kompanie fanden, vergingen Stunden, denn wir suchten ihn in der Ortsmitte, wo andere Einheiten ihre Stände hatten.

Silvester 1944/Neujahr 1945 verbrachten wir in einem leerstehenden Haus mitten in Amel. Dieser Ort wurde von amerikanischer Artillerie beschossen, also musste die Front in der Nähe sein. Als wir hier ankamen, mussten wir die MGs abgeben und erhielten Karabiner, weil zu wenig Munition da war. Das fängt ja gut an, dachten wir. Da inzwischen viel Schnee gefallen war, mussten wir helfen, Schneeketten auf die Lkw-Reifen aufzuziehen. An der großen Straßenkreuzung lag das Wrack eines abgeschossenen amerikanischen Flugzeugs, einer Lightning. Da St. Vith erst am 23. Dezember von uns zurückerobert worden war, gilt dieses Datum wohl auch für das benachbarte Amel. Die ersten deutschen Soldaten erreichten St. Vith am 25. Dezember. Unsere Einheit hatte schon sehr viele Verluste, ich meine fast die Hälfte, zu beklagen, sodass man über unser Kommen als Verstärkung froh war. Ich hatte nun ständig Durchfall, vor allem wegen der Kost und weil wir statt Kaffee Wasser tranken – und der Sanitäter hatte noch nicht einmal Kohletabletten für mich.

In Amel wurde ich vom Kompaniechef, Oberleutnant Ludwig Havighorst, am Silvestertag zum Gefreiten befördert, da ich schon über ein Jahr bei den Soldaten war. Und das mit gerade vollendetem 18. Lebensjahr. Was hatte ich in dieser Zeit schon erlebt, zumal, wenn ich die drei Monate beim Reichsarbeitsdienst mitrechnete.

Kurz nach Neujahr kamen wir von Amel, wo unser Tross mit unseren Sachen einschließlich meines Fotoapparats sowie der Kompaniebefehlsstand lagen, nach Ondenval. Der Ort war mit dem benachbarten Thirimont bereits Frontlinie. Wir hatten jetzt nur noch das Marschgepäck bei uns. In Ondenval kamen wir drei Schlesier mit noch ein paar anderen Soldaten im Bauernhof Lecoq unter: Ondenval 34, jetzt: Chemin des Bruyeres 5. Wir hatten im Wohnzimmer Quartier bezogen, das parterre lag, während das ältere Bauernpaar sich im Keller aufhielt. Die Kühe im angrenzenden Stall lagen tot herum; Artillerieeinschläge wurden häufiger.

Im Ort und aus Nachschubbeständen besorgten wir uns weißes Tarnzeug. Mir ist erinnerlich, dass einige sogar in der Sakristei der Kirche nach weißen Gewändern suchten. Ich bekam eine gefütterte Tarnhose, die wendbar war: Eine Seite weiß, eine Seite tarnfarbig. Dazu besorgte ich mir eine Schlafanzugsjacke, die linksherum getragen weiß bis auf die Umschläge war. So angezogen schwitzte ich ganz schön, denn darunter war ja die komplette Ausgehuniform und die Winterunterwäsche. Bei Granatfeuer vor allem nachts zählte ich ab Abschuss in Gedanken: 21, 22, 23, 24. Bei 25 war Heulen, Pfeifen und der Einschlag zu hören.

Es lag sehr viel Schnee in den Ardennen. Wir waren – wie bereits beschrieben – dick eingekleidet. In den Schuhen bzw. an den Füßen hatten wir keine Socken an, sondern wir umwickelten die Füße mit Fußlappen, die richtig zusammengelegt werden mussten, damit sie nicht drückten. Zwischen zwei Fußlappen legten wir Zeitungspapier, damit die Füße nicht erfroren, wenn wir in dieser Kälte Wache halten mussten bzw. durch den Ort patrouillierten. Eigentlich hatte uns kein Vorgesetzter gesagt, dass wir unmittelbar im Frontgebiet waren, sonst wären wir bei unseren Rundgängen deutlich vorsichtiger gewesen. Ein

Detail, das mir schon in Frankreich aufgefallen war: Bei Einsätzen dieser Art mussten wir das praktische Drillichzeug aus- und die Ausgehuniform anziehen. Auch hatten wir immer die Gasmaske dabei, als ob irgendwann in diesem Krieg ein Gasangriff zu erwarten gewesen wäre. Hier in Ondenval benutzten wir den Gasmaskenbehälter, um die empfindlichen Sprengkapseln für die Stielhandgranaten aufzubewahren.

Am 5 1. 1945 gegen fünf Uhr früh zählte ich wieder die Granatabschüsse und bei 25 schlug eine Granate in unser Quartier ein. Am Abend zuvor sagte noch mein Freund Günter Beck zu unserem gemeinsamen Freund Walter Hänsch, der im Zimmer ziemlich an der Tür lag: „Lass doch den Leo an der Tür schlafen, damit er uns mit seiner Lauferei aufs Klo nicht ständig weckt." So tauschten wir die Plätze. Bei diesem Granateinschlag erhielt Günter Beck einen Granatsplitter durch den Schädelknochen, was wir nicht gleich erkennen konnten. Wir brachten den Ohnmächtigen, nachdem wir uns aus dem arg zerstörten Zimmer befreit hatten, in den Keller zu den Wirtsleuten. Ich rannte sofort zum ungefähr 100 Meter entfernten Zuggefechtsstand zum Sanitäter und musste bei dieser kurzen Strecke oft stehen bleiben, weil ich kaum Luft bekam. Im Keller sahen wir dann, dass wir Günter nicht mehr helfen konnten. Er betete im Unterbewusstsein „Gegrüßet seiest Du Maria", was mich sehr wunderte, denn er war ja evangelisch. Dann starb er. Nun suchten wir meinen Freund Walter Hänsch. Wir vermuteten, dass er panikartig aus dem Haus gelaufen wäre. Wir fanden ihn tot im Zimmer unter den Trümmern. Ich hatte das Glück, dass ein Schrank mich einigermaßen geschützt hatte. Ich meine sogar, dass er auf mich gestürzt war. Was hatte ich doch einen guten Schutzengel! – Laut Chronik von Ondenval gingen hier ca. 10.000 Granaten nieder, tagsüber ins Gelände, nachts gezielt in die Häuser.

Wir begruben Günter und Walter auf dem Friedhof in Amel. Beide wurden später auf den Soldatenfriedhof in Lommel umgebettet. Diesen Friedhof besuchten wir am 22. 8. 1983 und fotografierten die beiden Gräber.

Bei der Umbettung von Amel nach Lommel müssen die abgebrochenen Erkennungsmarken verloren gegangen sein, denn beide wurden in Lommel als ‚Unbekannte Soldaten' beerdigt. Über den Volksbund Deutsche Kriegsgräberfürsorge sorgte ich dafür, dass die Kreuze mit Namen versehen werden konnten: Walter Hänsch, Jäg., geb. 28. 7. 1927, gef. 5. 1. 1945 und Günter Beck, OGefr., geb. 11. 3. 1924 (und nicht 1914, wie ursprünglich auf dem Grabkreuz zu lesen war), gef. 5. 1. 1945. Es kam zu einer Duplizität der Ereignisse, denn mein um ein halbes Jahr jüngerer Cousin Adolf Jonderko fiel ebenfalls am 5. 1. 1945 um 4:30 Uhr in den Ardennen durch Granatsplitter. Er gehörte der 2. SS-Division an. Ins Gästebuch des Friedhofs von Recogne, den das Umschlagfoto dieses Buchs zeigt, schrieb ich: ‚Krieg ist nicht die Fortführung der Politik mit anderen Mitteln, sondern Wahnsinn und ein Verbrechen an der Jugend'. Am 2. 1. 1945 hatte Adolf noch an seine Mutter geschrieben und die furchtbaren Eindrücke der Ardennenoffensive sehr drastisch geschildert: Dass Trommelfeuer die Hölle sei!

Nachdem unser Quartier nicht mehr bewohnbar war, kam unsere Restgruppe in einem Haus unter, das rechts an der Hauptstraße von Weismes aus gesehen, und zwar noch vor der Kirche lag. Eines Nachts ging ich wieder einmal vors Haus, um mich im Schnee von dem inneren Druck im Darm zu erleichtern. Da sah ich ca. 3 bis 4 Meter vor mir auf der Hauptstraße im tiefen Schnee eine Gruppe Soldaten im weißen Tarnzeug vorbeitrotten. Sie sahen mich nicht. Ich wollte sie schon anrufen, war aber zu faul dazu. Am nächsten Morgen erfuhr ich, dass es sich um einen amerikanischen Spähtrupp gehandelt hatte. Wieder eines Nachts – wir hatten inzwischen erneut das Quartier gewechselt und lagen innerhalb des Ortes in einem Haus links der Hauptstraße, fast das letzte Haus in Richtung Thirimont – kamen wir von der Doppelwache zurück und sahen, dass die Zimmertür mit vielen Kugeln durchlöchert war. Der Wiener Gruppenführer sagte uns, es wären amerikanische Soldaten ins Haus eingedrungen gewesen. Er habe sie durch Schüsse mit seiner Maschinenpistole durch die Tür verjagt. Wir machten uns gleich auf die Suche nach den Amerikanern, fanden jedoch niemanden. In Ondenval sahen wir kaum Zivilisten. Die hatten ja am meisten zu leiden gehabt, erst unter dem Einmarsch der Amerikaner, dann durch unsere Rückkehr während der Ardennenoffensive und schließlich dadurch, dass endgültig die Amerikaner siegten.

Eine weitere Beschäftigung war das Ausheben von Schützenlöchern, die wir in die hart gefrorene Erde des Walds ‚Rohrbusch' gruben. Es war so kalt, dass ich es als sehr wohltuend empfand, nach dem kurzen ‚Austreten' wieder die lange Unterhose hochziehen zu können.

Mich interessierte hier auch das Schicksal des Soldaten, der als ehemaliger Offizier zum einfachen Jäger degradiert worden war und dem ich einmal in Fleringen meine Pistole ausgeliehen hatte und dessen Name ist mir leider entfallen ist, weil ich ihn nicht mehr sah, denn unsere Einheit war ja sowohl in Amel als auch in Ondenval und Thirimont untergebracht.

Nach dem Krieg korrespondierte ich mit dem Kompaniechef Oberleutnant Ludwig Havighorst, dem Chef der 15. Pionierkompanie, der mir zu diesem Kameraden am 3. 10. 1989 schrieb: ‚Am 13. 1. (Großkampftag) kam die Kompanie aber wieder als Sturmkompanie zum Einsatz. [...] Als wir unseren Auftrag endlich bei Einbruch der Dunkelheit erledigt hatten, gab ich dem Degradierten (was ich zu dem Zeitpunkt nicht wusste) einen Aufklärungsauftrag, den er mit ungewöhnlichem Schneid und erfolgreich durchführte. Weil er mir schon ein paar Mal durch besondere Einsatzfreude aufgefallen war, bat ich unseren Spieß, die Papiere für die Beförderung zum Oberjäger (Anm.: Unteroffizier) fertig zu machen. Nun musste ich erfahren, dass er degradiert worden war, womit eine Beförderung nicht möglich war. Mitte Februar ist er dann gefallen. Mir waren ein paar Tage vorher über Nacht meine Schuhe abhanden gekommen. Der Gefallene hatte sie an den Füßen. Ich habe ihm das aber nicht übel genommen, denn für einen einfachen Mann war es immer schwierig, an ein Paar Schuhe zu kommen, für einen Kompaniechef aber nicht. Immerhin gehörte ein besonderer Schneid dazu, ausgerechnet dem Chef die Schuhe zu stibitzen.'

Seit unserer Verlegung von den Niederlanden kam keine Post mehr an, obwohl ich regelmäßig nach Hause und auch an Frau Kerner in Weiden schrieb. Dazu kam noch, dass ich seit der Einberufung im Dezember 1943 keinen Urlaub bekommen hatte. Der Kompaniechef sagte mir, es wäre Zeit, dass ich nach 13 Monaten einmal Urlaub zu bekommen hätte. Er machte den Urlaubsschein fertig, sagte jedoch, dass ich noch schnell den Gegenangriff im benachbarten Thirimont mitmachen müsse, wo am frühen Morgen des 13. 1. Amerikaner in Regimentsstärke eingedrungen seien. Einiges dazu steht im obigen Brief des Kompaniechefs. Im Nachhinein erwies sich als Glück, dass ich den Urlaub nicht mehr antrat, wäre ich zu Hause als nun 18jähriger automatisch Parteimitglied geworden.

Zur Stärkung der Wehrkraft hingen Plakate mit dem amerikanischen Morgenthauplan: Umwandlung des deutschen Industriestaates in ein Agrarland.

Also am 13. 1. verstärkten die Amerikaner das Granatfeuer und deutsche Kettenfahrzeuge fuhren durch Ondenval nach Thirimont. Wir in Ondenval machten uns Hals über Kopf fertig, bekamen noch jeder eine Panzerfaust zu unserem sonstigen Gepäck und wurden aufgefordert, die lästige Gasmaske im Gefechtsstand zu lassen. Wir Pioniere marschierten dann auf verschneiten Wald- und Wiesenwegen an der Vieux-Mühle vorbei nach Thirimont. Unterwegs an einem alleinstehenden großen Baum wollte ich die gefütterte Tarnhose ausziehen, weil sie bei dem schnellen Vorgehen recht hinderlich war, tat es dann aber doch nicht. Oberhalb von Thirimont kamen wir auf einen

Weg, der ebenfalls voller Schnee war. Wir arbeiteten uns alle dicht hintereinander robbend vor. Dabei merkte ich gar nicht, dass der Kopf der Panzerfaust abgebrochen und verloren gegangen war. Sogleich fiel mir siedendheiß ein, dass die Sprengkapseln für die Stielhandgranaten in der Gasmaskenbüchse in Ondenval geblieben waren. Unterwegs wurden wir so richtig mit Granaten eingedeckt. Trotzdem behielt ich meinen Galgenhumor, denn als eine Granate zwischen den vor mir robbenden Gruppenführer und mir einschlug und er rief: „Maniura, sind meine Füße noch dran?" antwortete ich: „Ja, aber ist mein Kopf noch dran?" Wir beide lachten erlöst.

Unsere Gruppe robbte weiter in den Ort Thirimont hinein. Es ging etwas abschüssig und im Schnee hatte sich bereits eine Rutsche gebildet. Wir glitten also hinunter und ich erinnere mich daran, dass wir einen toten Kameraden aus dieser Rinne in den Schnee geschoben hatten, um an ihm vorbeizukommen. Dies alles geschah bei verstärktem Granatbeschuss. Nun zeigte sich ein Nachteil der Patronengurte der Fallschirmjäger. Sie waren aus Stoff und, um den Hals gehängt, am Koppelzeug befestigt. Die einzelnen Stofftaschen mit der Munition wurden lediglich durch Druckknöpfe gehalten. Bei dem Robben und Rutschen öffneten sich einige Druckknöpfe und unbemerkt verloren wir einen Teil unserer Munition. Bei dieser Fortbewegung hatten wir das erste Haus von Thirimont im Auge; mein Ziel war jedoch das davor frei stehende Klo. Während die Kameraden ins Haus liefen, lief ich aufs Klo und erleichterte mich. Mich störte es dabei wenig, dass das Klo durch die vielen Granateinschläge mächtig wackelte. Die Erleichterung war mir wichtiger. Später erfuhr ich, dass jeder zweite Soldat an Durchfall gelitten hatte. Als ich fertig war, wurde mir die gefährliche Situation so richtig bewusst. Ich nahm mir kaum Zeit, die Hosen richtig hochzuziehen und sprang schnell ins Haus, wo ich mich dann in Ruhe richtig anzog. Jetzt begann der Kampf Haus um Haus. Wir machten Gefangene. Angst, dass mir etwas passieren könnte, kam eigenartigerweise nicht auf. Ob in dieser Extremsituation die Gehirntätigkeit lahm gelegt ist – wer weiß das schon?

Streng religiös erzogen, empörte ich mich über einen älteren Kameraden, der einem auf der Straße liegenden gefallenen Amerikaner Zigaretten wegnahm – und fast zur gleichen Zeit hörten wir aus einem weiteren Haus ein deutsches MG 42 mit der typischen schnellen Schussfolge. Wir sprangen freudig diesem Haus entgegen und merkten zu spät, dass ein Amerikaner dieses MG bediente. Der Kamerad mit den Zigaretten erhielt einen Bauchschuss, hielt sich die Hände vor dem Bauch und rief nach dem Sanitäter. Unwillkürlich drängte sich mir der Gedanke auf, dass es vielleicht nicht passiert wäre, wenn er den Gefallenen in Ruhe gelassen hätte. Solche Gedanken kommen einfach, obwohl sie völlig unbegründet sein können. Ich weiß nicht, ob es dem herbeigeeilten Sanitäter gelang, meinem Kameraden zu helfen, denn es ging ja im Häuserkampf weiter. In einem neueren Haus rechts der Hauptstraße nahmen wir eine Gruppe Amerikaner, wie wir die US-Soldaten üblicherweise nannten, gefangen. Sie waren im Keller und mein Kamerad Fritz Kauer, ein Gymnasiast des Jahrgangs 1927, rief ihnen in Englisch zu, sich zu ergeben und hoch zu kommen. Sie ergaben sich ohne Schusswechsel.

In der Abenddämmerung ging ich wie üblich mit vorgehaltenem Karabiner in ein Haus und sah erstmals in diesem Ort Zivilisten. Sie versorgten einen schwer verwundeten Amerikaner, der auf einer Liege gebettet war. Neben sich hatte er ein schmackhaft zubereitetes Abendessen stehen. Dies alles beim Kerzenschein. Irgendwie tat mir der Verwundete leid, noch mehr leid, sogar echtes Mitgefühl hatte ich – wie ich schon erwähnte – mit der Zivilbevölkerung, denn sie war ja völlig unverschuldet in diesen Kampf hineingeraten. Ich wurde von den Hausbewohnern gebeten, dem verwundeten Amerikaner nichts zu tun, was mich verwunderte, denn das hatte ich ohnehin nicht vorgehabt. Seinerzeit wusste ich noch nichts von dem am 17. 12.

1944 bei Baugnez – also in der Nachbarschaft – erfolgtem Massaker, von dem der Amerikaner den Bewohnern wohl erzählt hatte. Ich schaute mich weiter im Haus um, ob sich nicht weitere Amerikaner dort aufhielten, und ging weiter.

In Büchern von Rudi Frühbeisser ‚Opfergang deutscher Fallschirmjäger' und ‚Im Rücken der Amerikaner' beschreibt er, dass Thirimont am 13. 12. 1944 von aus Negern bestehendem Sturmregiment angegriffen worden sei. Ich selbst habe weder im Ort noch in der Umgebung einen farbigen Soldaten gesehen, sondern ausschließlich weiße Amerikaner.

Ziemlich am Ortsende von Thirimont drangen wir in ein Gehöft ein, das von einer Mauer umschlossen war. Es wurde langsam dunkel. Einige Zeit später kamen durch das offene Hoftor weitere Soldaten, ebenso wie wir in weißer Tarnkleidung. Wir sahen uns gegenseitig sehr misstrauisch und feindlich an – und hier hatte ich zum ersten Male so ein Bangegefühl, da innerhalb des geschlossenen Hofes keine Deckungsmöglichkeit vorhanden war und wir in der Minderzahl waren. Zum Glück stellte sich bald heraus, dass es sich ebenfalls deutsche Soldaten handelte.

Nachts ging es weiter über den Ortsrand hinaus zu einem ziemlich allein stehenden kleineren Gehöft, wahrscheinlich in Grosbois. Hier verschanzten wir uns im angebauten Schuppen bzw. in der angebauten Werkstatt und verteidigten uns, bis am nächsten Tag unsere Munition aufgebraucht war. Dabei half ich unserem Gruppenführer, einem Studenten aus Wien, Obergefreiter und Offiziersanwärter, seine Maschinenpistole nachzuladen; er hatte lediglich zwei Magazine, aber einen Brotbeutel voll Munition. Wir waren eine kleine Kampfgruppe von ungefähr 20 Soldaten; ein Offizier von einer anderen Einheit war ebenfalls dabei. Besonders schrecklich hörten sich die vielen Kugeleinschläge auf der Blechwand des Schuppens an, doch die Wand hielt sie ab. Mittlerweile waren wir von Amerikanern umzingelt. Es gab kein Entweichen in Richtung Ort. Gegen 9:00 Uhr am 14. 1. 1945 hielten wir dann die weiße Fahne aus dem Fenster und tatsächlich fiel kein weiterer Schuss. Wir legten im doch recht großen Schuppen die Waffen ab. Meine kleine Pistole versteckte ich in einem Regal in der trügerischen Hoffnung, sie bald wieder holen zu können. Wir legten auch das Koppelzeug samt Patronengurt ab und gingen auf Zuruf der Amerikaner hinaus.

In der Broschüre ‚Kriegsschicksale 1944-1945, Beiträge zur Chronik der Ardennen-Offensive zwischen Venn und Schneifel‘ steht zu Thirimont u. a. folgendes: ‚Die Deutschen leisteten erbitterten Widerstand im Hause Leonard Wansart. Auch hier wurde das Haus in Brand geschossen. Viermal haben einige Ortsteile den Besitzer gewechselt. Der Häuserkampf war ein Kampf Mann gegen Mann. Tote Amerikaner und Deutsche lagen in den Häusern und die Kampfstätten boten ein Bild des Grauens.‘ Ein Foto des Hauses Leonard Wansart illustriert das Buch. Ob es mit dem von uns verteidigten in Grosbois identisch ist? Es liegt ebenfalls in diesem Ortsteil.

Nun war ich hineingeraten, in die amerikanische Kriegsgefangenschaft. Unsere Häscher wickelten das Ganze so ab: Ich musste als Erster der ungefähr 20 deutschen Soldaten aus dem Schuppen gehen. Schon an der Tür standen US-Soldaten. Wir hatten nicht geglaubt, dass sie so hautnah an uns dran waren. Sie rissen mir den Helm vom Kopf. Auffallend viele Amerikaner hatten auf ihren Gewehren Gewehrgranatgeräte aufmontiert, ich kann mich jedoch nicht daran erinnern, dass wir auch mit solchen Granaten beschossen worden waren; vielleicht war dies im Kampflärm auch untergegangen. Unsere Verwundeten nahmen wir auf ausgehängten Türen mit. Beim Marsch durch Thirimont, das inzwischen von den Amerikanern wohl vollständig eingenommen worden sein musste, ging vorn ein Amerikaner, dann kamen wir mit den Verwundeten, denen wir Eiszapfen zum Lutschen gaben, und hinten wieder ein Amerikaner. Noch heute sehe ich im Geiste, wie den hinten gehenden Amerikaner eine deutsche Granate voll erwischte; von ihm war nichts mehr zu sehen und uns allen stand der Schreck im Gesicht geschrieben. Auf dem weiteren Marsch beobachteten wir eine V1-Rakete, die vom Hang des Berges ‚Haussart' in ungefähr 200 Metern Entfernung herunterraste. Dass sie nicht explodierte, war ein Riesenglück. Wir alle waren wie gelähmt.

Nachdem wir die Verwundeten in Thirimont abgeliefert hatten, gingen wir rechts an der Einschlagstelle vorbei den Hang aufwärts und kamen auf die Allee, die nach Norden in Richtung Baugnez führt. Die Hände hatten wir immer mit erhoben zu halten.

Auf dieser Straße wurden wir dauernd mit deutschen Granaten beschossen. Sie schlugen aber neben uns ein, sodass sie keinen Schaden anrichteten. Wir waren ganz schön zornig auf unsere Kameraden der Artillerie. Sie mussten uns doch an den erhobenen Händen erkannt haben. Der Gedanke lag nahe, dass sie dies absichtlich machten, weil wir uns in Kriegsgefangenschaft begeben hatten. Als ob das freiwillig geschehen wäre!

Endlich hörten die Granateinschläge auf und wir kamen links vor einer Straßenkreuzung auf eine offene Fläche, auf der fast zugeschneite tote Amerikaner lagen.

Wir Kriegsgefangene mussten mit immer noch erhobenen Händen vor den Toten hin und her gehen und der amerikanische Brigade-General William K. Harrison jr. oder jemand aus seinem Stab rief uns zu: „Ist das recht, ist es recht von Euren Kameraden von der SS?" Wir wurden dabei gefilmt und fotografiert.

Von einer Aufnahme in dem Film ‚Hitlers letzte Offensive, das Blutbad in den Ardennen', der am 15. 12. 2004 von ARTE gesendet wurde, konnte ich bei der Film-Produktionsstätte in Brüssel zwar nicht ermitteln, wann sie aufgenommen worden war, aber ich bin fast sicher, dass ich es am 14. 1. 1945 bei Baugnez bin.

Meinem Gesicht sieht man trotzige Ablehnung an. Dabei hätte ich doch froh sein können, dass für mich der Krieg zu Ende war, dass auf mich nicht mehr geschossen wurde und dass für mich ein völlig neuer Lebensabschnitt begann. Aber soweit waren meine Gedanken noch nicht. Denn zunächst befürchteten wir bei diesem Vorführen vor den toten Amerikanern, dass nun unser letztes Stündchen geschlagen hätte. Einen klaren Gedanken zu fassen war nicht möglich. Alles war wie ausgeschaltet, wie auch schon beim Häuserkampf in Thirimont. Dieser Häuserkampf war übrigens im Nachhinein betrachtet nicht gut organisiert. Es gab keine Strategie, dieses oder jenes Haus zu durchsuchen. Wir gingen auf gut Glück und ohne einen bestimmten Plan in Gruppen oder einzeln in die verschiedenen Häuser. Im Buch ‚Opfergang deutscher Fallschirmjäger' stehen für dieses Gebiet folgende Nahkampftage des 9. Fallschirmjäger-Regiments, die jeweils im Soldbuch vermerkt waren:

45. Nahkampftag – 13. 1. 1945 – Beseitigung eines feindlichen Einbruchs in Regimentsstärke durch sofortigen Gegenstoß im Ort Thirimont, Raum Malmedy.
46. Nahkampftag – 14. 1. 1945 – Abwehr und Abriegelung eines erneuten feindlichen Einbruchs im Ort Thirimont, Raum Malmedy.
47. Nahkampftag – 16. 1. 1945 – Abwehr und Abriegelung eines feindlichen Gegenstoßes an der Verbindungsstraße Am Kreuz - Faymonville im Rohr-Busch.
48. Nahkampftag – 17. 1. 1945 – Abwehr eines feindlichen Einbruchs an der Verbindungsstraße Am Kreuz - Faymonville unterhalb der Höhe 533 im Rohr-Busch.

Die letzten Einträge dokumentieren, wie sich in dieser Gegend der Rückzug vollzog, den ich ja nicht mehr mitzumachen brauchte.

Einige Worte zu dem erwähnten amerikanischen Brigade-General. Im Buch ‚A Time of Trumpets' steht unter dem Datum 19. 12. 1944: ‚The commander of the 30th Division, General Hobbs, sent his assistant division commander,

Brig. Gen. William K. Harrison, to command all the forces around Stoumont – Colonel Sutherland's 119th Infantry and Task Forces McGeorge and Jordan of 3d Armored Division's CCB – in order to take Stoumont and capture La Gleize. He was under some pressure to get the job over with, for not only was the presence of ‚Kampfgruppe Peiper' holding up a drive to close the gap between Malmédy and St. Vith; it was also delaying a transfer of the 3d Armored Division's CCB elsewhere to oppose rampaging German tanks.' Er war also damals in dieser Gegend.

Von dieser Massaker-Stelle mussten wir weiterhin trotz der Kälte ohne Handschuhe mit erhobenen Händen nach Malmedy marschieren. Die Handschuhe hatte man uns bei der Gefangennahme abgenommen. Alle hatten wir ein enormes Schlafbedürfnis. Jetzt war ich also Kriegsgefangener statt in den genehmigten Heimaturlaub zu fahren. Es wäre sowieso kein schöner Urlaub geworden, da mein Heimatort Schomberg am 28. 1. 1945 von der Sowjetarmee besetzt werden würde.

Bei der Wehrmacht galt ich nicht als vermisst, sondern ‚lt. Meldung v. 14. 1. I945 = 5. FJDiv.' – man hatte mich einfach zur 5. Division versetzt.

Ein von den Alliierten abgeworfenes Flugblatt vom 19. 1. 1945 zeigt unter dem Aufmacher ‚Sowjets im Warthegau' die Kriegssituation im Osten. Der Leitartikel trägt die Überschrift ‚Rückzug auch im Westen – Alliierte bedrohen St. Vith'. Das Blatt ist so aufgemacht, dass seine wahre Herkunft verschleiert wird. Ich entnahm es dem Buch ‚Der verhängnisvolle Irrtum. Hitlers Fehlkalkulation in den Ardennen beschleunigte vor 40 Jahren das Ende'.

Als wir in Malmedy eintrafen, wurden wir grob durchsucht, unter anderem nach amerikanischen Kleidungsstücken. Ich hatte keine solchen an und der Amerikaner, der mich prüfte, überzeugte sich, dass mein brauner Pullover aus Weiden kein amerikanischer war. Wir übernachteten hier in einer großen Halle. Am nächsten Tage ging es auf Lkws weiter. Dabei wurde so schnell gefahren, dass wir in

Kurven befürchteten, aus dem Wagen geschleudert zu werden. Als wir Huy erreichten, wurden wir von einem Teil der Bevölkerung mit Blumentöpfen beworfen.

In der Zitadelle Huy wurden wir verhört. Wir hatten unsere Soldbücher behalten, denn der Kompaniechef hatte vor dem Fronteinsatz empfohlen, dass wir das im Falle einer Gefangennahme tun sollten. So konnten wir unsere Einheit nachweisen. Ich hatte den Eindruck, dass der vernehmende amerikanische Offizier keine große Ahnung über unsere Einheit hatte. Ich sagte ihm nichts, da auch ich kaum mehr wusste. Im Vernehmungsgespräch empörte ich mich darüber, dass Amerikaner nicht das Rote-Kreuz-Zeichen auf Lazarettzügen achteten. Beim Rückzug aus Südfrankreich hätte ich einen Jaboangriff auf einen solchen Zug beobachtet. Er sagte mir, dass wir Deutschen das Rote Kreuz zur Tarnung benutzt hätten. Später erfuhr ich von einem deutschen Soldaten, dass dies tatsächlich so war, denn aus Paris holte man die Verwundeten ins Reich und zurück nach Paris lud man Munition auf.

In der Zitadelle Huy durfte ich deshalb meine Papiere, Kalender und Fotos behalten, weil ich bei der Durch-suchung frech meine vor mir ausgebreiteten Utensilien ruhig wieder einsteckte. Ich hatte nämlich bemerkt, dass die beiden Amerikaner, die die Reihe der Gefangenen von außen nach innen kontrollierten, bei meinem rechten und linken Nachbarn ihre Arbeit beendeten. Beide nahmen wohl an, dass der jeweils andere Soldat mich, der in der Mitte der Reihe stand, bereits gefilzt habe. Mein linker Mitgefangener, Fritz Kauer aus Bamberg, wollte dem Amerikaner gerade erklären, dass im Briefumschlag, den er eben wieder einstecken durfte, kein Brief, sondern Sammel-Briefmarken drin seien. Er kam jedoch nicht auf die englische Bezeichnung und fragte mich. Ich sagte ihm, dass Briefmarken ‚Stamps' hießen. So schnell konnte er gar nicht gucken wie der Amerikaner sie ihm fortnahm. Ich entdeckte bei dieser Gelegenheit in meiner Hosentasche einen ziemlich großen Granatsplitter, vermutlich ein Andenken an meinen Klobesuch beim ersten Thirimonter Haus, wo das Klohäuschen vor lauter Granateinschlägen mächtig gewackelt hatte.

Am 16. 1. 1945 – ein Dienstag – wurden wir in offenen Sattelschleppern nach Namur gefahren. Hier wurden wir erstmals gründlich hygienisch mit Läusepulver, aber auch mit besserem Essen versorgt. Das Läusepulver zeigte bald seine Wirkung, denn die Viecher wollten schnell an die ‚frische Luft' und krochen daher den Rücken hoch zum Hals. Hier brauchten wir sie nur noch mit den Fingern in den Schnee fallen zu lassen. Mein weißer Schal und mein Unterhemd waren nun rot gefleckt. Erneut wurden hier die Soldbücher kontrolliert. Am nächsten Tag wurden wir in offene Güterwaggons verladen, in die uns amerikanische Soldaten Rüben in Form roter Bete als Marschverpflegung hinterherwarfen.

In dem Buch ‚Der verhängnisvolle Irrtum' findet sich ein Bild von Waggons der Art, in denen wir abtransportiert wurden. Am Abend des 18. 1. trafen wir in Attichy ein. Dieser Ort liegt nordöstlich von Paris. Auf dem Weg vom Bahnhof zum auf der Höhe liegenden Lager blieben Gefangene vor Erschöpfung zurück, so auch Fritz Kauer. Ich blieb bei ihm, weil ich ihn nicht allein am Straßenrand stehen lassen wollte. Wir wurden ins Revier des Lagers gebracht und mit Zucker hochgepäppelt. Die Portion war so groß, dass sie mir in einer viereckigen Terrine gegeben wurde. Ich kam bald ins Hauptlager, weil das Revier über-füllt war. Hier sah ich zum ersten Male farbige amerikani-sche Soldaten, die frierend vor einem offenen Feuer in den Gängen zwischen den einzelnen Unterlagern standen und sich aufwärmten.

Im Lager Attichy-Compiègne-Croutoy wurde ich am 22. 1. 1945 registriert und bekam die Nummer 31 G – 784440. Das bedeutete: 31 = Gefangennahme in Frankreich/ Belgien; G = Deutscher und dann folgte die laufende Num-mer als Kriegsgefangener.

Zunächst waren wir in runden Zelten untergebracht, in deren Mitte ein Ofen aufgestellt war. Wir lagen mit den Beinen zu ihm hin im Zelt, in dem es trotz der Feuerung ziemlich kalt war. Hier leistete mir die gefütterte Tarnhose große Hilfe – ein Glück, dass ich sie beim Gegenangriff auf Thirimont nicht ausgezogen hatte, als sie mir hinderlich war und ich darin sehr geschwitzt hatte. Ich zog sie in Attichy von der Taille runter, so dass ich die Hosenbeine unter den Füßen zusammenbinden konnte. So blieben meine Füße warm, jedoch nicht warm genug, als dass nicht nach ein paar Tagen während durchzitterter Nächte Füße und Finger Erfrierungserscheinungen zeigten. Weder Arzt noch Sanitäter konnten mir jedoch eine Arznei geben.

Die wendbare und gepolsterte Tarnhose, die mir so gute Dienste geleistet hatte und auf der einen Seite weiß, auf der anderen tarnfarbig war, sah ich im Kriegsmuseum in Diekirch bei unserem Besuch vom 20. bis 23. 8. 1983.

Im Lager Attichy taute es später so auf, dass alles im Schlamm versank. Nun kamen wir in große rechteckige Zelte und wurden so zusammengepfercht, dass wir nur löffelweise liegen konnten. Falls wir uns nachts auf die andere Seite legen wollten, mussten alle aufstehen und sich andersrum wieder hinlegen. Ein paar alte Konservenbüchsen dienten zur Urinaufnahme. Danach wurde der Urin einfach unter der Zeltplane hindurch nach außen geschüttet, was im Laufe der Zeit erbärmlich stank.

Am 6. 2. 1945 wurden wir endlich verlegt. Wir kamen nach Querqueville bei Cherbourg. Der Transport geschah in geschlossenen Güterwaggons, die mit Kriegsgefangenen gerappelt voll waren. Ich hatte wieder Glück. Weil ich sehr leicht war, durfte ich zeitweise in einer unter dem Wagendach aufgespannten Zeltplane liegen. Die anderen Mitgefangenen wurden in zwei Gruppen aufgeteilt: Eine Gruppe durfte sich zum Ausruhen hinlegen und die andere dicht gedrängt im anderen Teil des Waggons stehen. Nach einer Weile wurde gewechselt. Ich konnte von meiner Plane aus die Gegend betrachten, denn ziemlich oben war eine schmale Öffnung. Durch diese Öffnung wurde auch per Essnapf Regenwasser gesammelt, das eine herrliche Erfrischung für uns bedeutete.

Am 7. 2. kamen wir in Cherbourg an. Beim Aussteigen aus den Güterwaggons ging es der Begleitmannschaft nicht schnell genug. Ich verlor beim Sprung aus dem Waggon mein Käppi, wollte es aufheben und bekam einen Stockschlag auf den Rücken. Dann marschierten wir durch Cherbourg zum Lager in Querqueville. Hier wurden uns erstmals in der Kriegsgefangenschaft die Haare geschnitten. Untergebracht waren wir zunächst in Zelten, später in Baracken. Die Wachmannschaft war sehr scharf und nervös. Sobald sich nachts etwas im Lager bewegte, schossen die Posten. Ich musste oft auch nachts aufs Klo und bewegte mich daher sehr vorsichtig zwischen den Baracken bis zur Klobaracke. Am Schwarzen Brett lasen wir die Nachricht über den Bombenangriff auf Dresden am 13. 2. 1945.

Eines Tages wurden die Fallschirmjäger und die Marinesoldaten aufgerufen, sich zu melden. Wir standen nun in Reih und Glied und warteten auf den amerikanischen Offizier. Es hatte sich herumgesprochen, dass wir in die USA verschifft werden sollten, weil wir auf dem Festland wohl zu gefährlich waren. Es war fast das gesamte Lager angetreten. Daher verlangte der misstrauisch gewordene Offizier den Beweis der Zugehörigkeit – und hier half mir mein noch vorhandenes Soldbuch.

Am 22. 2. fuhren wir im Zug nach Bolbec bei Le Havre, wo wir am nächsten Tag ankamen. Es handelte sich um ein ziemlich neues Lager, das auch wir weiter ausbauten. Hier ging es sauberer als bisher zu. Auch erhielten wir hier die Gelegenheit, Gottesdienste besuchen. Viele Gefangene gingen zur Kommunion, nicht zuletzt, um ihre kargen Mahlzeiten mit einer Hostie zu bereichern.

Jetzt kam für mich ein historischer Tag, nämlich der 3. 3. 1945, ein Samstag. Wir wurden in Le Havre eingeschifft, und zwar auf ein großes Schiff mit dem Namen Monticello,

13.500 BRT, und verließen Europa. Monticello ist auch ein Ort in Utah. Viele wurden seekrank. Ich blieb davon verschont.

Auf dem Schiff wollten wir zum Erstaunen der Besatzung wie gewohnt mit unseren Essbüchsen/-dosen und Holzlöffeln zum Essen kommen, aber hier brauchten wir diese Utensilien nicht mehr. Jeder bekam ein normales Tablett, Geschirr und Besteck einschließlich Messer und das Essen war nach sehr langer Zeit wieder normal, bis auf die Süßkartoffeln, an die wir uns erst gewöhnen mussten. Jeder erhielt auch einen Rasierapparat der Marke Gillette samt Etui. Untergebracht waren wir auf Deck F, also in Höhe der Wasserlinie.

Täglich eine Stunde durften wir an Deck; im Umkehrschluss heißt das, dass wir 23 Stunden unter Deck eingepfercht waren. Dort saßen wir meist auf den Betten, die zu Dritt oder Viert übereinander befestigt waren und aufgeklappt werden konnten.

Ganz kamen wir um Arbeit nicht drumherum. Einmal halfen wir beim Entrosten bzw. Streichen der Reling. Ein andermal säuberte ich in einem unteren Deck den Flur. Währenddessen bewachte mich ein amerikanischer Soldat. Plötzlich kam ein Kommando durch die Lautsprecheranlage und der Soldat verschwand. Als er nach einiger Zeit wiederkam, staunte er, dass ich in meiner Putzarbeit fortgefahren war; ich hatte nicht mitbekommen, dass U-Boot-Alarm gewesen war. Wir waren sowieso der Auffassung, dass unserem Schiff im Geleitzug nichts passieren konnte, weil es eine in Weiß gehaltene Fahne gehisst hatte. Diese Fahne bedeutete jedoch nicht, wie wir annahmen, dass deutsche Kriegsgefangene an Bord sind, sondern, dass ein Pfarrer an Bord sei. Das war allerdings eine Latrinenparole. Mein Schulenglisch war für den Gebrauch an Bord sehr dürftig. So wollte einmal ein US-Soldat von mir eine Schwinge, wovon ich als Gefreiter vier auf meinen gelben Jackenspiegeln hatte, haben und bot mir 15 Zigaretten. Er deutete dabei auf die Schwinge. Ich dachte jedoch, er wolle wissen, wie alt ich sei und ich antwortete: Höher bzw. mehr. Als er bei 18 ankam, sagte ich ja, aber das war ihm zu teuer. Und nun lachten wir beide über dieses Missverständnis.

Während der meist faulenzenden Überfahrt bin ich mindestens fünf Zentimeter gewachsen.

Kurz vor Beendigung unserer Seereise sahen wir uns begleitende Tümmler, also Delphine, elegant aus dem Wasser springen. Und dann kamen uns Möwen entgegen, ein Zeichen, dass Land in der Nähe war. Wir waren also am 17. 3. nach 14 Tagen in New York angekommen. Wir durften uns sogar an Deck die Feiheitsstatue und die Hochhäuser samt dem Empire-State-Building anschauen.

Nach der Landung wurden wir alle zur Entlausung in ein Gebäude gebracht, obwohl wir schon seit Namur keine Läuse mehr hatten. Wir mussten uns nackt ausziehen und unsere Kleider wurden in ein Dampfbad gebracht. Auf dem Weg zur Ausgabestelle unserer desinfizierten Kleider hatten wir nur Ledersachen in unseren Händen: Schuhe, Brieftasche usw. Da mein Nachbar nagelneue Schuhe in der Hand hatte, fragte ich ihn, wo er die denn organisiert habe. Er antwortete mir auf Englisch, also gehörte er der Wachmannschaft an. Ein farbiger Soldat blies mit einer Pumpe grinsend Puder auf unsere behaarten Körperteile.

In New York City wurden wir auf dem Weg zur Eisenbahn von Zivilisten angegafft, ob wir Germanen nicht doch Hörner auf dem Kopf hätten. Vom 17. bis 19. 3. waren wir per Eisenbahn unterwegs. Auf je vier gepolsterten Sitzplätzen saßen lediglich drei Gefangene, der vierte Platz war fürs Ablegen des Geschirrs bei den einzelnen Mahlzeiten gedacht. Da wir hier Papierteller und Holzbesteck erhielten, wurden nach jeder Mahlzeit die Fenster geöffnet und alles flog auf den Bahndamm. In Cincinnati am Ohio-Fluss lasen wir an einer Felswand ‚Bergbräu' als Bierreklame und erfuhren, dass sich hier viele Deutsche niedergelassen hätten. Am Nachmittag des 19. 3. kamen wir über Louisville in Fort Knox, Kentucky, an. Vom Bahnhof aus marschierten wir in das neue Lager II. Am Eingang stand ein Lkw mit Frottierhandtüchern und Seife, was dann an uns verteilt wurde. Welch' eine Überraschung, denn Frottierhandtücher waren wir bei der Deutschen Wehrmacht nicht gewohnt.

Bei der Einteilung in die einzelnen Gebäude kam ich im ersten Stock einer doppelstöckigen Baracke in einen Raum für vier Personen. Im Flur gab es Trinkwasser aus kleinen Fontänen mit Druckhähnen, wie ich sie ja von unserem heimatlichen Schulhof schon kannte, allerdings roch hier das Wasser sehr nach Chlor. Wir sollten uns einrichten, die Tür auflassen und dann in die Essbaracke gehen. Ich schrieb ein Schild ,Ich wollt' ich wär' ein Elefant, dann tät ich Jubeln laut. Es ging mir nicht ums Elfenbein, nur um die dicke Haut'. Dies hängte ich an die Wand und machte dabei die Tür zu, weil sie mich dabei störte. Just in diesem Augenblick kam der Kommandierende Offizier der beiden Lager von Fort Knox, Oberstleutnant Lloyd L. Hamilton, mit Gefolge ins Zimmer. Sofort hatte ich ein schlechtes Gewissen, weil ich ja die Tür zugemacht hatte. Er schaute sich um und kam auf mich zu, ließ meinen Namen notieren und ging samt Gefolge wieder fort.

In der Essbaracke war unser Erstaunen groß. Die ,Afrikaner' unter uns Kriegsgefangenen hatten alles aufgetischt, was da war, und das war in den USA fast unbegrenzt. Nach dem Essen grüßten wir auf der Lagerstraße einen amerikanischen Offizier mit dem alten Wehrmachtsgruß, wie er bei uns bis zum Sommer 1944 üblich war. Dies brachte uns die Belehrung ein, so zu grüßen, wie wir es als deutsche Soldaten verpflichtet seien, also mit erhobener vorgestreckter rechter Hand. Ab 8. 5. 1945 war er dann nicht mehr gefragt.

Am 20. oder 21. 3. 1945 wurden wir mit unserer Kriegsgefangenen-Nummer vor unserer Brust für das Stammblatt fotografiert. Hier die Daten über den Verbleib in Fort Knox und den weiteren, den ich vorwegnehme:

From Transit - Fort Knox, Kentucky – Mar 19 1945.

From PWC., Fort Knox, Kentucky – 1 Feb 1945 – PWC., Fort Eustis, Va.

From SPC Ft. Eustis, Va. – 16-2-46 – Ft. Meade, Md.

Remarks: SPMGO 207 US DTD – Mar 13 1946

Anmerkung: Va = Virginia; Md = Maryland (wir kamen allerdings nicht nach Fort Meade, sondern fuhren wahrscheinlich hier nur durch in Richtung Verschiffung. Diese war dann in New York City). Was das Datum 13. 3. 1946 bedeuten soll, weiß ich nicht; vielleicht Abschied von Frankreich nach Deutschland: am 14. 3. 1946 fuhr der dementsprechende Zug von Bolbec aus nach Bad Aibling.

Vorerst bleibe ich in Fort Knox, in dem wir anfangs jeden Sonntag gegen irgend etwas geimpft wurden.

Mein erster Arbeitseinsatz war als Straßenfeger innerhalb des Forts. Wir waren nur wenige Leute. Der uns bewachende Amerikaner hatte alle Hände voll damit zu tun, um uns mit frischem Trinkwasser zu versorgen. Wir hatten mächtig Durst und in dieser Jahreszeit war es hier bereits sehr warm. Wir schafften an diesem Tage mit unseren großen Besen ca. 300 Meter. Am nächsten Tag wurden wir zu einer Arbeit im Panzerübungsgelände von Fort Knox eingesetzt, denn dieses war eine Panzergarnison. Wir schaufelten Gräben in der sandigen Gegend, was ziemlich leicht war. Vermutlich gingen darin die ‚gegnerischen' Soldaten in Stellung. Jeder von uns hatte ein Schildchen mit seiner Arbeitsnummer; meine war 1314. An der Kleidung hatten wir auf dem Rücken das große Prisoner of War-Symbol ‚PW' aufgemalt. Treffpunkt der Arbeitskommandos war der Fort Knoxer Motorpool. Ab dem dritten Arbeitstag war ich dann mit einem älteren Berliner Matrosen ständig zum Reinemachen der Wachbaracken eingeteilt. Vom Lager aus betrachtet standen sie außerhalb, wenn man raus ging rechts am Eingangstor.

Die Wachbaracken und Umgebung waren nun mein neuer Arbeitsbereich, und zwar bis zu meiner Versetzung am

18. 8. 1945 von der 9. Kompanie im Lager II zur 7. Kompanie im Lager I. Das Datum war ein Samstag.

Beim Putzen der Räume brauchten wir beide nicht die im 1. Stock befindlichen Toiletten zu reinigen, weil dies Sache der GIs war. So wurden die amerikanischen Soldaten in Kurzform bezeichnet; GI = Goverment Issue, auf Deutsch: Eigentum des Staates. Die GIs machten sich einen Spaß daraus, auf die bereits aufgekehrte Seite im Schlafbereich der Wachbaracke Zigarettenreste und ähnliches hinzuwerfen, sodass wir diese Seite nochmals putzen mussten. Wir hatten jedoch viel Zeit! Da ich ausgehungert war, nahm ich den übrig gebliebenen Frühstückskuchen der GIs und aß ihn auf. Dies wurde beobachtet und man zerstückelte nun den Kuchen als Abfall. Auf der anderen Seite schenkten sie uns ab und zu Süßigkeiten. In den zwei kleineren Baracken nebenan wohnten Vorgesetzte bzw. die Stammmannschaft. Die machten wir ebenfalls sauber. Hier lernte ich Sergeant Alvin Kaufman aus New York City kennen, ein recht sympathischer GI jüdischen Glaubens. Er wollte deutsch und ich amerikanisches Englisch lernen. So halfen wir uns gegenseitig. Die anderen GIs waren nicht an Fremdsprachen interessiert. Das Buchstabieren der einzelnen Wörter ging sehr praktisch vor sich, denn wir beide hatten Funkausbildung und so buchstabierten wir per internationaler Morsezeichen. Der Berliner brauchte nicht englisch zu lernen, denn er war vor dem Krieg Koch in England und beherrschte daher diese Sprache. Ein anderer GI sagte mir, ich wäre ein ‚gold-bricker‘, was wir mit Arbeiterdenkmal übersetzen würden. Dass wir PoWs der Arbeit nachliefen, wäre zu behaupten übertrieben.

Jeden Sonntag besuchte ich die katholische Messe in der Lagerkirche.

Es gab größere und kleinere Baracken, die kleineren allerdings nur im Lager II. Die größeren fanden sich in beiden Lagern. Als wir in Fort Knox ankamen, war ich zunächst in einer größeren untergebracht, kam jedoch nach einigen Tagen in eine kleinere. Das Lager selbst war mit viel Wiesen zwischen den letzten Baracken und dem Lagerzaun sowie den an allen Ecken stehenden Wachtürmen großzügig angelegt.

Colonel Hamilton war zwar nur Lieutenant-Colonel, wurde jedoch von allen als Colonel angesprochen. Er kam ab und zu vom Lager I, wo sich auch das Headquater der 1550th Service Command Unit befand, und sprach dabei auch jeweils mit mir. Meinen Namen hatte er sich notiert gehabt, als ich mein Elefantenschild aufgehängt hatte. Eines Tages, ungefähr Mitte April 1945, hatte er einen Dolmetscher dabei. Der Berliner und ich waren gerade dabei, die Fenster der Wachbaracken von außen zu putzen. Er kam auf mich zu und ließ mich über den Dolmetscher – also unter Zeugen – fragen, ob ich sein Sohn werden wollte. Verdutzt sagte ich ja – und schon waren sie wieder fort. Während ich noch ziemlich benommen vor mich hinsah, stieß mich der Berliner an und fragte mich, ob ich auch wirklich mitbekommen hätte, was ich da gefragt worden sei. Seinerzeit machte ich mir jedoch über eine etwaige Adoption gar keine Gedanken. Schnell ging dies durchs Lager und ich wurde – auch von den GIs – nur noch Colonel's boy oder junior genannt. Vom Berliner lernte ich nach und nach ‚richtiges' englisch, denn das unterscheidet sich ja von der amerikanischen Form etwas.

Die US-Offiziere störten sich nicht daran, dass in der Baracke neben meinem Bett ein Foto meines Bruders Alfred in SS-Uniform hing. Der Colonel fragte mich einmal, wer dies sei. „My brother", antwortete ich und er sagte: „Oh, a nice boy". Ihm gefiel es wohl nicht, dass ich Putzarbeiten verrichtete. So fragte er mich eines Tages, ob ich Auto fahren könne, was ich verneinte. Ab und zu beschwerte ich mich bei ihm über die GIs, die nicht abließen, Zigarettenreste und anderen Müll auf die bereits geputzte Raumfläche zu werfen. Oder – was sehr selten vorkam –, dass wir die Toiletten sauber machen sollten. Er nahm sich die GIs vor und wir wurden fortan in Ruhe gelassen. Der Berliner nutzte meine Beziehungen zum Colonel aus, indem er ab und zu recht spät zur Arbeit kam oder gar nachmittags im Lager blieb. Er berief sich dabei auf den Colonel und kein GI wagte, dies nachzuprüfen. Er war eben ein abgebrühter Landser, während ich in dieser Beziehung ein Neuling, ein ‚Greenhorn' war.

Bei unserer Ankunft in Fort Knox waren wir vollkommen neu eingekleidet worden. Unter anderem hatten wir amerikanische Uniformen mit aufgemalten PW-Zeichen erhalten. Als ich eines Tages allein – wir beide wurden bei unserer Arbeit in den Baracken nicht bewacht – die Treppe hinuntergehen wollte, kam mir ein farbiger GI entgegen. Fast unterwürfig grüßte er mich und machte Platz. Ich sagte ihm erstaunt, dass ich der Gefangene und nicht er sei. Dies machte jedoch keinen Eindruck auf ihn, während mich diese Begegnung sehr erschütterte.

Die große Toilette eignete sich gut für Theaterübungen, denn ich hatte mich für Mitwirkung in einer Theatergruppe gemeldet. Einmal stand ein Sketch auf dem Spielplan. Ich hatte bei diesem die Aufgabe, im weißen Malerkittel mit einem Farbtopf auf die Bühne zu kommen und zu rufen: „Meester, Meester, hier is der Topp mit die Farbe". Hier zeigte mir der Berliner – er war ja überall bewandert –, wie man so etwas einübt. Er stellte sich im kaum benutzten Toilettenraum in der Mitte hin und sagte mir: „Jetzt kommst du zur Tür herein, beobachtest deinen Gang und deine Gestik ganz genau in den Toilettenspiegeln." Ich schritt also hinein, sprach meinen Satz, machte ein erstauntes Gesicht und ließ den Eimer fallen. Der Grund war, dass in diesem Sketch ein Mädchen auf dem Untersuchungstisch lag, um sich vom Malermeister, den sie irrtümlich für den Arzt hielt, untersuchen zu lassen. Bei den Übungen benutzte ich einen leeren Eimer. Ich übte immer wieder, vor allem das Fallenlassen des ‚Farbtopfs'. Als ich wieder einmal bei der Probe war und den Eimer mit großem Gepolter auf den Boden fallen ließ, betrat unversehens ein amerikanischer Offizier die Toilette und war über diesen Krach ganz verwundert; ich klärte ihn auf.

Der Tod von Präsident Roosevelt am 12. 4. 1945 hat die Amerikaner sehr betroffen gemacht. In der Zeitung war u. a. ein Bild zu sehen, das ihn ohne Gesicht zeigte, weil die Malerin infolge des Todes das Bild nicht fertig malen konnte.

Was mir in Amerika unangenehm auffiel, war die Stille an Sonntagen; hier vermisste ich doch schmerzlich das von zu Hause gewohnte Glockengeläut der Kirchen. Wir Gefangenen wurden zwar vom Deutschen Roten Kreuz betreut, aber die echte Betreuung bekamen wir vom amerikanischen YMCA (CVJM). Er war sogar bereit, Musikinstrumente zu stiften. So wurden wir gefragt, welches Instrument wir spielten. Wir hatten auch eine gute Lagerkapelle. Hier erinnere ich mich an unseren Trompeter, der morgens und abends die Signale blies: Wecken und Zapfenstreich.

Am 8. 5. 1945 feierten die Amerikaner das Kriegsende in Europa mit Feuerwerk, was wir still in uns gekehrt anschauten. Aber froh waren wir doch, dass der Krieg USA gegen Deutschland endlich zu Ende war.

Manche Mitgefangene verblüffte ich mit meinen Kenntnissen über die USA. Dies war jedoch darauf zurückzuführen, dass ich während der Zeit der Handelsschule zufällig ein Referat über die USA ausgearbeitet hatte, das mir hier zu Gute kam.

Kurz nach Kriegsende machte mich ein GI in der Wachbaracke darauf aufmerksam, dass wir bald schlechteres Essen bekommen würden. Dies entnahm er Zeitungsberichten über deutsche Kriegsgefangene mit dem Titel: ,Nazi-Gefangene bei uns fett wie Schweine'. Es dauerte tatsächlich nicht lange, da wurde unsere sehr gute Kost drastisch eingeschränkt; die Regierung sah sich dazu durch die Presse genötigt. Gegen die Macht der Medien ist gerade in den USA schwer anzukommen. Ungefähr zwei Monate später standen wir wieder in der Zeitung und zwar auf Druck der Farmer, die sich über das eintönige und nicht vollwertige Essen der bei ihnen arbeitenden Kriegsgefangenen beschwerten. Diesmal mit dem Titel:

‚Arme deutsche Kriegsgefangene müssen in USA hungern'. Und bald gab es wieder das gewohnte gute Essen. Während dieser zwei Monate genossen einige PWs, darunter auch ich, einen echten freien Tag außerhalb von Stacheldraht und Bewachung. Es war an einem Sonntag. Captain Touchet, Kommandant der Lagers II, wollte ein noch schöneres Lager haben und hatte daher nichts dagegen, dass wir einen herrlichen Brunnen aus Natursteinen bauen wollten. Dass wir dazu aus Fort Knox, das wegen seines Golddepots eigentlich streng bewacht war, 'raus mussten, sah er zwar ein, wollte jedoch dann nichts davon wissen, wenn wir erwischt würden. Eine Gruppe Kriegsgefangener, unter anderem ich, fuhren in einem offenen Lkw, von einem PW gelenkt, im Laufe des Vormittags hinaus. Am Ortsrand ließ uns der Posten der Military Police nicht durch. Die Schranke war unten. Obwohl wir Rücken an Rücken auf dem Lkw saßen, so dass das aufgemalte „PW" nicht zu sehen war, merkte er sofort, wen er vor sich hatte; außerdem hatten wir kein Wachpersonal bei uns auf dem Wagen. Wir machten kehrt und fuhren zu einer anderen Ausfahrstraße aus dem Fort. Vor der Straßenbiegung blieben wir stehen und ein PW schaute vorsichtig um die Ecke. Er sah, dass der hier postierte MP-Mann mit einem Mädchen schäkerte und die Schranke oben war. Wir fuhren nun ziemlich schnell auf ihn zu, riefen laut „Hei" und winkten. Er winkte zurück und wir waren draußen. Auf der Straße von Louisville im Norden nach Radcliff bzw. Elizabethtowm im Süden bogen wir in Richtung Radcliff ab und nach einer Weile ging es dann rechts in einen Waldweg zu einem breiten Bach mit klarem Wasser und schönen Steinen. Das Wasser fühte zum nahen Ohio. Wir beluden nun den Lkw mit Steinen und ließen ihn zurückfahren. In der Nähe stand ein Farmhaus auf einer Anhöhe, das wir besuchten. Es war niemand anwesend. Wir versorgten uns hier in Ergänzung unserer kargen Mahlzeit mit eingemachtem Obst. Wir Landser nannten so etwas nicht stehlen, sondern organisieren. Der Berliner und ich gingen etwas bachaufwärts und badeten unbekleidet. Es dauerte nicht lange, da kam eine amerikanische Familie und machte gerade an dieser Stelle des Baches Picknick. Als wir sie kommen sahen, sprang ich schnell aus dem Wasser, zog die kurze Unterhose an und warf dem Berliner seine Unterhose zu. Er sprach dann mit dieser Familie und es fiel nicht auf, dass wir PW's waren. Als wir uns angezogen hatten, waren wir bestrebt, ihnen nicht unseren Rücken mit den aufgemalten PW zu zeigen. Unser Lkw kam und kam nicht zurück. Endlich erschien er, aber es war ein Wachposten dabei, der uns gehörig ausschimpfte. Der Lkw-Fahrer sagte uns, dass Captain Touchet ganz schön ‚getobt' habe, als der mit Steinen beladene Lkw nun mit einem MP-Posten im Lager ankam; er habe von hoher Strafe gesprochen, was den MP-Posten wohl beruhigte. Unser Ausflug war aufgeflogen, weil die Schranke bei dieser Fahrt unten war. Wir luden nun schnell die restlichen Steine auf und fuhren heim ins Lager II. Als wir unter uns waren, kam Captain Touchet grinsend zu uns und gratulierte uns zu diesem Erfolg. Er wollte jetzt noch Bretter und Zement haben. Also nochmals raus mit dem Lkw, aber ohne Bewachung, den diesmal blieben wir innerhalb des Forts. Am Güterbahnhof organisierten wir Zement aus einem Lagerhaus und auf einem Holzplatz Bretter. Dabei wurden wir von zwei Offizieren überrascht. Wir wollten schon abhauen, da sagte ein alter Landser, weitermachen, als ob nichts geschehen wäre. Die Offiziere blieben kurz stehen, schüttelten den Kopf und meinten „poor PoWs", die also noch am Sonntag schaffen müssten. Wir bauten sodann im Lager tatsächlich einen schönen Brunnen.

Am 30. 7. hatte ich so Zahnweh, dass ich den Arzt aufsuchen musste. Ich begab mich also mit einem Wachmann in die Klinik. Hier wurde der Zahn 6 links oben gezogen. In der Klinik saßen viele Patienten, meist GIs, auf einer langen Bank; gegenüber waren offene Kabinen, in denen Zahnärzte ihr Handwerk ausübten. Als ich an die Reihe kam, nahm ich mir vor, keinen Schmerz vor den zuschauenden GI's zu zeigen – und tatsächlich stellte ich bei diesem bewussten Erleben eines Zahnziehens fest, dass es arge Schmerzen gar nicht gab. Seitdem habe ich keine Angst mehr vor einem Zahnarzttermin. Zu was so eine Kriegsgefangenschaft alles gut sein kann!

Als ich wieder einmal vom Colonel wegen einer anderen Arbeit angesprochen wurde, wobei er wissen wollte, welche beruflichen Fähigkeiten ich hätte, sagte ich zu ihm, dass ich Schreibmaschine schreiben könne. Sofort – also am 18. 8. 1945 – wurde ich nun ins Lager I zur 7. Kompanie versetzt, zumal ich in diesem Lager beim Lagerdolmetscher Kurt Bethge englisch lernen könnte; so sein Plan. Bethge kannte ich bereits vom Theater her. Kurt und ich befreundeten uns noch mehr, nicht zuletzt, weil wir auch derselben Kompanie bzw. Baracke zugeteilt waren. Als neue Arbeit hatte ich nun im Headquarter, das vor dem Tor des Lager I war, Schreibmaschine zu schreiben. Im Großraumbüro war Sergeant Davis Herrscher über die dort arbeitenden GIs und PWs. Am Ende des Großraumbüros im Parterre der zweistöckigen Baracke waren zwei in sich abgeschlossene Büros. In einem war Colonel Hamilton, im anderen Major Strickland, Kommandant des Lagers I. Einen Zuruf in diesem Großraumbüro habe ich noch heute in den Ohren. Wenn nämlich ein Telefonat im ersten Stock des Headquarters ankam, rief der Sergeant von der Zentrale ganz laut: „four-two-o-nine" (4209), das war unsere Telefon-Nummer und im Parterre hob dann ein GI den Hörer des Feldapparats ab.

Im Lager I gab es viele Hunde; auch ich hatte mir einen zugelegt und ihm den Namen ‚Vera' gegeben. Am Sportplatzrand – hier im Lager I wurde fast nur Fußball gespielt – waren Hundehütten aufgestellt. Es kam jedoch die Anweisung, dass je Kompanie nur noch zwei Hunde gehalten werden durften. Als Folge dieser Anordnung wurde leider auch meine Vera eingeschläfert.

Außerdem bot Lager I zahlreiche Fortbildungsmöglichkeiten. So belegte ich Kurse in amerikanischem Englisch,

Russisch – hingegen nicht polnisch, weil das nicht auf dem Programm stand – und Buchführung. In der Kantine waren jeden Morgen Milch und vor allem Zigaretten, die ich nicht brauchte, käuflich zu erwerben. Ich hielt mich lieber an Toilettenartikel, 7up-Limonade und Sachbücher. Ferner erstand ich einen Pullover und eine goldene Kette mit einem 14-karätigen Kreuz. Zu den Sachbüchern zählten Langenscheidts Wörterbücher für englisch und russisch, Meyers Blitzlexikon in deutscher Sprache und einen amerikanischen Sprachkurs. Alkohol gab es nicht und wurde vermutlich auch nicht vermisst. Den Pullover sowie das Kreuz und die Bücher sandte ich später per Paket nach Hause. Meine Schwester Liesel sagte mir, dass nach dem Krieg ihnen vor allem Meyers Blitzlexikon sehr zugute kam.

Für den Einkauf in der Kantine gab man uns kein Bargeld für Lohn und Wehrsold (80 + 10 Cents täglich), sondern Gutscheine. Die Hälfte dieser Vergütung wurde einbehalten und bei der Entlassung als Scheck ausgehändigt. Ich sollte mit stolzen 38,60 Dollar nach Hause geschickt werden.

Als ich wieder einmal die Karteikarten der PoWs durchblätterte, fiel mir der Name Janitzek auf. Ich stellte dabei fest, dass es sich um meinem Schulfreund aus der Handelsschule handelte, Berthold Janitzek aus Mechtal. Er befand sich im Lager II und war den Sommer über in einem Außencamp zur Arbeit eingeteilt gewesen. Sofort machte ich mich auf den Weg ins Lager II, wo für diese Kriegsgefangene Zelte aufgestellt worden waren. Ein GI wollte mich sogar in seinem Jeep mitnehmen, doch ich kürzte den Weg quer über die Wiese den Hang hinunter zu diesem Lager ab.

So begrüßte ich Berthold und stellte zu meiner Überraschung fest, dass ich nun größer als er war. Die Wiedersehensfreude war sehr groß. Wir hatten sehr viel zu erzählen. Ich sagte auch zu ihm, jetzt sollte unser alter Englischlehrer Rudnick uns hören.

Am 15. 11. 1945 erhielt ich einen Gate-Pass und durfte dank diesem das Lager ohne Wachmann verlassen, wann ich es wollte; auch wenn mir das auch schon vorher möglich gewesen war, bedeutete dieser Pass für mich zusätzliche Freiheit.

Kurt Bethge wurde im Oktober 1945 nach Kalifornien versetzt. Zur Erinnerung kaufte er mir das Buch ‚The Writings of Ralph Waldo Emerson‘ und überließ mir eine Durchschrift seines Theaterstücks ‚Ein Wiederseh'n‘. Ich musste also im Sinne des Colonels einen anderen PoW suchen, der meine Englischkenntnisse vertiefen sollte. Dabei dachte ich an Horst Geigk, ein Berliner, dem es im Lager II gar nicht gut ging. Captain Touchet drangsalierte ihn wo er nur konnte. Horst war im Lager als Elektriker eingesetzt und musste u. a. die gesamte Lautsprecheranlage warten. Ich besprach dies mit dem Colonel und er sagte, dass er einverstanden sei, falls für ihn hier eine Arbeitsstelle frei sei. Für mich war es nicht mehr so einfach, ein Gespräch mit dem Colonel zu führen, da Sergeant Davis mit Argusaugen beobachtete, was ich im Großraumbüro tat; auch wollte er nicht, dass ich mit dem Colonel so oft spräche. Von seinem Standpunkt aus war das verständlich, denn wer hat es schon gern, dass ein Kriegsgefangener mehr erreichen kann als ein GI! Als Sergeant Davis nicht im Raum war, eilte ich zum Büro des Colonels und klopfte von innen an die Tür, denn just in diesem Augenblick kam Sergeant Davis herbeigeeilt. Der Colonel rief: „Come in" und wunderte sich, dass ich schon im Büro war. Wir unterhielten uns zunächst über Oberschlesien und ich war erstaunt über seine Kenntnisse. Dann sagte ich ihm, dass ich nun einen Nachfolger für Kurt Bethge gefunden hätte, der aber im Lager II sei. Er wollte die Personalakte von Horst Geigk sehen. Ich holte sie und schaute dabei auf den Aktendeckel, ob darauf nicht ‚Dangerous Nazi‘ stand. Das war zum Glück nicht der Fall. Er schaute in die Akten und schickte mich zu dem für die Arbeitseinteilung zuständigen Captain wegen eines freien Arbeitsplatzes. Ich sprach dann mit diesem Captain und sagte einfach, dass der Colonel einen PoW aus dem Lager II ins Lager I umsetzen wollte und es nun darum gehe, wo er hier als Elektriker eingesetzt werden könnte. Tatsächlich war eine Stelle in einem Radiogeschäft frei und erfreut brachte ich dem Colonel diese Nachricht. Er war damit einverstanden und ich suchte Captain Touchet im Lager II auf, um ihn entsprechend zu informieren. Ich wurde von ihm wie üblich freundlich mit „How do you like my paradise" begrüßt, diesmal mit dem Zusatz, wen ich denn diesmal aus dem Lager rausholen wollte. Offenbar hatte ich das bereits mehrmals getan, was mir nicht mehr in Erinnerung ist. Als ich ihm sagte, es wäre Horst Geigk, also sein Blitzableiter, wurde er doch zornig, was mir aber nichts ausmachte. Wie froh war dann Horst über diese Nachricht.

Im Hauptquartier sprach mich einmal ein Captain aus Kansas-City an, ob ich nach der Entlassung nicht mit ihm zu seiner Familie ziehen wollte; er wollte sogar erreichen, dass ich während seines Urlaubs nach Kansas-City mitfahren sollte. Ich lehnte jedoch ab, da ich im Laufe der Zeit zu dem Entschluss gekommen bin, doch nach Deutschland zurückzukehren, obwohl ich in West-Deutschland keine Verwandten hatte. Ich besprach dies mit Kurt Bethge und er war sofort bereit, mir seine Adresse in Kassel zur Verfügung zu stellen. Er gab mir auch ein Empfehlungsschreiben für seine Eltern mit. Ich informierte Colonel Hamilton über meinen Beschluss und er meinte, ich solle mir dies doch überlegen, da meine Heimat nun polnisch sei und ich in Deutschland doch keine Angehörigen hätte. Ich sagte ihm, dies sei mir egal, ich wollte nicht in den USA leben, sondern in Deutschland. Dies war für mich ein weitreichender Entschluss, dem diese Geschichte ihren Titel verdankt: Einer wollte nicht dableiben. Er meinte „gut" und so war für uns alles geklärt.

Mittlerweile war ich innerhalb des Lagers I von der 7. zur 2. Kompanie versetzt worden.

Kurz vor meinem Geburtstag hatte es Sergeant Davis irgendwie erreicht, dass ich nicht mehr im Hauptquartier arbeiten durfte. Ich fegte nun die Lagerstraßen, aber dies war nur von kurzer Dauer. Denn ich hatte Gelegenheit, dies dem Colonel Hamilton zu erzählen; er hatte mich nämlich an meinem Geburtstag zu einer Fahrt in seinem Privatauto zu seiner Wohnung in Fort Knox eingeladen, angeblich um ihm zu helfen, seine Koffer zum Bahnhof zu bringen. Ich war wohl der einzige PoW, der in einem amerikanischen Straßenkreuzer fahren durfte. Der Colonel wollte Weihnachten bei seiner Familie verbringen und ich erinnerte ihn an seinen in Europa gefallenen Sohn. Wir kamen in seine Wohnung und erstaunt stellte er fest, dass seine Koffer bereits fortgebracht worden seien. Er hatte wohl nur einen Grund gesucht, um mit mir ungestört ein Abschiedsgespräch zu führen. Er war erstaunt, dass ich nun Straßen fege und am nächsten Tag war ich wieder bei meiner alten Arbeitsstelle im Headquarter. Jetzt sollte ich nur noch für ihn schreiben. Auch sagte er mir, dass ich auf die Entlassungsliste gesetzt worden sei. Ich wollte jedoch nicht im Winter entlassen werden, worauf er sagte, es sei gut für mich, dass ich auf dieser speziellen Liste bin. Er gratulierte mir zwar nicht zum Geburtstag, gab mir jedoch auf der Rückfahrt ins Lager eine Tüte voll Süßigkeiten mit. Ferner fragte er mich, ob ich am nächsten Sonntag in die Kirche gehen werde, was ich bejahte, weil ich dies ja jeden Sonntag tat. Er betonte jedoch diese Frage sehr verdächtig. Nun war ich also 19 Jahre alt. Im Lager bin ich zu diesem Fest reichlich beschenkt worden und im Lagerfunk spielte man für mich das Lied: ,Vor meinem Vaterhaus steht eine Linde'. Vom Horst Geigk bekam ich ein selbst gebasteltes Radio, das prima funktionierte. Nur die verbotene Kurzwelle war nicht dabei. Von einem anderen PoW erhielt ich einen goldenen Füllfederhalter, andere schenkten mir eine Büchse mit Ananas, Schokolade und andere Leckereien. Jedem erzählte ich, dass der Colonel mich verdächtig nach Kirchgang und Kommunion gefragt habe und sagte ihnen, sie alle sollten am nächsten Sonntag (23. 12.) zum

Gottesdienst gehen. Sie scherten sich jedoch nicht darum. Nach dem Gottesdienst kam die Überraschung: Vor der Tür notierten GIs jeden, der aus der Kirche kam. Dies gab Pluspunkte für die Entlassung, denn böse Nazis gehen ja nicht in die Kirche. Weitere Pluspunkte gab es für die PoWs, die sich im Lager fortbildeten. Allmählich nahte das Weihnachtsfest.

Nach Hause hatte ich jeden Monat geschrieben, ohne eine Antwort zu erhalten. Ich wusste zwar, dass meine Heimat inzwischen unter polnischer Verwaltung stand, aber ich schrieb weiterhin unter der deutschen Anschrift, denn eine polnische kannte ich ja nicht. Im Spätherbst 1945 schrieb ich unter die deutsche Anschrift ‚Polen‘, um zu erreichen, dass der Brief nicht irgendwo in Deutschland als ‚unzustellbar‘ landete, sondern dass er von den USA direkt oder über die Schweiz in das Bestimmungsland gelangen würde. So hat es letztlich funktioniert. Gleichzeitig schrieb ich an meine Tante und Taufpatin Fränzi Matysiok in Godullahütte. Beide Postsendungen kamen zu Weihnachten an und meine Mutter antwortete mir sogleich. Damit hatte ich nun die polnische Anschrift. Sie sagte, dass es die schönsten Weihnachten in ihrem Leben gewesen sei, denn zugleich erhielt sie – ebenfalls über Tante Fränzi – Post von meinem in Großbritannien gefangengehaltenen Bruder Alfred. Wir waren ja seit Sommer 1944 bzw. Weihnachten 1944 vermisst gewesen! Als Erklärung für die zunächst nicht zugestellte Post sei die Bemerkung angefügt, dass meine gesamte übrige Post aus den USA mich am 9. 2. 1957 in Frankfurt am Main erreichte; sie hatte bis dahin bei der Heimatortskartei für Oberschlesier in Passau gelagert.

Der Antwortbrief meiner Mutter, der mich noch in Fort Knox erreichte, begann mit: ‚Wir haben Gott sei Dank alles überstanden.‘ Im Lager bekam ich Ärger mit anderen PoWs, weil ich ‚Polen‘ geschrieben hatte – ich sei ein Vaterlandsverräter. Ich fühlte mich zu Unrecht beschuldigt und machte ihnen klar, dass ich lediglich gewollt hätte, dass der Brief überhaupt meine Mutter erreichte. Der Erfolg hatte mir Recht gegeben.

Durch die individuelle Betreuung Colonel Hamiltons, aber auch durch die vorerwähnten Pluspunkte kam ich schneller als viele anderen PoWs auf die Entlassungsliste. Am 4. 1. 1946 wurde ich ins Lager III, das Entlassungslager über-stellt. Hier wurden wir nochmals geimpft und politisch per Fragebogen überprüft. Hier durften wir erstmals in Fort Knox sonntags eine Kirche außerhalb des Lagers auf-suchen. Unsere Uniformen wurden schwarz gefärbt, damit wir sie heimnehmen konnten; das PW-Zeichen blieb jedoch deutlich erkennbar. Im Lager III ging es freier als im Lager I oder II zu.

Am 1. 2. wurde in Fort Knox eine von den Gefangenen ge-staltete Dankadresse in Englisch und Deutsch heraus-gegeben. Die einleitenden Worte gebe ich hier wieder:

The time of being a prisoner of war will leave a continual remembrance in each one of us. To deepen these remembrance is the aim of this booklet.

Together with the personal occurrences there will stay with us the remembrance of the extremly fair treatment here in Camp Fort Knox and ist branch camps.

We are obliged to thank the officers and men of these camps. As a small sign of greatfulness we would like to devote this souvenir album to Commanding Officer of the Prisoner of War Camp, Fort Knox, Kentucky,

LT. COL. LLOYD L. HAMILTON

We owe primarily the successful cooperation to his incessant care for our welfare, prospective leadership and fait and just administration.

We shall depart from America with the best impressions of the United States Army and the whole country. The assurance of this impression should represent the more valuable part of our gratitude towards Lt. Col. Hamilton and his officers.

Die Zeit der Gefangenschaft wird in jedem von uns unauslöschliche Erinnerungen hinterlassen. Zur Vertiefung dieser Erinnerungen diene dieses Büchlein.

Zusammen mit den persönlichen Erlebnissen wird die Erinnerung an die überaus korrekte Behandlung hier im Lager fort Knox und seinen Nebenlagern wach werden.

Wir sind den Offizieren und Mannschaften dieser Läger zu Dank verpflichtet. Als kleines Zeichen dieser Dankbarkeit möchten wir dieses Erinnerungsalbum dem kommandierenden Offizier des Kriegsgefangenenlagers Fort Knox, Kentucky, Herrn

Lt. Col. Lloyd L. Hamilton

widmen. Seiner unablässigen Sorge um unser Wohlergehen, seiner vorausschauenden Führung und unparteiischen und gerechten Verwaltung ist in erster Linie die erfolgreiche Zusammenarbeit zu verdanken.

Wir scheiden von Amerika mit den besten Eindrücken von der Armee der Vereinigten Staaten und von dem gesamten Land. Die Versicherung dieses unseres Empfindens dürfte wohl den wertvolleren Teil des Danks darstellen, zu dem wir Herrn Oberleutnant Hamilton und seinen Offizieren verpflichtet sind.

Gezeichnet: H. Timmerkil, Sprecher Lager I, H. Wrangel, Sprecher Lager II, G. Köhler, Sprecher Lager III.

Am 1. 2. 1946 verließ ich mit den anderen privilegierten Kriegsgefangenen per Eisenbahn Fort Knox in Richtung Atlantikküste. Wir kamen nach Fort Eustis in Virginia. In Richmond wunderte ich mich am Bahnhof über die um eine Stunde anders gehende Uhr. In Fort Eustis war das Kriegsgefangenenlager lediglich symbolisch mit einem recht einfachen Stacheldraht umgeben. Hier wurden wir in zwei Gruppen eingeteilt. Die eine wurde englisch unter-richtet, die andere, der ich angehörte, in Deutsch. Wir wurden höflich und sehr zuvorkommend behandelt und mit „meine Herren aus Deutschland und Österreich" ange-sprochen. Es handelte sich um ein Umschulungslager, in dem wir vom 5. bis 10. 2. einen speziellen Kurs mitmachten, dessen Teilnahme wir bestätigt erhielten.

Fort Eustis liegt südöstlich von Williamsburg am James River. Dort sprach mich ein Dozent an, den ich von Fort Knox aus schon kannte, und sagte mir, dass einige PoWs bei ihm gewesen seien; sie hatten ihn mit der Bemerkung auf mich aufmerksam gemacht, dass ich ein Freund von Kurt Bethge sei, der verdächtigt wurde, Nazi zu sein. Er bat mich, nachts möglichst wenig zu schlafen, denn es könne sein, dass mich deswegen ein ‚Rollkommando' heimsuchen könnte. Ich bekam mächtig Angst, weil ich mich gar nicht schuldig fühlte. Mit ihm hatte ich nie über das Dritte Reich gesprochen gehabt. 1959 fragte ich ihn in Kassel danach. Er meinte, dass dies wohl eine späte Rache gegen ihn bzw. stellvertretend gegen mich sein sollte, weil er als Kompanieführer aus einem Lager in Tennessee ungefähr 20 PoWs holen ließ, damit sie nicht totgeschlagen wurden.

Per Eisenbahn ging es dann am 16. 2. 1946 an Washington D.C., Fort Meade und New York City vorbei nach Camp Shanks, New York. Dies war zugleich das Empfangslager für aus Europa heimkehrende GIs. Hier trafen wir am 17. 2., einem Sonntag, ein. Nun dauerte es nicht mehr lange und wir wurden am 19. 2. in New York City eingeschifft. Wir kamen auf einen Truppentransporter mit dem Namen Bardstown – das ist eine Stadt in Kentucky – mit 7606 BRT. Am nächsten Tag legten wir ab und wir brauchten nicht mehr wie auf der Hinfahrt 23 Stunden unter Deck zu bleiben. Auf diesem Schiff mussten wir einmal nach einer Kinovorstellung den linken Ärmel hochkrempeln, damit Amerikaner feststellen konnten, ob nicht der eine oder andere doch bei der Waffen-SS gewesen war, bei denen an dieser Stelle die Blutgruppe eintätowiert worden war.

Bereits nach acht Tagen erreichten wir am 28. 2. 1946 Europa und landeten in Le Havre. Wir kamen wieder ins Lager Bolbec, das inzwischen enorm ausgebaut worden war. Hier traf ich meinen Schulfreund von der Volksschule Karl Pasternak, der zum Stammpersonal gehörte. Nach vielen langen Monaten hörten wir hier in den Lautsprechern wieder einen deutschen Sender.

Das Essen war nicht mehr so gut wie in den USA und auf den Schiffen. Ab und zu wurden wir innerhalb des Lagers in ein anderes Cage geführt, um beispielsweise eine Kinoaufführung zu sehen. Beim Marschieren ging ich nicht im Gleichschritt wie hier üblich und brachte dadurch die Kolonne durcheinander. Ich fühlte mich bereits als Zivilist und sagte mir: Du bist kein Soldat mehr und sollst nun nach Monaten wieder zackig marschieren? Dem begleitenden amerikanischen Offizier gefiel dies überhaupt nicht. Er ließ uns halten und verpasste mir eine Ohrfeige. Nun marschierte ich brav wie die anderen ins benachbarte Cage. Nach der Kinovorstellung, als wir wieder im eigenen Cage waren, hörten wir von den Zurückgebliebenen, dass am Tor ein Gefangener totgeprügelt worden sei. Gerüchteküchen und Scheißhausparolen werden nie aussterben. Ich beruhigte sie, denn ich hatte lediglich eine Backpfeife erhalten.

Am 14. 3.1946 fuhren wir per Eisenbahn nach Bad Aibling in Bayern, wo wir am 17. ankamen. Was für ein herrliches Gefühl, wieder in Deutschland zu sein! Den Beschluss, nicht in den USA zu bleiben, habe ich bis heute nicht bereut. Im Entlassungslager Bad Aibling gab es verschiedene Cages, in denen die Gefangenen je nach Heimatgebiet eingewiesen wurden: Amerikanische Zone, englische Zone usw. Ich kam ins Cage für Polen, weil ich bei der Ankunft in diesem Lager meine Schomberger Heimatanschrift angab. Ich konnte nicht ahnen, dass bereits hier ein Aussortieren vorgenommen würde. Das Original dieser Personalkarte – Personal data sheet – habe ich behalten, welch' ein Glück. Denn nachdem ich mein Soldbuch nach Entfernen des Passbildes vernichtet hatte, gab ich als Heimatanschrift Kassel, Klenzestraße 4, an, also die Anschrift meines Freundes Kurt Bethge. Sodann ging ich frech ins Entlassungsbüro und erkundigte mich, warum ich denn überhaupt im Cage für Polen sei, wo ich doch aus Kassel bin. Man nahm mir dies vorerst nicht ab, später akzeptierte man diese Heimatanschrift und schrieb sie auch in den Entlassungsschein vom 6. 4. 1946. Zwei Tage zuvor war ich ins Cage ‚Amerikanische Zone' überstellt worden, das im Hangar A untergebracht war. Vor der Entlassung wurden wir ärztlich untersucht. Der Arzt ging die Reihe der Kriegsgefangenen durch und fragte, ob sich jemand krank fühle. Alle fühlten sich jedoch gesund, denn es ging ja um die ersehnte Entlassung – also wurden wir ‚fit' geschrieben. Als mein Beruf steht in diesem Schein: Administration-Apprentice, also Verwaltungslehrling. Das hatte ich, wie erinnerlich, während der Zeit bei den Fallschirmjägern angegeben, um Schikanen meiner Vorgesetzten zu entgehen.

Mit 40 Reichsmark Entlassungsgeld machte ich mich am 6. 4. 1946 auf die Fahrt in die neue ungewisse Heimat. In Augsburg stieg ich aus dem Sammelzug aus und fuhr mit einem Einzelfahrschein über Frankfurt am Main nach Kassel, wo ich am 7. 4. 1946 abends ankam. Zu Fuß ging ich mit meinem Gepäck den ungefähr 5 km langen Weg zu den Eltern meines Freundes und wurde wirklich nett empfangen. Der Bruder Horst meines Freundes machte sich sogleich Gedanken, wie er mich beruflich in Kassel unterbringen könnte und seine Frau Betty half eifrig mit.

Wir versuchten es zuerst im Rathaus, wo man uns sagte, dass es in Kassel ein Versorgungsamt gäbe.

So gingen Betty und ich zum Versorgungsamt, die mich als Verwaltungslehrling einstellten, denn ich konnte nicht nachweisen, dass ich bereits Regierungsinspektor-Anwärter war. Meine bisherige Tätigkeit beim Versorgungsamt Gleiwitz konnte ich damit glaubhaft machen, dass ich auf Frage nach dem Namen unseres Amtsleiters Oberregierungsrat Dr. Schleiffer nennen konnte – und dieser Dr. Schleiffer war vorher beim Versorgungsamt Kassel als Assessor bzw. Regierungsrat tätig gewesen. Auch zeigte ich ihnen die Empfehlung aus Fort Eustis, wonach keine Bedenken bestanden, mich in Deutschland im öffentlichen Dienst einzustellen. Weiterer Glückfall: Der Amtsleiter Hennemuth war gebürtiger Amerikaner aus Philadelphia und mit ihm hatte ich bei der Vorstellung eine nette Unterhaltung über die USA. Am 15. 4. konnte ich hier den Dienst beginnen, allerdings nicht im Gebäude gegenüber dem Kasseler Hauptbahnhof in der Viktoriastr. 3, sondern im ausgelagerten Teil des Amts in der Landgrafenstraße 2, also in der Polizeikaserne. In der Zeit vom 7. bis 15. 4. war allerhand los gewesen. Am 11. April erhielt ich meinen ersten Ausweis als Zivilist. Es handelte sich um eine vorläufige Registrierung.

Auf dieser zeitweiligen Registrierkarte ist wie auf dem Entlassungsschein mein Fingerabdruck drauf – also bin ich mindestens drei Mal beim FBI archiviert.

Ich war zwar als Einwohner von Kassel registriert, konnte jedoch in dieser Stadt nicht bleiben, weil sehr viel Ausgebombte naturgemäß in ihre Heimatstadt zurück wollten. Das Landratsamt wies mich daher als Flüchtling nach Elmshagen ein. Dorthin fuhr ich am Samstag vor der Karwoche am 13. 4. 1946 mit der Naumburger Kleinbahn von Kassel-Wilhelmshöhe nach Breitenbach. Von da ging es zu Fuß nach Elmshagen, ein herrlich am Langenberg gelegenes Bauerndorf mit 200 Einwohnern. In der Bürgermeisterei wurde mir gesagt: „Da geh' man gleich zu Zimmermanns". Es war außer dem Gutshof der größte Bauernhof in diesem Ort. Oma Zimmermann empfing mich freudig überrascht, dachte sie doch, ich würde von ihrem Sohn Konrad kommen, der sich noch als Kriegsgefangener in den USA aufhielt. Ich klärte sie über diesen Irrtum auf und sagte, dass ich bereits eine Arbeit in der Stadt hätte. Nach der Arbeit, an Wochenenden und im Urlaub half ich tüchtig in ihrer Landwirtschaft, zumal neben dem Opa Zimmermann nur Frauen und Kinder im Haushalt waren, denn beide Söhne befanden sich noch in Kriegsgefangenschaft. Die lang ersehnte Freiheit genoss ich mit ausgedehnten Spaziergängen im Wald.

Bei Zimmermanns fühlte ich mich gleich wie zu Hause. Für Unterkunft und Verpflegung zahlte ich 20 Reichsmark (RM) im Monat.

Vom Versorgungsamt Kassel erhielt ich als Verwaltungslehrling monatlich 90 RM und später als Regierungsinspektor-Anwärter 140 RM. Die Monatskarte der Naumburger Kleinbahn kostete 25 RM.

Im Ort duzten sich fast alle, also wurde auch ich geduzt und war für die Dorfbewohner ‚Zimmermanns Leo'. In der Chronik von 1993 heißt es: ‚Elmshagen ist die älteste Ortschaft der Umgebung (1334 erste urkundliche Erwähnung). Obwohl der Größe und Bedeutung nach inzwischen von den Nachbardörfern überflügelt, blieb Elmshagen bis 1972 als Gemeinde selbstständig. Seitdem ist es der kleinste Ortsteil der Gemeinde Schauenburg im Landkreis Kassel. Rund 400 Menschen wohnen in Elmshagen; etwa die Hälfte davon sind in den letzten 25 Jahren von außerhalb zugezogen'.

Nach dem Krieg wurde im öffentlichen Dienst noch am Samstag gearbeitet, am Samstag allerdings nur bis mittags. Es gab die 48-Stunden-Woche. Im Amt war ich der einzige Heimatvertriebene und fast alle anderen Beschäftigten wohnten in Kassel. Mit der Verpflegung kam ich aber am besten davon, denn Oma Zimmermann gab mir immer ein gutes Frühstück mit, zumal ich in ihren Augen zu dürr war. So machte sie mir jeden Morgen eine prima Mehlsuppe! Wie sehr ich in die Dorfgemeinschaft einbezogen worden war, ist auch daran zu erkennen, dass ich in der Wahlliste nicht als Leonhardt Maniura eingetragen wurde, sondern als Leo Zimmermann.

Ich schrieb eifrig zur Mama und einmal an Colonel Hamilton und Frau Kerner in Köln-Weiden, erhielt aber von beiden keine Antwort. Mama sandte mir die letzte Bezüge-Abrechnung des Versorgungsamts Gleiwitz vom 6. 12.

1944, die ich von dort als Regierungsinspektor-Anwärter erhalten hatte. Nun hatte ich den Beweis, den das Versorgungsamt Kassel sogleich anerkannte. So wurde ich am 1. 8. 1946 wieder in meinen alten Rang befördert.

In Elmshagen hielten wir Dorfbewohner Nachtwachen, weil nach dem Krieg die Sicherheit durch die Polizei noch lange nicht geregelt war. Wenn Opa Zimmermann und ich an der Reihe waren, ‚bewaffneten‘ wir uns mit einer Handsirene und einer Tröte. Daneben war ich auch Mitglied der freiwilligen Feuerwehr. Im Oktober 1946 trat ich in die Gewerkschaft ein. Als Jugendvertreter der Gewerkschaft war ich im Januar 1947 zu einem Wochenseminar in Bad Sooden-Allendorf gewesen; übernachtet hatte ich dabei im ‚Goldenen Löwen‘ in Allendorf; das Seminar selbst war im Kurhaus in Bad Sooden gewesen. Der Winter 1946/47 war streng mit viel Schnee gewesen.

Weihnachten 1946 war naturgemäß eine schwierige Zeit, denn gerade an Weihnachten gehen die Gedanken an die Heimat. Obwohl es mir hier in Elmshagen gefiel und ich mich sehr gut behütet wusste, ging Weihnachten mit traurigen Gefühlen einher. Ich hatte Heimweh nach Schomberg und meiner Mutter sowie meinen Geschwistern. Ich träumte oft vom Aussteigen aus dem Zug im Bahnhof von Bobrek und dem Fußweg nach Schomberg; aber sowie ich bei den ersten Häusern von Schomberg ankam, war der Traum immer wieder jäh zu Ende. Ich nehme vorweg, dass es 13 Jahre gedauert hat, bis ich wieder nach Schomberg fahren durfte. Zu Weihnachten besuchte ich zunächst die katholische Messe in der Kirche in Hoof und nachher den evangelischen Gottesdienst in Elmshagen, weil ich dort im Kirchenchor mitsang.

Meine finanzielle Situation gab sich entspannt. Neben den Bezügen durch das Versorgungsamt Kassel hatte ich noch Geld, das mir meine Mutter in Briefumschlägen übersandte. Kurz vor Einmarsch der Sowjettruppen hatte sie rechtzeitig 500 RM von meinem Sparbuch abgehoben und in jeden Briefumschlag steckte sie einen Geldschein hinein. In Schomberg gab es seit Beginn der polnischen Verwaltung nur Złotys als Währung. Am 10. 2. 1947 löste ich den Dollar-Scheck von Fort Knox ein und erhielt 129 RM. Schließlich bekam ich noch von der Dienststelle Fritsch in Königstein (Taunus) Wehrsold für die Monate August bis Oktober 1945 in Höhe von 108 RM. Ebenso erstaunlich wie angenehm war auch, dass ich am 13. 8. 1947 das von mir in Fort Knox am 9. 1. 1945 nach Kassel aufgegebene Paket mit meinem Radio, Zigaretten, Wäsche und anderen Habseligkeiten erhielt.

Aus der Kriegsgefangenschaft hatte ich allerhand Medikamente mitgebracht, die wir in Elmshagen gut gebrauchen konnten. Wenn Oma Zimmermann krank war, holte ich den Arzt aus Breitenbach – und da es Winter war, holte ich ihn per Pferdeschlitten. So lernte ich auch, mit Pferdefuhrwerken umzugehen. Manchmal holte ich in der Naumburger Apotheke Medizin für Oma Zimmermann zu Fuß.

Beim Versorgungsamt war ich im Rentenabschnitt tätig; Am 1. 1. 1947 kam ich noch zur Orthopädischen Versorgungsstelle Kassel im selben Haus, wo auch das Hauptversorgungsamt Hessen untergebracht war.

Die Zeit in Elmshagen neigte sich dem Ende zu, denn ich wurde nach Hersfeld versetzt. Die Versetzung geschah am 14. 2. 1947. Sehr kurzfristig war sie geändert worden, denn ursprünglich hatte es nach Marburg gehen sollen. Die Anschrift in Elmshagen behielt ich bis zu meiner Verlobung mit Ruth Kunz zu Weihnachten 1949 bei. Die Wochenenden verbrachte ich meist in Elmshagen.

Die Schicksale meiner Mutter und meiner Geschwister nach dem Krieg erfuhr ich zwar durch Briefe, aber so richtig erst bei meinem Besuch 1956 in Schomberg. Alfreds Kriegsgefangenenanschrift in Großbritannien wusste ich bereits seit 1946.

Dieses erste Kapitel befasst sich so ausführlich mit der Kriegszeit, weil ich als Zeitzeuge einige Male auf sie angesprochen wurde. Es folgt eine kleine Bibliografie.

1) Schriftwechsel 1983 mit Roland Gaul, Diekirch (Luxemburg). In seinem Buch ‚Schicksale zwischen Sauer und Our, Band II‘, 1986, erwähnt er mich als Informant; auch befindet sich mein Soldatenfoto XII/1944 im Kriegsmuseum von Diekirch.

2) Weiterer Schriftwechsel 1983 mit Von der Weiden, Stolberg (Rheinland). Er übersetzte meine Eindrücke von der Ardennenoffensive ins Englische und stellte sie dem Verfasser Charles B. MacDonald, New York, zur Verfügung. Dieser konnte diese Eindrücke (‚Impression report on the campaign of the Ardennes in 1944/45‘) jedoch nicht mehr in seinem Buch ‚A Time for Trumpets‘ berücksichtigen.

3) Eine Zusammenfassung dieser vorerwähnten Eindrücke unter dem Titel: ‚Amel – Ondenval – Thirimont 1944/45‘ erschien in französischer Fassung 1988 in ‚BOOBY TRAPS‘ und

4) in deutscher Fassung 1995 im Buch ‚Ende und Wende im Lande zwischen Venn und Schneifel‘ in dem Kapitel ‚Erinnerungen eines Landsers an die Kriegsereignisse in Amel, Ondenval, Thirimont 1944/1945 – von Leonhardt Maniura‘. Folge des Schriftwechsels mit Kurt Fagnoul, St. Vith (Belgien).

5) Im Buch über die 3. Fallschirmjäger-Division von Fritz Roppelt ‚Der Vergangenheit auf der Spur‘, 1993, sind auch Beiträge von mir enthalten.

6) Seit 1997 stehe ich im Schriftwechsel mit Hans J. Wijers, Brummen (Niederlande). Er brachte meine Ardennen-Erinnerungen im Buch ‚Die Ardennen-Offensive‘, 2004 unter.

7) In den Gleiwitzer-Beuthener-Tarnowitzer Heimatblättern sind meine Abhandlungen über die Kriegsereignisse in meinem Heimatort Schomberg abgedruckt, und zwar
   o 1989 ‚Schomberg und der Zweite Weltkrieg‘;
   o 1990 ‚Schomberg und Umgebung während und nach dem Zweiten Weltkrieg‘;
   o 1997/98 ‚Schomberg im 20. Jahrhundert‘.

2. Kapitel: Eine kam doch nicht hin

Dieses Kapitel befasst sich mit Ruth Kunz bis zum Jahr 1947, als sich in Hersfeld ihr Weg mit dem von Leonhardt Maniura kreuzte. Der Untertitel deutet an, dass auch Ruth etwas mit den USA zu tun hatte. Die Familie sollte im Sommer 1930 dem Vater folgen, der bereits ab dem Sommer zuvor in den USA arbeitete. Es hat jedoch – wie später aufgezeigt wird – nicht geklappt.

Ruth Kunz wurde am 7. 8. 1925 in Homburg (Saar) geboren. Getauft wurde sie am 30. 8. 1925 in der protestantischen Kirche von Homburg im Pfarramt III. Neben ihren Eltern Emil Kunz (geb. 1888) und Karoline, geb. Kieser (1892), gehörte noch die fünf Jahre ältere Schwester Lieselotte zur Familie. Ihr Vater betrieb eine große Schreinerei und ein Möbelgeschäft. Zum Haushalt zählte auch die Großmutter Elisabetha Kieser, geb. Brandt (1856), die 1894 in jungen Jahren Witwe geworden war. In Homburg besaßen sie ein vom Vater selbst gebautes großzügiges Wohnhaus in der Eisenbahnstraße 23.

Die Eltern heirateten am 31. 8. 1916 in Homburg, das damals in der Pfalz lag. Seit Ende des 1. Weltkriegs gehört die Stadt zum Saargebiet. Ihr wunderschönes Haus in Homburg-Neukrückenbach, das Ruths Cousin Hans Schardt zusammen mit ihrem Vater gebaut hatte, beschrieb dieser Mitte der 80er Jahre des 19. Jahrhunderts beinahe euphorisch: ‚Alle Fenster aus Eichenholz hergestellt. Die wunderbare Haustür mit eingelegten Füllungen, alle Türen selbst angefertigt. Das Geländer ums Haus herum alles eingestemmte Staketen aus Eichenholz‘. Er schreibt weiter, dass das Haus verloren ging, weil der Anwalt seine Buchführung nicht ehrlich betrieb.

Den Erzählungen nach ging die Hochzeitsreise 1916 nach Wiesbaden. Ihr Domizil war das ‚Centralhotel‘ in der Bahnhofstraße. Sie besuchten auch Rüdesheim am Rhein und übernachteten in der Nähe des Germaniadenkmals im Hotel ‚Jagdschloß‘. Ruths Vater hatte durch die Holz- und

Möbelgeschäfte ein gutes Einkommen. In den Jahren 1905-1908 wurde er in der Königlichen Kreisbaugewerkschule Kaiserslautern als Zimmerer bzw. Zimmermann geführt; am 30. 12. 1925 erhielt er von der Handwerkskammer zu Saarbrücken den Meistertitel im Zimmerhandwerk zugesprochen und durfte fortan Lehrlinge anleiten. Später wurde er als Bauführer bzw. Bautechniker geführt. Vorhandenen Fotos nach muss es sich bei der Schreinerei um einen größeren Betrieb gehandelt haben.

Ruth hielt sich seinerzeit oft im Hause der Großmutter Kunz auf, weil sie dort schön herumtollen konnte. Auch machte es ihr viel Spaß, in den Homburger Kindergarten zu gehen, der hier Kinderschule hieß. Am 12. 7. 1930 bekam sie ein Andenkenblatt mit der Widmung: ,für Ruthche Kunz von Deiner treuen Schwester Else'.

Vorher schon war es in ihrer Familie finanziell abwärts gegangen. Der sehr sozial eingestellte Vater bürgte für andere Leute und kümmerte sich nicht mehr so intensiv ums Geschäft, sondern angelte lieber. Das i-Tüpfelchen war nach der Erzählung von Ruths Cousin Albert Schardt, dass der französische Zoll an der Grenze Pfalz/Saargebiet die auf der Frankfurter Messe erworbenen Möbel nicht durchließ. Als Folge der Rückschläge bezog die Familie eine große Mietwohnung am Homburger Marktplatz Nr. 2 in der zweiten Etage. Immerhin war der Flur war so groß, dass Ruth darin mit ihrem Fahrrädchen fahren konnte. Flur und Ess- bzw. Wohnzimmer trennte eine große Schiebetür mit Glaseinsatz.

Ihr Vater hatte im Jahre 1946 einen Lebenslauf geschrieben. Darin steht, dass er von 1920 bis 1925 vom Sonderbauamt Saarbrücken als Bauführer bei der Erstellung der Zollhäuser im Saargebiet eingesetzt war. Als sich dann die Arbeitsangebote einstellten, entschloss er, in die Vereinigten Staaten von Amerika auszuwandern. Soweit ein Auszug aus seinem Lebenslauf. Ob er daneben das Möbelgeschäft weiterführte, hielt er im Lebenslauf nicht fest. Er erwähnt lediglich, dass er ab 1913 nach der Erkrankung seines Vaters dessen Geschäft führte.

Ruth ging also in Homburg in die Spielschule und zwar bis zu der Zeit, als die Familie ihrem im Jahre 1929 in die USA ausgewanderten Vater folgen sollte. Dies sollte 1930 geschehen. Ruth war seinerzeit knapp fünf Jahre alt. Sie kann sich noch daran erinnern, dass sie in Homburg Spaziergänge machten, auch auf dem Schlossberg.

Ein Bild zeigt Opa und seine Neffen Hans und Franz – also die Cousins von Ruth – auf dem Schiff ‚Albert Ballin‘; darauf hat Opa hat eine schwarze Prinz-Heinrich-Mütze auf. Eingeschifft wurden sie in Bremerhaven, ausgeschifft in New York City. Die Männer waren vom 31. 5. bis 10. 6. 1929 unterwegs gewesen.

Ein Jahr später wollte die Familie nachziehen. Der Visumantrag war beim US-Konsulat in Straßburg am 7. 7. 1930 bereits bewilligt worden und auch der Hausrat schon verkauft, als die Nachricht eintraf, doch nicht nach Amerika zu kommen; Opa war infolge der Welt-Wirtschaftskrise arbeitslos geworden.

Auf der Rückseite dieser Genehmigung wurde als Wohnung angegeben: ‚Homburg, Saar, Germany, Marktplatz‘. Als US-Adresse wurde geschrieben: ‚228 57th Street, Brooklyn, N.Y.‘

Dass die Ausreise nicht klappte, bewegte mich zu dem Titel des 2. Kapitels: ‚Eine kam doch nicht hin‘. Mein Gedankengang: Hätte es mit der Ausreise geklappt und wäre ich 1946 in den USA geblieben, hätten sich unsere Wege vielleicht schon in den Staaten gekreuzt.

Was sollte ihre Mutter mit den beiden Töchtern in Homburg nun tun, nachdem sie mit der Großmutter praktisch in einer praktisch leeren Wohnung saßen? Die Familie kehrte dem Saargebiet den Rücken und ließ sich in der Pfalz nieder, und zwar in Lauterecken, wo Großmutter ein Haus ihr eigen nannte, das allerdings inzwischen an die älteste Tochter Maria Schardt übergeben worden war. Zum Glück war Großmutter ein Einsitzrecht verblieben. Hier in Lauterecken kam Ruth in die Volksschule. Ihre Mutter mit den beiden Töchtern zog in das Haus des Bruders der Großmutter, ihres Onkels ein. Großmutter war tagsüber bei ihr, übernachtete aber in ihrem Zimmer. Sie hatte ein Bild ihrer Mutter Elisabetha Brandt immer über ihrem Nachttisch hängen. Deren Lebensdaten lauten 26. 5. 1832 – 17. 10. 1924; sie war folglich 92 Jahre alt geworden.

Großmutters Bruder Ludwig Brandt starb bereits 1926, seine Ehefrau Anna 1937 – sie war sehr krank und Ruths Mutter pflegte sie. Er war Besitzer des ‚Pfälzer Hofs‘ in Lauterecken und daneben noch Tanzlehrer. Diesen Beruf übte er vor allem in den Wintermonaten aus. Ruths Mutter begleitete ihn dabei am Klavier; das Klavier spielen hatte sie während der Zeit, als sie noch nicht verheiratet war, im Konservatorium gelernt.

Ruth ging also ab Ostern 1932 in die Lauterecker Volkshauptschule. Im 6. und 7. Schuljahr waren ihr Lehrer bzw. ihre Lehrerin Herr Pfleger und Käthe Buhler. In der freien Zeit war sie oft auf dem nachbarlichen Bauernhof der Familie Steinhauer zu finden. Vor allem die Tiere in den Ställen hatten es ihr angetan. Nach dem Tod der Großtante Brandt zog Familie Kunz in ein neu angebautes Haus des Bauern Steinhauer. Aber bereits vorher – Ende 1934 – kam der Vater aus den USA zurück. Für Ruth war er zunächst ein ‚fremder‘ Mann, denn sie hatte ihn ja über fünf Jahre nicht gesehen gehabt.

Nach verschiedenen Zwischenstationen kam ihr Vater 1938 zum Heeresbauamt in Hersfeld, wo er als Techniker eine Stelle gefunden hatte. Er erhielt von seiner Dienststelle am 21. 11. 1938 eine Umzugsanordnung für Hersfeld. Dort suchte er eine geräumige Wohnung und fand sie im Klaustor 1a. Die Familie zog im Juni 1939, am Vorabend des zweiten Weltkriegs, in diese Wohnung ein.

Auf dem Wege von Lauterecken nach Hersfeld wurde in Frankfurt am Main bei Ruths Cousin Albert Schardt Station gemacht. Großmutter Elisabetha Kieser war am 4. 6. gerade 83 Jahre alt geworden.

In Hersfeld wohnten sie nun am Klaustor 1a. Vermieter war der Möbelfabrikant Hartmann Baumgardt. Die Wohnung im 1. Stock des Hauses war mit vier Zimmern, einer großen Küche, zwei kleineren Räumen und einem riesigen Flur mit Speisekammer und Toilette ausgestattet. Zur Straße wiesen drei Fenster und ein Balkon und zur Gasse sowie zum Hof hin weitere Fenster. Die große Küche war wie damals üblich eine Art Wohnküche. Unterhalb der Wohnung war das Möbelgeschäft des Vermieters Hartmann Baumgardt. Die Wohnung hatte auch einen Bodenraum und einen Keller, der allerdings auf ebener Erde hinter dem Möbelgeschäft war. Vermutlich gab es deshalb kein Kellergeschoss, weil in der Nähe die Geis floss, ein Nebenfluss der Fulda.

Hier fühlte sich die Familie Kunz recht wohl, hatte sie doch mit ihren zwei Töchtern und der Großmutter viel Platz.

Ruths Schwester Lieselotte hatte inzwischen Erich Domröse geheiratet. Das Paar wohnte mit seinen Kindern Ingrid und Brigitte in denselben Räumen, zumal beim Bezug einer eigenen in Anbetracht der Größe dieser Wohnung vom entsprechenden Amt aus Untermieter eingewiesen worden wären, was man man unbedingt vermeiden wollte. Bei Kriegsende wohnten also vier Generationen und insgesamt acht Personen unter einem Dach: Familie Kunz, Großmutter Kieser und Familie Domröse.

Nach dem im Jahr 1939 vorgenommenen Domizilwechsel von Lauterecken nach Hersfeld, das 1949 in Bad Hersfeld umbenannt wurde, kam Ruth in die Südschule. Im Abgangszeugnis vom 19. 3. 1941 stehen gute Noten; auch ist darin vermerkt, dass Ruth Freischwimmerin ist. Das Zeugnis war vom Klassenlehrer Bergmann und vom Rektor Sauer unterschrieben.

Die Hersfelder Synagoge hatte sie nicht mehr zu sehen bekommen, denn diese wurde einige Monate vor ihrem

Wohnortwechsel von den Machthabern des Dritten Reichs zerstört. Sie hatte auf dem Schillerplatz, Ecke Dudenstraße gestanden. Ihre Erfahrungen während des dritten Reichs ähneln meinen Erfahrungen in Oberschlesien. Naturgemäß war sie in den entsprechenden Mädchenorganisationen, also bei den Jungmädels und im Bund Deutscher Mädel (BDM). Auch hier wurde mit „Heil Hitler" gegrüßt, eine Ausnahme gab es vermutlich lediglich in Bayern, wo wohl weiterhin Grüß Gott vorherrschend geblieben war.

Der Beginn des zweiten Weltkriegs überraschte sie folglich in Hersfeld. Großmutter, die später von ihren Urenkelkindern Ingrid und Brigitte „Olala" gerufen wurde, legte ihre Küchentätigkeit nieder, weil sie nun nicht mehr aus dem Vollen schöpfen konnte; auch war sie inzwischen über 80 Jahre alt geworden. Familie Kunz hatte in der neuen Umgebung keine Beziehungen zu Bauern, sodass die per Lebensmittelmarken zugeteilten Portionen nicht aufgebessert werden konnten.

Im Dritten Reich war fast alles gesetzlich geregelt. Dies galt nicht nur für die Jugendorganisationen, sondern auch für die Zeit nach der Volksschule. Die entlassenen Schülerinnen und Schüler kamen für ein Jahr zum Landjahr, Landdienst oder ähnlichen Diensten, ausgenommen die Jungen, wenn sie weiterführende Schulen besuchten. Ruth kam daher nach der Entlassung aus der Volksschule für ein Jahr zum Landjahr. Vorher war sie noch am 17. 3. 1940 in der evangelisch-reformierten Stadtkirche von Kreispfarrer Hermann Drüner konfirmiert worden.

Das Landjahr leistete Ruth von Ostern 1940 bis Ostern 1941 in Lauterecken in der Landwirtschaft Steinhauer ab. Die Steinhauers waren alte Bekannte. Daneben besuchte sie die ländliche Berufsschule Lauterecken, wo ihr Lehrerin Frau Schönewald am 29. 3. 1941 ein gutes Entlassungszeugnis ausstellte. Während ihres Landjahres hatte sie in dem recht großen bäuerlichen Anwesen viel zu tun: Täglich hatte sie zehn Kühe mit der Hand zu melken und das Vieh füttern. Auch bei der Feldarbeit und musste sie 'ran.

Neben freier Kost und Logis bekam sie monatlich 15 Reichsmark (RM), die sie aber erst am Ende des Landdienstes ausbezahlt haben wollte. Sie wollte dafür dann ein Fahrrad kaufen, aber als es so weit war, gab es kriegsbedingt keine Fahrräder mehr zu kaufen. In der Quittungskarte der Landesversicherungsanstalt Rheinland-Pfalz wurde sie als ,Landmädel' bezeichnet. Ihr Vater meinte, sie würde es vor Heimweh nicht lange aushalten, aber sie hielt durch, obwohl sie erst 14 Jahre alt war. Zweimal hatte ihre Mutter sie in Lauterecken besucht. Den Urlaub verbrachte sie zu Weihnachten bei ihrer Familie in Hersfeld.

Ostern 1941 kam sie für zwei Jahre in die Städtische Handelsschule Hersfeld. Abschlussprüfung war am 16. 3. 1943 mit der Gesamtnote ,gut'. Direktor und zugleich Klassenlehrer war Herr Schwenke; weiteres Lehrpersonal war dessen Ehefrau U. Schwenke sowie die Lehrer Hopf, Wendling und Gerth. Immerhin gab es nicht nur Unterricht, sondern auch Wanderungen. Eine führte über die Stellerskuppe auf den Eisenberg, wobei sie – wie sich Ruth noch heute erinnert – in ein kräftiges Gewitter hineingerieten.

Im Sommer 1943 gab es in Hersfeld Truppenbetreuung durch den BDM.

Vorstellungsgespräche beim Hersfelder Arbeitsamt in der Dippelstraße 10, die Ruth sowie eine Schulfreundin führten, endeten damit, dass beide gleich dort zu arbeiten begannen. Mit Wirkung vom 1. 4. 1943 wurde Ruth dort als Kriegsaushilfsangestellte eingestellt. Bezahlt wurde sie nach der Vergütungsgruppe X TO.A. Sie erhielt eine monatliche Grundvergütung von 72,30 RM und ab 1. 8. 1943 von 81,73 RM, jeweils plus 24 RM Wohnungsgeld. Am 1. 4. 1944 wurde sie in die Vergütungsgruppe IX TO.A mit einer Grundvergütung von 88,17 RM plus 24 RM Wohnungsgeld höher gruppiert. Eine Erhöhung der Grundvergütung auf 98,25 RM erfolgte zum 1. 8. 1944. Eingesetzt war sie als Stenotypistin und Hilfskraft. Entlassen wurde sie am 5. 5. 1945, weil 'Ihre Weiterbeschäftigung beim Arbeitsamt durch die eingetretenen Ereignisse – verbunden mit einer erheblichen Personalverminderung – nicht weiter möglich ist'.

Während eines Urlaubs hatte Ruth ihre Lauterecker Schulfreundin Elsbeth Heinz besucht, die inzwischen mit ihrer Familie einen größeren Hof in Loweningen (Lothringen) bewirtschaftete. Es war ein schöner Urlaub, aber die Fahrt dorthin gestaltete sich abenteuerlich. In Metz musste sie mit Übernachtung in einem Wartesaal voller Soldaten umsteigen, da die Zugstrecken bombardiert worden waren. Im Obstgarten gab es nur Mirabellenbäume. Familie Heinz kehrte nach Kriegsende nach Lauterecken zurück.

Es gab neben den Lebensmittelkarten noch Karten für Zigaretten, Textilien, Kohle usw. Ruth war auch zum Verteilen dieser Karten eingeteilt gewesen; Ihr Bereich war die Dudenstraße. Gegen Kriegsende wurde Hersfeld von amerikanischen Jagdbombern (Jabos) heimgesucht. Sie kamen täglich und schossen auf alles, was sich bewegte. Von den Hersfeldern wurden die beiden Jabos Max und Moritz genannt.

Ruths Mutter ging monatlich zur Post, um die Rente für Großmutter von nur 17 RM abzuheben. Dabei lernte sie in der Warteschlange eine Frau vom Hofgut Bingartes kennen, was zu einer 'Zusatzkost' bei Gegenleistungen wie Feldarbeiten bei Familie Schäfer führte. Alle Städter versuchten, ihre magere Kost durch Besuche auf dem Land aufzubessern. Dabei scheute man auch vor kilometerlangen Bahnfahrten nicht zurück.

Ruth war auch im echten Kriegsdienst eingesetzt, denn als Kassel im Oktober 1943 bombardiert worden war, musste sie ein paar Tage lang in Kassel auf dem Hauptpostamt die geänderten Anschriften der Ausgebombten schreiben.

Übernachtet hat sie während dieser Zeit in Rengershausen, Mahlzeiten erhielt sie in der Kasseler Stadthalle. 1943 wurde Ruths Vater vom Heeresbauamt Hersfeld zum Kriegseinsatz kommandiert. Am 25. Juni 1943 kam er auf diese Weise nach Lille und wurde beim Bau des Atlantikwalls eingesetzt. Man schätzte wohl seine Arbeit als Techniker und Architekt. Die große Wohnung im Hersfelder Klaustor mit gut 100 m² Wohnraum war nach diesem Zeitpunkt von vier Frauengenerationen belegt: Ruths Großmutter, Mutter, Schwester Lieselotte mit Tochter Ingrid und sie selbst. Ein Mann war nicht da, denn auch Lieselottes Ehemann Erich war als Unterfeldmeister beim Reichsarbeitsdienst im Ausland eingesetzt. Und diese Frauen gingen bei Luftangriffen nicht etwa in den auf in den im nahe liegenden Schillerplatz ausgehobenen Splitterschutzgraben, sondern blieben in dem kellerlosen Haus in der Wohnküche. Als der Vater nach der Invasion in Nordfrankreich im Sommer 1944 nach Hause kam, war er über diesen Leichtsinn sehr erbost. Ab da gingen die Bewohner bei Luftangriffen in den Splitterschutzgraben und kurz vor Einmarsch der Amerikaner in den Keller der Villa Braun, die der kleinen katholischen Kirche benachbart lag.

Die Hersfelder bekamen den Flugzeuglärm mit, als am 13. 2. 1945 Dresden angegriffen worden war. Die Flugzeuge waren von 19 Uhr bis Mitternacht zu hören gewesen. Mit im Keller der Villa Braun befand sich auch die eben erst geborene Nichte Brigitte (7. 2. 1945). Ihr Fläschchen wurde per Kerzenlicht warm gemacht. Die Stadt wurde am Karsamstag, dem 31. 3. 1945 von amerikanischen Truppen besetzt. Die Familie erlebte die Kapitulation in jenem Keller und hörten dabei die scheußlichen Kettengeräusche der Panzer. Dass Hersfeld nicht einem Bombenhagel zum Opfer fiel, ist der Courage zweier deutscher Offiziere zu verdanken. In der Broschüre ‚1250 Jahre Bad Hersfeld‘ aus dem Jahr 1986 steht dazu: ‚Kurz vor dem ruhmlosen Ende des Hitlerstaates drohte Hersfeld Tod und Verderben, denn feindliche Bombengeschwader standen bereit, es zu vernichten. Der Wagemut und das Verantwortungsbewusstsein zweier deutscher Offiziere waren es, die ihrer Heimatstadt dies Schicksal in letzter Stunde ersparten. Bis heute haben sie für ihre Rettungstat nicht die Anerkennung gefunden, die sie verdient hätten'. Kurze Zeit später wurde dann doch eine entsprechende Gedenktafel im Hof des Rathauses angebracht. Nach diesen schrecklichen Tagen meinte Ruths Vater, nun könne man ruhig weiterschlafen, wenn Bombenflugzeuge über Hersfeld ihre Bahn nach Osten zögen: „Die tun dir nichts mehr".

Kassel wurde im Krieg praktisch restlos zerstört. Die Aufräumarbeiten währten bis lange danach; auch ich war 1946 für eine Woche zu solchen herangezogen worden.

Im Alter von 18 Jahren hatte sich Ruth zu einer gut aussehenden Frau entwickelt. Nachdem die Amerikaner Hersfeld besetzt hatten, zeigte sich ihr gutes Organisationstalent dadurch, dass sie ihrer Familie vorausschauend zum Überleben verhalf. Es gelang ihr, herrenloses Gut wie Waschpulver zu organisieren und gegen Lebensmittel zu tauschen.

Weitere Zusatzkost wurde dadurch erarbeitet, dass Familienmitglieder der Bäckerei Göbel beim Einkleben der vielen kleinen Brotabschnitte aus den Lebensmittelkarten halfen. Auch aus dem eigenen Garten gab es Zusatzkost.

Nach der Entlassung aus dem Arbeitsamt bekam Ruth eine Stellung als Bürohilfe bei der Möbelfabrik Hartmann Baumgardt, also im Hause. Beim Baumgardt arbeitete sie vom 1. 8. 1945 bis 31. 6. 1947. Die Vertragsauflösung erfolgte durch ‚beiderseitige Vereinbarung', weil sie ab 26. 6. 1947 eine besser bezahlte Stelle in der Abteilung Kundenbetreuung bei der Allgemeinen Ortskrankenkasse (AOK) in Hersfeld bekommen hatte. So lernten wir beide uns auf dieser Nachfolgeeinrichtung der aufgelösten Versorgungsämter kennen.

3. Kapitel: Unser gemeinsames Leben

Die beiden ersten Kapitel endeten mit dem Jahr 1947. Hersfeld bzw. Bad Hersfeld war eigentlich unsere dritte Heimat. Ruth war zuerst in Homburg (Pfalz), dann in Lauterecken und schließlich hier in Hersfeld. Ich war zuerst in Schomberg, dann in Elmshagen und schließlich auch in Hersfeld. Sie kam von Westen, ich kam aus dem Osten hierher. Wir trafen uns also so ziemlich in der Mitte von Deutschland.

Wir arbeiteten in der KB-Abteilung. Das bedeutet Körperbehinderten-Abteilung, aber wir sagten Kriegsbeschädigten-Abteilung, obwohl in der Nachkriegszeit das Wort ‚Krieg' nicht mehr gern gehört wurde. Ruth war für mich seinerzeit noch ‚Fräulein Kunz'. Wo sie wohnte, habe ich im 2. Kapitel bereits erwähnt. Ich selbst wohnte, als ich von Kassel nach Hersfeld kam, zunächst in verschiedenen Hotels, weil man damals nur wenige Tage in ein und demselben übernachten durfte: Deutsches Haus, Bahnhofshotel Sander und Goldener Löwe. Danach kam ich als Untermieter in die Wohnung des ehemaligen Leiters der AOK, Krug, in der Reichsbankstraße 7 I; dieses Haus gehörte der AOK. Die Wochenenden verbrachte ich jedoch meist in Elmshagen. So sah es also im Jahre 1947 aus. Ruth war Chefsekretärin und half kräftig in der Verwaltung mit. Ich war im Rentenabschnitt tätig, und zwar führte ich den 4. Halbabschnitt an, obwohl ich erst bzw. noch Regierungsinspektor-Anwärter war. Unser Amtsleiter war Regierungsinspektor Fritz Baer, der später zum Verwaltungs-Oberinspektor befördert worden ist. Während ich einen Unterhaltszuschuss von monatlich. 140 RM erhielt, bekam Ruth etwas mehr Geld. Sie war zunächst als Verwaltungsangestellte in die Vergütungsgruppe IX TO.A mit einer monatlichen Grundvergütung von 119,92 RM plus einem Wohnungsgeldzuschuss von 24 RM eingestuft worden. Ruth wurde ab 1. 7. 1948 in die Vergütungsgruppe VIII TO.A höher gruppiert, was dank einer Steigerung der

Grundvergütung auf 132,42 RM plus Wohnungsgeld-zuschuss von 37 RM einiges ausmachte. Ich selbst blieb RegierungsinspektorAnwärter, weil es nach dem Krieg keine Prüfungsmöglichkeit für die Inspektorlaufbahn gab. 1948 zog ich um. Nun war ich Untermieter bei der Arztwitwe Klara, genannt Klärchen Kraus in der Abt-Michael-Straße 4, also direkt neben unserer Dienststelle.

Am Anfang meiner Zeit in Hersfeld/Bad Hersfeld sah ich Ruth nur in der Dienststelle; ab und zu traf ich sie an Wochenenden in der Stadt, wobei sie meist ihre beiden Nichten Ingrid und Brigitte bei sich hatte – wenn ich mich nicht gerade in Elmshagen aufhielt. Elmshagen war nach wie vor mein erster Wohnort.

Im Jahre 1947 erhielten wir beide von der Spruchkammer den Bescheid, dass wir unter die ‚Jugendamnestie' fielen, ich von Kassel-Land und sie von Hersfeld.

Seinerzeit wurden noch 48 Stunden in der Woche gearbei-tet, wobei der Vormittag des Samstags mit einbezogen war.

Wir waren dienstlich viel zusammen. Urlaub gab es nur für 16 Arbeitstage, und da auch samstags gearbeitet wurde, waren das noch nicht einmal drei Wochen im Jahr. Den Urlaub verbrachte ich meist in Elmshagen, wo ich tüchtig bei der Ernte half. Nach dem Kriege blieb es nicht bei der 48-Stunden-Woche, weil wir in den Rentenabschnitten unbezahlte Überstunden bis weit in die Nacht hinein machten, um die vielen Anträge der sehr zahlreichen Kriegsbeschädigten und Kriegerwitwen zu bearbeiten. Gut, dass wir damals noch Junggesellen waren! Allerdings gab es neben den gesetzlichen Feiertagen noch zwei wei-tere Tage mit gekürzter Arbeitszeit, zumindest in Hersfeld. Der erste war der Lullustag, an dem schon um elf Uhr Dienstschluss war, damit wir den Lulluszug ansehen konnten, und der zweite der Geburtstag, an dem es nach-mittags frei gab; für mich war das der 17. Dezember. Ein dritter dienstfreier Tag, allerdings nur für katholische Be-dienstete zum Besuch der heiligen Messe, war der 6. 1.,

der Drei-Königs-Tag. Für Familie Kunz war die evangelische Stadtkirche zuständig, während ich in die katholische
Kirche ging.

Wir waren beim Hersfelder Amt drei Regierungsinspektor-
Anwärter, die von Kassel aus hierher abgeordnet und
später versetzt worden waren: Kurt-Erwin Petter, Heinz
Hofsommer und ich. Wir drei hatten trotz der vielen Arbeit
noch Zeit, bei Frau Braun in der Dudenstraße, wo die
beiden anderen in Untermiete waren, Skat zu spielen. So
lernte ich dieses Kartenspiel kennen und ziemlich gut
beherrschen.

Hersfeld war zwar viel kleiner als Kassel, aber mit der Zeit
gefiel uns diese Stadt sehr. Hier ging es viel ruhiger zu.
Seinerzeit hatte Hersfeld ungefähr 15.000 Einwohner.

Ein einschneidendes Ereignis war die Währungsreform
am 20. 6. mit einer Abwertung der RM zu Deutschen Mark
(DM) im Verhältnis 10:1. Jeder Deutsche erhielt an diesem
Tag ein ‚Kopfgeld‘ von 40 DM für 40 RM. Jetzt war ich nicht
mehr abgeordnet, sondern versetzt. Der Unterhaltszuschuss wurde auf monatlich 125 DM gekürzt. An Monats-
miete bei Frau Kraus zahlte ich 25 DM. Den Französisch-
kurs bei der Volkshochschule, den wir drei (Hofsommer,
Petter und ich) belegt hatten, konnten wir nun nach der
Währungsumstellung nicht mehr bezahlen, sodass wir ihn
abzubrechen gezwungen waren. Für Fremdsprachen hatte
ich immer großes Interesse. So bemühte ich mich auch,
Esperanto zu erlernen. Die Währungsumstellung war aber
auch ein großes Glück für mich, denn ich hörte zu rauchen
auf, da ich dafür nicht das ‚gute‘ Geld ausgeben wollte.

Etwas für mich sehr Erfreuliches geschah ebenfalls im
Jahr 1948. Mein älterer Bruder Alfred wurde Ende Januar
aus britischer Kriegsgefangenschaft entlassen. Bei unserer
Korrespondenz hatten wir vereinbart, dass er versuchen
solle, nach Elmshagen entlassen zu werden. In seinen
Entlassungsschein hatte er Elmshagen als Heimatort ein-
tragen lassen und so kam er zu mir.

Bei meiner wöchentlichen Heimfahrt, am Wochenende 24./25. Januar, sah ich ihn nun nach rund fünf Jahren wieder. Wir beide hatten uns verändert und als ich in Elmshagen ankam, saß die Großfamilie Zimmermann beim Abendessen am Tisch und ich sagte mir, dass derjenige am Tisch, den ich nicht sofort erkannte, Alfred sein müsste. So war es auch. Jetzt gab es schon zwei aus unserer Familie in Westdeutschland mit mir als Keimzelle. Alfred konnte allerdings nicht lange bleiben, weil er in Südhessen eine Arbeitsstelle fand. Er begann am 16. Februar seine Arbeit bei den Farbwerken Höchst und wohnte dabei in einem Wohnbunker in Frankfurt-Sindlingen. Einmal hatte ich ihn in dieser Zeit nach Hersfeld mitgenommen und wir verbrachten einige Tage bei Frau Kraus.

Eine eindrucksvolle Erinnerung an Bad Hersfeld sind die bereits erwähnten jährlichen Umzüge beim Lullusfest Mitte Oktober. Nach dem Umzug wird auf dem Marktplatz das Lullusfeuer angezündet und nicht nur von Kindern Kastanien hineingeworfen, was schöne Knaller ergibt.

Fasching 1949 feierte unsere Dienststelle im Restaurant ‚Kimmel'. Dabei wurde eine Bierzeitung vorgelesen, in der auch folgender vom Kollegen Rampe gedichteter Vers stand: ‚Mit dem Pfeil und Bogen aus Amerika kam zu uns gezogen Leonhardt Maniura. Er ist lieb und freundlich, hilfsbereit zu uns; doch besonders freundlich ist er zu Fräulein Kunz'.

Im März 1949 wurde Bad Hersfeld aus Hersfeld, was unter anderem zur Folge hatte, dass wir unsere dienstliche Anschrift in ‚KB-Abteilung Hersfeld in Bad Hersfeld' änderten. Ab 1. 4. 1949 erhöhte sich Ruths Gehalt auf monatlich 183,70 DM.

Ostern 1949 stellte mich Ruth ihrer Familie vor, zu der ich zum Mittagessen eingeladen worden war. Wir verstanden uns alle sogleich gut. Ruths Großmutter war schon über 90 Jahre alt und weil ihre Füße nicht mehr mitmachen wollten, saß sie tagsüber in der Wohnküche im Sessel, in dem sie auch innerhalb der Wohnung herumgetragen wurde.

Mit Ruths Vater und Schwager verband mich darüber hinaus das Skat spielen, das wir lange beibehielten. Während eines solchen Spiels fragte ich im Laufe des Jahres 1949 den ,Opa', ob ich Ruth heiraten dürfte, was er sofort bejahte – und wir spielten weiter. Seinerzeit war es üblich, sich zunächst zu verloben. Die Verlobung war dann am Heiligen Abend 1949. Die Ringe mit entsprechenden Eingravierungen besorgte ich über Beziehungen durch Kollegen Heinrich Hartwig beim Juwelier Franke an der Ecke Breitenstraße/Dudenstraße. Meine Mutter war zwar erfreut, dass ich ein ,gutes liebes Mädchen' gefunden habe, wenn nicht – wie sie im Brief vom 10. 10. 1949 schrieb – das ,aber' wäre. Damit meinte sie die Religionsverschiedenheit. Wir sollten uns katholisch trauen lassen. Ruths Eltern wollten jedoch eine evangelische Trauung.

Ruth und ich spazierten gern. Sie wanderte gern, war sie doch mit dem Hersfelder Wanderverein viel unterwegs gewesen. Auch Kinobesuche waren damals – es gab ja noch kein Fernsehen – auf der Tagesordnung. Ab 1. 12. 1949 wurde mein Unterhaltszuschuss auf monatlich 170 DM erhöht.

Das Jahr 1950 band mich noch fester an Familie Kunz, sogar das Wäschewaschen übernahm Ruths Mutter. Am 8. 1. 1950 meldete ich mich von Elmshagen nach Bad Hersfeld um.

Nach den letzten Lebensmittelkarten für Januar und Februar 1950 fragte niemand mehr. Seinerzeit gab es noch weißen Winter. Auch im Schnee unternahmen wir größere Spaziergänge. Als Verlobte durfte mich Ruth in meiner nunmehrigen Wohnung in der Abt-Michael-Straße 4 besuchen, allerdings nicht ohne Frau Kraus, weil dies früher so ,schicklich' war; wir waren ja noch nicht verheiratet. Gebadet wurde in der damals noch sauberen Fulda. Ein weiteres Vergnügen waren Bootsfahrten. Im Monat August unternahmen wir einen Betriebsausflug zum Hersfelder

Robert-Heil-Turm auf dem Tageberg. Dabei kehrten wir ins Restaurant ‚Kleinshöhe' ein.

Ab 1. 8. 1950 erhöhte sich Ruths Gehalt auf monatlich 226,55 DM mit Nachzahlung für die Vergangenheit in Höhe von 330,42 DM.

Im Sommer fuhr sie gemeinsam mit Kollegin Ulla Tornier nach Bad Homburg vor der Höhe zur Badekur. Ich besuchte sie dort und wir fuhren nach ihrer Entlassung am 3. 9. gemeinsam nach Bad Hersfeld zurück. Dabei machten wir am Vorabend noch das bekannte Bad Homburger Laternenfest mit. Während die beiden zur Kur weilten, feierten wir von der KB-Abteilung das 50jährige Dienstjubiläum unseres Amtsleiters Fritz Bär.

Eine schöne Nachricht ereilte mich am 1. 11. 1950. Ich erhielt meine Bezüge nach der Diätenordnung, weil die Anstellungsprüfungen zum Regierungsinspektor bisher nicht durchgeführt werden konnten. Meine monatliche Entlohnung erhöhte sich auf 203,67 DM. Eigentlich hätte ich bis dahin noch Waisenrente von der Knappschaft beziehen müssen, weil ich als Anwärter lediglich einen Unterhaltszuschuss erhielt, aber die entsprechenden Renten-Unterlagen befanden sich in Oberschlesien.

Ruth und ich beschlossen, zu Weihnachten zu heiraten, nachdem wir ein Jahr verlobt gewesen waren, was seinerzeit üblich war. Da wir einen ‚Religionsstreit' vermeiden wollten, gaben wir uns am Samstag, dem 23. 12. 1950, nur standesamtlich das Ja-Wort. Mein Bruder Alfred und Marianne Dräger – eine Hersfelderin – hatten bereits am 20. 5. in Bad Hersfeld geheiratet.

Wir gingen zu Fuß zum Standesamt und hatten Ruths Eltern als Trauzeugen. Wie unsere Verlobung wurde auch unsere Hochzeit nur im kleinen Kreis gefeiert. Zum Kaffee am Hochzeitstag kamen Kollege Tange und meine Vermieterin Klärchen Kraus.

Am 1. 2. 1951 wurde bei der KB-Abteilung eine neue Geschäftsverteilung vorgenommen. Zusätzlich zur bisherigen Tätigkeit als Renten-Halbabschnitts-Führer war ich nun auch Hilfsreferent für die gesamte Hinterbliebenenversorgung. Und das alles als Regierungsinspektor-Anwärter! Diese doppelte Tätigkeit dauerte jedoch nur bis Mai, denn mit Verfügung der KB-Hauptabteilung bei der Landesversicherungsanstalt Hessen in Frankfurt am Main vom 18. 5. 1951 wurde ich mit Wirkung vom 21. 5. zu dieser Dienststelle abgeordnet und später dorthin versetzt. Es war also nur ein Wochenende dazwischen, da der 21. 5. ein Montag war. Durch Vermittlung von Ruths Cousin Albert Schardt konnte ich der Hegarstraße Nr. 11 in Frankfurt-Schwanheim als Untermieter bei Familie Krebs einziehen.

Mit Erlass des Hessischen Ministers für Arbeit, Landwirtschaft und Wirtschaft vom 2. 7. 1951 wurden aus dem bisherigen KB-Abteilungen wieder Versorgungsdienststellen. Ich war somit nicht mehr bei der KB-Hauptabteilung, sondern beim Landesversorgungsamt Hessen in Frankfurt am Main beschäftigt. Die bereits erwähnte Versetzung vom Versorgungsamt Bad Hersfeld zum Landesversorgungsamt erfolgte ab 1. 7. 1952.

Bereits mit Lauf des Monats Juni 1951 löste Ruth wegen Schwangerschaft ihr Beschäftigungsverhältnis auf. Ihr wurde ein Übergangsgeld von 258,10 DM bewilligt und für die Zeit vom 1. 4. bis 30. 6. 1951 bekam sie eine Gehaltsnachzahlung von 54,06 DM.

Alle aufgeführten Zahlbeträge zeigen, wie hoch bzw. niedrig seinerzeit die Bezüge im öffentlichen Dienst waren. Obwohl die Lebenshaltungskosten damals deutlich geringer waren, lebten wir weitaus bescheidener als heute für selbstverständlich angesehen wird.

Im Zeugnis vom 30. 6. 1951 wird ausgeführt, dass Ruth fleißig und gewissenhaft war und dass ihr ruhiges und bescheidenes Wesen sie zu einer angenehmen und beliebten Mitarbeiterin gemacht habe. ‚Frau Maniura scheidet auf eigenen Wunsch bei uns aus. Wir wünschen ihr für ihren ferneren Lebensweg alles Gute.'

Vom Arbeitsamt bekam sie kein Arbeitslosengeld, weil sie dort erklärt hatte, nach der Geburt des Kindes sich der Betreuung der Familie zu widmen; sie stünde somit dem Arbeitsmarkt nicht mehr zur Verfügung.

Unser erstes Kind war ein Junge, also ein Stammhalter. Wolfgang wurde am 10. 9. 1951, einem Montag um elf Uhr in Bad Hersfeld geboren. Da die Männer die Woche über auswärts ihrer Arbeit nachgingen, also nur zum Wochenende da waren, war Wolfgang die Woche über der einzige ‚Mann‘ in der Großfamilie Kieser/Kunz/Domröse/Maniura: Wolfgangs Opa arbeitete in Lohfelden bei Kassel, sein Onkel Erich war als Kolonnenführer der Bundesbahn unterwegs und sein Vater wie berichtet beim Landesversorgungsamt Hessen in Frankfurt am Main.

Im Landesversorgungsamt Hessen in Frankfurt am Main, Eckenheimer Landstr. 303, wurde ich der Berufsabteilung zugeteilt. Wir machten in dieser Abteilung die Gegenschriften gegenüber der Sozialgerichtsbarkeit, wenn irgendjemand ein Rechtsmittel gegen Bescheide der Versorgungsverwaltung erhoben hat. Es war eine aufregende Arbeit, weil hier sämtliche Aufgabengebiete unserer Verwaltung betroffen sein konnten.

Politisch gesehen liebäugelte ich mit der SPD und dies schon seit meiner Entlassung aus der Kriegsgefangenschaft. So half ich bereits 1946 als Gewerkschaftsmitglied in Elmshagen SPD-Wahlplakate zu kleben, obwohl ich der Partei noch nicht angehörte. 1949 erlebten wir vor der Stiftsruine Kurt Schumacher in einer Wahlkampfrede zum ersten Deutschen Bundestag. Im Jahre 1951 kam politisch die ‚Ohne-mich-Bewegung‘ auf, also nie wieder Soldat. Das war dann für mich der Anlass, in die SPD einzutreten, die Partei, die diese Bewegung ins Leben gerufen hatte. Um es vorweg zu nehmen: In der Funktionär-Schule des SPD Unterbezirks Frankfurt am Main belegte ich in den Jahren 1952/53 den Grundkursus I, den Wiederholungs- und Aufbaukursus sowie den Grundkursus 3. Seinerzeit war ich bereits als Schriftführer Vorstandsmitglied im neuen SPD-Distrikt Frankfurt-Industriehof.

Vor dem Umzug fuhr ich jedes Wochenende nach Bad Hersfeld und nahm dabei oft eine in Frankfurt gekaufte Sammeltasse mit, die uns noch heute erfreuen. Zu Weihnachten 1951 besuchte uns mein Onkel Albert Kroczek, der in Weßling (Oberbayern) wohnte.

Im Jahr 1952 kam unser Umzug nach Frankfurt am Main. Wir meldeten uns am 30. 6. in Bad Hersfeld ab und am 4. 7. in Frankfurt an. Unsere Anschrift lautete: Frankfurt am Main-Hausen, Industriehof, Block X, Haus 28. Es handelte sich um eine kleine Wohnung im Erdgeschoss mit Wohnküche, Schlafzimmer und Bad um einen Vorflur – aber wir waren sehr glücklich, war es doch unsere erste eigene Wohnung. Im Bad befand sich eine Sitzbadewanne. Dies war auch deshalb praktisch, weil wir im Fußraum der Wanne unseren Wolfgang prima baden konnten. Ruth war vor allem glücklich über den kombinierten Herd.

Da das ausgelagerte Versorgungsamt Frankfurt am Main das Gebäude in der Eckenheimer Landstraße wieder beziehen wollte, gab es für das Landesversorgungsamt Räume in einem Neubau in der Großen Gallusstraße 21, also in der Stadtmitte. Das war ungefähr zu dem Zeitpunkt, als wir den Wohnortwechsel vorgenommen hatten. Im Amt selbst war ich nicht nur in der Rechtsabteilung tätig, sondern kam auch in die Abteilung ‚Kapitalabfindung' sowie in die Abteilung für Heil- und Krankenbehandlung. Als Angehöriger der Rechtsabteilung vertrat ich ab und zu das Land Hessen vor verschiedenen Sozialgerichten. Dabei machte ich oft Vergleiche, was den Abteilungsleiter zu der Äußerung veranlasste, ich sei endlich jemand, der nicht nur stur auf Ablehnung plädiere.

Das Weihnachtsfest 1952 feierten wir drei erstmals allein. Damit Wolfgang den recht kargen Weihnachtsbaum nicht umstieß und die brennenden Kerzen kein Unheil anrichteten, stellten wir den Baum in Wolfgangs Laufställchen mitsamt den Sachen, die wir ihm schenkten: Einen Stoffhund und einen kleinen Teddybär.

Nach sehr langer Zeit war es nun möglich, einen Inspektorenlehrgang zu besuchen. Dieser dauerte vom 19. 5. 1952 bis 19. 2. 1953. Im Prüfungszeugnis vom 4. 3. 1953 steht als Gesamtnote ‚gut'. Mit Wirkung vom 1. 4. 1953 wurde ich daraufhin in eine freie Stelle beim Landesversorgungsamt Hessen eingewiesen und war nun Regierungsinspektor. Die Ernennungs-Urkunde trägt das Datum vom 10. 7. 1953, unterschrieben vom Hessischen Minister für Arbeit, Wirtschaft und Verkehr: Fischer. Nun hatte ich ein monatliches Gehalt von 459 DM. Ein schöner Sprung gegenüber meiner bisherigen Besoldung als Anwärter, der ich fast zehn Jahre lang gewesen war!

Im März 1953 traten wir dem Eigenheim-Siedlungs-Verein e.V. Frankfurt am Main-Hausen bei. Sogleich schlossen wir bei der Leonberger Bausparkasse einen Bausparvertrag ab, denn wir wollten in Frankfurt ein Eigenheim bauen. Dazu kam es letztendlich nicht, weil ich drei Jahre später vom Landesversorgungsamt Hessen zum Hessischen Ministerium für Arbeit, Wirtschaft und Verkehr in Wiesbaden versetzt werden sollte.

Anstelle des Flüchtlingsausweises vom 23. 2. 1947 mit der Nr. 65627, den der Landrat in Kassel ausgestellt hatte, erhielt ich am 22. 3. 1955 vom Magistrat Frankfurt am Main – Flüchtlingsdienst – einen Ausweis für Vertriebene und Flüchtlinge A Nr. 6311/4/8312, in den auch Wolfgang und Norbert eingetragen wurden, obwohl doch beide in Bad Hersfeld geboren wurden. Man bezog aus unerfindlichen Gründen immer die nächste Generation in die Vertriebeneneigenschaft hinein.

Im Jahr 1956 erhielt ich als Währungsausgleich für Sparguthaben Vertriebener von der Frankfurter Sparkasse 1822 für 414,59 RM von der Kreissparkasse Beuthen einen Betrag von 38,19 DM ausgezahlt. Ruth hatte eine Aussteuerversicherung gehabt; die Summe wurde nach der

Währungsreform so ungünstig umgerechnet, dass sie kaum 20 DM erhielt.

In Frankfurt fühlten wir uns wohl, obwohl wir unsere Omas vermissten: Ruths Mutter war in Bad Hersfeld und betreute dort deren Mutter, also die ‚Olala'. Meine Mutter lebte in Oberschlesien und war für uns somit nicht erreichbar. Da ich dienstlich viel unterwegs war, oblag die Erziehungsarbeit fast allein der Ruth.

In Frankfurt hatten wir guten Straßenbahnanschluss und ganz in der Nähe war der Brentanopark mit Schwimmbad und Sportplatz. Auf der anderen Seite des Parks war der Vorort Rödelheim, in dem wir gern einkauften. Es machte uns aber nichts aus, in die Stadtmitte zu Fuß zu gehen. Meistens benutzten wir jedoch die Straßenbahn. Zur Arbeit fuhr ich häufig mit dem Fahrrad. Wenn wir Wolfgang mitnahmen, wurde ein Kindersitz eingehängt. Einmal waren wir mit unseren Fahrrädern sogar nach Königstein im Taunus gefahren, und das ohne Gangschaltung! Wolfgang war damals, im August 1953 noch nicht einmal zwei Jahre alt gewesen. Ein Monat später waren wir wieder eine weite Strecke gefahren, nämlich nach Bad Homburg vor der Höhe. Dabei gerieten wir in ein Gewitter. Meist waren wir aber per Fahrrad im schönen Frankfurter Stadtwald unterwegs. Ein nettes Erlebnis war dabei auch folgende Szene: Als ich über die Kreuzung an der Hauptwache gefahren war, drehte sich der Schutzmann gerade um und sperrte den weiteren Verkehr in diese Richtung; aber Ruth war bereits in diese nun gesperrte Richtung weiter gefahren. Auf Zuruf des Schutzmanns, junge Frau, wo wollen Sie denn hin? antwortete sie: Meinem Mann hinterher. Der Schutzmann lachte und ließ sie durch. Damals konnte man noch mit dem Fahrrad über die Kreuzung an der Hauptwache fahren ohne von Autos bedrängt zu werden. Ampeln gab es noch nicht.

Weihnachten 1953 sah unser Weihnachtsbaum schon voller aus und Wolfgang war älter, größer und vernünftiger geworden. Wir brauchten den Baum also nicht mehr im Laufställchen in Sicherheit zu bringen.

Auf einer SPD-Veranstaltung im Sommer 1953 spielte ich mit unserem Kassierer Fuchs einen Sketch, wobei Fuchs den Alfredo und ich den Carlo machte. Es ging um Psychologie.

Alfredo: Bist du in Moskau?
Carlo: Nein!
Alfredo: Bist du in Madrid?
Carlo: Nein!
Alfredo: Bist du in Wien?
Carlo: Nein!
Alfredo: Also wenn du nicht in Moskau, Madrid oder Wien bist, dann bist du doch woanders! - Und wenn du woanders bist, kannst du also nicht hier sein; siehst du, das ist Psychologie!
Carlo *gibt Alfredo nach einigem Nachdenken eine Ohrfeige.*
Alfredo: Warum schlägst du mich?
Carlo: Wer, ich? – ich bin doch nicht hier!

Im Januar 1954 wurde Ruth Mitglied in der Arbeiterwohlfahrt Hessen, Ortsausschuss Frankfurt am Main. Die AWO und die SPD hatten gemeinsam ein Vorschlagsrecht für Ehrenämter bei der Stadt. So kam von dieser Seite der Vorschlag, mich als Fürsorgepfleger im Fürsorgebezirk 34 III einzusetzen. Die dementsprechende Ernennungsurkunde der Stadt Frankfurt unter Berufung in das Beamtenverhältnis als Ehrenbeamter datiert auf den 1. 3. 1955. Kurze Zeit später – am 10. 5. 1955 – wurde ich zum Fürsorgebezirksvorsteher in diesem Bezirk ernannt.

Im Bezirk Industriehof und unserem wohnten Bürger aus 18 Staaten, von denen die meisten inzwischen die deutsche Staatsangehörigkeit erhalten hatten. Es gab folglich allerhand Betreuungsarbeit, die mir recht viel Spaß machte. Bei Haussammlungen beispielsweise für die Deutsche Kriegsgräberfürsorge waren diese Bürger sehr spendabel.

Das Umland gefiel uns sehr. Wir lernten Teile des Taunus-gebirges kennen, waren per Fahrrad im großen Frankfurter Stadtwald unterwegs und besuchten eigentlich oft Ruths Cousin Albert Schardt samt Familie in Frankfurt-Schwan-heim sowie meinen Bruder Alfred mit Marianne und Michael in Frankfurt-Zeilsheim und nach ihrem Umzug in Frankfurt-Höchst.

Unsere Familie vergrößerte sich. Unser zweiter Sohn Norbert wurde am 14. 6. 1954 geboren. Die Entbindung geschah wie bei Wolfgang im alten Bad Hersfelder Kreis-krankenhaus an der Friedloser Straße. Er wog 4200 g und war 54 cm groß. Ruth war zur Entbindung zu ihren Eltern gefahren, denn da war die Betreuung während dieser Zeit bestens gewährleistet. Norbert wurde am 4. 7. 1954 in der evangelischen Bad Hersfelder Stadtkirche getauft.

Am 19. 7. 1954 wies Norbert schon ein ganz schönes Gewicht auf. Ruth kam einige Zeit später mit ihm nach Frankfurt und unsere Nachbarn wunderten sich, wo er her-gekommen war, denn Ruths Schwangerschaft war ihnen nicht aufgefallen.

An seinem vollendeten ersten Lebensjahr waren bereits merkliche Fortschritt erkennbar, aber geführt werden musste er noch. Zum Glück war unsere Siedlung recht großzügig mit viel Rasen zwischen den einzelnen Blöcken angelegt worden.

Unsere Buben trugen häufig Strickanzüge. Worauf wir stolz waren: Diese Anzüge waren alle von der ‚Olala' gestrickt worden, obwohl sie 1954 schon 98 Jahre alt war. Mit vier Personen wäre unsere Wohnung doch zu klein geworden. Wir zogen daher kurz vor der Geburt – im April 1954 – innerhalb des Hauses vom Parterre in eine in der zweiten Etage gerade frei gewordene Wohnung um und hatten jetzt auch ein Kinderzimmer. Es war ein ‚Trage-Umzug', zu dem Opa aus Bad Hersfeld zu Hilfe angereist kam. Erstmals bereicherte ein Kühlschrank unsere Ein-richtung.

Zu einem großen deutschen Ereignis kam es am 4. 7. 1954: Die Fußball-Nationalmannschaft gewann gegen Ungarn in Bern und errang die Weltmeisterschaft. Ich sah dieses Spiel im Landesversorgungsamt, wo ein Fernsehapparat aufgestellt worden war. Wir waren nicht nur begeistert, sondern auch ergriffen, als zum Schluss die Deutschlandhymne gespielt wurde. Meine Mutter schrieb mir, dass diese Ergriffenheit im ‚abgesperrten' Oberschlesien noch größer war und die dort verbliebenen Deutschen außer sich vor Freude gerieten („...es war eine Aufregung und Freude, als ob die Grenzen offen wären...").

1954 war es wohl, als wir im Hause großen Krach hatten. Der trunksüchtige, meist arbeitslose Mieter Lau tyrannisierte das ganze Haus. Die Frauen getrauten sich nur zusammen in ihre Keller, aus Furcht, ihm unterwegs zu begegnen. Nächtliche Zechereien mit wüsten Ausschreitungen waren bei ihm üblich. Einmal trat er sogar die Tür der Nachbarwohnung ein. Dies alles war so in der Frankfurter Neuen Presse zu lesen gewesen, weil dieses Verhalten zu Gerichtsverhandlungen führte. Dr. med. Jedamski, ein Mitbewohner, und ich traten dabei als Zeugen auf. Er wurde zu einer Freiheitsstrafe verurteilt und musste ausziehen. Und im Hause kehrte wieder köstliche Ruhe ein.

Am 5. 5. 1955 erhielt ich die Urkunde als Beamter ‚auf Lebenszeit', eine leicht zu merkende Schnapszahl. An diesem Tag erhielt die Bundesrepublik überdies nach zehnjähriger Besatzungszeit ihre Souveränität.

Rückblickend betrachtet hatten wir auch in Frankfurt am Main eine schöne Zeit, trotz des Zwischenfalls mit Mieter Lau. Aber es deutete sich schon wieder ein Umzug an, denn ich wurde nach Wiesbaden abkommandiert. Das bedeutete für mich wieder eine längere Zeit tägliches Bahnfahren, wobei ich von der Wohnung zum Frankfurter Hauptbahnhof meist per Fahrrad fuhr. Per Fahrrad war ich aber auch schon vorher zur Arbeit beim Landesversorgungsamt gefahren Damals konnten wir von einem Auto nur träumen. Beim Landesversorgungsamt war ich ab

1. 12. 1955 Vertrauensmann der Privatkrankenkasse Debeka; ich kassierte dort die Monatsbeiträge für Mitglieder.

Ostern 1956 machten wir wieder einmal Urlaub in Bad Hersfeld. Da erhielten wir aus Frankfurt einen Anruf: Ich solle am 1. 4. beim hessischen Ministerium für Arbeit, Wirtschaft und Verkehr im Wiesbadener Landeshaus die Arbeit aufnehmen. Schon vorher war ich gefragt worden, ob ich ins Kriegsopferreferat des Ministeriums wechseln wollte, was ich bejahte. Ich war wohl deshalb angesprochen worden, weil ich vielseitige Fachkenntnisse erworben hatte und vermutlich auch, weil ich Heimatvertriebener bin, denn der Minister Franke gehörte der Vertriebenenpartei (BHE = Block der Heimatvertriebenen und Entrechteten) an. Der Referatsleiter Ernst Niederle war ebenfalls Heimatvertriebener (aus Iglau in Mähren); der mich schon aus der gemeinsamen Zeit beim Landesversorgungsamt Hessen kannte.

Das Landeshaus lag am Kaiser-Friedrich-Ring in Wiesbaden in der Nähe des Hauptbahnhofes, sodass ich es vom Bahnhof zu Fuß nicht weit hatte. Ich pendelte fast zweieinhalb Jahre zwischen Frankfurt am Main und Wiesbaden. Das Familienleben spielte sich nach wie vor in Frankfurt ab.

So langsam dachten wir daran, nach Wiesbaden umzuziehen. Doch ich war erst abgeordnet und noch nicht versetzt worden.

Inzwischen waren wir wieder einmal in Bad Hersfeld gewesen, weil ‚Olala‘ am 4. 6. 1956 einen sehr runden Geburtstag hatte; sie wurde nämlich 100 Jahre alt! Natürlich kamen viele Gratulanten und auch wir waren selbstverständlich dabei. Dabei hatte ich vom Büro Dienstbefreiung mit Glückwünschen für die Großmutter bekommen, obwohl ich Urlaub eingereicht hatte. Ein solches Ereignis kam auch im Ministerium nicht oft vor. Sie erhielt auch Grußtelegramme von der Landesversicherungsanstalt und vom Bundespräsidenten Theodor Heuß. Zwei Bürgermeister beglückwünschten Olala persönlich, der von Bad Hersfeld und der von Lauterecken. Natürlich ist sie auch in der Hersfelder Zeitung gewürdigt worden.

Sie las sehr viel, angefangen von der Tageszeitung bis zu Büchern. Sie kannte sämtliche Geburtstage ihrer großen Familie auswendig und erinnerte ihre Tochter Lina an solche Gedenktage. Geistig war sie sehr auf der Höhe.

Zehn Tage später wurde ihr Urenkel Norbert zwei Jahre alt, natürlich in von Olala gestrickten Sachen. Er sah darin bezaubernd aus. Er stand auch gut ‚im Futter', ein strammer Bub.

Im Ministerium hatte ich mich schnell eingearbeitet. Während der einstündigen Mittagspause spielte ich mit anderen Kollegen im Plenarsaal Tischtennis. Dabei schloss ich mich der ‚Tischtennis-Gemeinschaft Landeshaus' an. Wir spielten auch gegen andere Betriebsgruppen, allerdings standen wir in der Tabelle meist auf dem allerletzten Platz, sodass wir – weil wir nicht absteigen konnten – unbeschwert spielten. Essen gab es vor dem täglichen Spielen im Casino des Landeshauses. Damals wurde noch am Samstagvormittag gearbeitet, sodass ich auch samstags unterwegs war.

Weihnachten 1956 feierten wir bei Oma und Opa in Bad Hersfeld, die inzwischen umgezogen waren. Familie Domröse hatte nämlich in der Zwischenzeit ein neues Haus am Frauenberg gebaut – natürlich mit tatkräftiger Hilfe Opas, der auch die Pläne gemacht hatte; sie zogen ebenfalls in diesen Neubau.

Vom Fenster aus hatten wir einen herrlichen Blick auf Bad Hersfeld, aber auch auf den Robert-Heil-Turm. Um Weihnachten herum beobachteten wir hinter der Stadt das jährliche Hochwasser der Fulda.

Im Schlippental 17, das eigentlich gar kein Tal war und deshalb später in Lappenlied 17 umbenannt wurde, verlebten wir jährlich herrliche Urlaubstage und waren auch zwischendurch an Feiertagen bei Oma und Opa. Ruth hatte an diesen Urlaubstagen allerdings mehr zu tun, war sie doch jeweils im Haushalt voll eingespannt. Aber sie machte es sehr gerne und betrachtete es im Nachhinein immer als schöne Zeit.

Oma wollte eigentlich, dass wir unseren Urlaub jedes Jahr in Bad Hersfeld verbächten, aber dies hielten wir nur einige Jahre durch, denn wir – vor allem Ruth – wollten doch ‚richtigen' Urlaub machen. Die Abkoppelung gelang uns nach vielen Widerständen von Oma erst ab dem Jahr 1965.

Während des Herbst-Urlaubs im Jahre 1957 fotogafierten wir bei einem größeren Ausflug die Familien zum ersten Mal farbig, wobei ich die Kamera auf ein Stativ stellte und den Selbstauslöser aktiverte. Neben uns sieht man auch, dass Bad Hersfeld von vielen schönen Wäldern umringt ist. Unmittelbar nach dem Krieg hatten sie uns weniger zu Erbauung, sondern als Lieferanten für Brennholz gedient, das Opa, Erich und ich fleißig schlugen, auflasen und heimbrachten. Dabei musste auch mancher Wurzelstock dran glauben – eine Heidenarbeit, die uns viel Schweiß kostete. Seinerzeit waren die Wälder wie leer gefegt, denn wir waren ja nicht die einzigen, die Holz sammelten.

Am 27. 10. war wieder ein Waldspaziergang angesagt. Wolfgang zählte sechs und Norbert drei Jahre und beide marschierten recht munter und in doppelter Länge mit, weil sie oft vor- und zurückliefen. Den jungen Beinen machte das nichts aus.

Mit Schreiben des Ministeriums vom 28. 6. 1957 wurde meine Abordnung in eine Versetzung umgewandelt und gleichzeitig der Umzug von Frankfurt nach Wiesbaden angeordnet. Was noch angenehmer war: Mit Urkunde vom 20. 8. 1957 erfolgte meine Ernennung zum Regierungsoberinspektor mit Wirkung vom 1. 8. Besoldung ab diesem Datum 644 DM monatlich. Wir waren finanziell gut abgesichert, zumal ich zusätzlich eine Aufwandsentschädigung als Fürsorgebezirksvorsteher und eine Unkostenentschädigung als Vertrauensmann der Debeka erhielt. Zum 31. 3. 1958 legte ich das Amt als Fürsorgebezirksvorsteher nieder, weil der Umzug nach Wiesbaden bevorstand. Damit endete auch meine Tätigkeit für die Debeka.

Wolfgang wurde am 16. 4. 1958 in Frankfurt-Hausen eingeschult. Ruth traf in dieser Schule in Hausen eine Schulfreundin aus Bad Hersfeld, die hier als Lehrerin tätig war.

Bevor ich ausführlich auf unseren Wohnortwechsel zu sprechen komme, sind zwei schöne Ereignisse zu erwähnen, die sich 1956 und 1957 ereigneten. Im Jahre 1956 gelang es mir nach vielen Bemühungen – auch über die US-Botschaft in Warschau, denn Deutschland hatte dort keine eigene –, nach Schomberg zu fahren. Es war vom 5. bis 20. 9. Nach 13 Jahren sah ich also meine Mutter sowie die vielen Verwandten wieder. War das ein sehr freudiges Wiedersehen! Vor allem während dieses Urlaubs erfuhr ich, was sich in der Nachkriegszeit in Schomberg abgespielt hat: Meine Mutter war von März bis August in sowjetischer Gefangenschaft und mein Bruder Reinhold als vermeintlicher ‚Werwolf‘ 1946 im Kattowitzer Gefängnis. Was beide dabei durchgemacht hatten! Ich erfuhr, dass meine Schwester Liesel inzwischen Hubert Koczar aus Beuthen geheiratet hatte und dass ihr Sohn Peter schon ein halbes Jahr alt war. Auch lernte ich die drei Kinder von Reinhold und Margot kennen. Es existiert ein Erinnerungsfoto im Hof der Feldstraße 13; hier wohnte ja meine Mutter mit ihrer Tochter Anni. Dort sind fast alle Verwandten drauf, die sich noch in Oberschlesien befanden – und dies waren damals nicht wenige – und alle hatte ich vorher aufgesucht und zu diesem einmaligen Treffen eingeladen. Dabei sprach ich deutsch, weil wir unter uns waren und ich nicht Polnisch beherrschte. Auf der Straße hielt ich mich zurück.

Mit Reinhold sprach ich auch über seine Zukunft im Westen. Ich war ja für unsere Familie die westliche Keimzelle und hatte wie bekannt schon meinen Bruder Alfred an Land gezogen. Nun ging es um meinen jüngeren Bruder Reinhold. Im Schriftwechsel mit der Ausstellungs- und Messe AG in Hannover erreichte ich, dass ihm von dort aus am

9. 4. 1957 ein Messeausweis zugesandt wurde. Auch besorgte ich ihm eine Einreisegenehmigung. Wie er mir nachher erzählte, gab es bei den polnischen Behörden keine Schwierigkeiten; sie wunderten sich nur, wie er als Privatmann zu einem Messeausweis aus Hannover gekommen war. Reinhold kam zu Pfingsten, am 8. 6. 1957 in Frankfurt an.

Beim Abschied aus Schomberg nahm ich allerhand Unterlagen wie Zeugnisse, Fotos, aber auch mein Tagebuch, das ich 1946 in einem Paket aus Fort Knox nach Schomberg gesandt hatte, mit. Dieses Tagebuch führte ich dann ab 1. 1. 1957 weiter.

Eine Randnotiz für Juni/Juli 1957, nachdem wir uns gewogen hatten: Ich 75 kg, Ruth 54½ kg, Wolfgang 21 kg und Norbert 16½ kg.

Am 15. 8. 1958 zogen wir von Frankfurt nach Wiesbaden um. Wir bekamen eine rund 70 m² große Dreizimmerwohnung in der Siedlung Kohlheck des Stadtteil Dotzheims, und zwar in der Helmholtzstraße 23.

Bei unserem Einzug am 15. 8. 1958 war man dabei, ,unseren' Block zu verputzen. Die Straße war noch nicht fertig. Der schwere Umzugswagen blieb im weichen Untergrund stecken. Wir gingen zum Essen nach Dotzheim und kehrten im ,Löwen' ein. Norbert staunte über die engen Straßen und sagte: „Was ist es hier so dünn".

Kurz davor feierten wir in Bad Hersfeld den Geburtstag von Olala; sie war 102 Jahre alt geworden. Zu diesem sehr seltenen Anlass reiste sogar der Bürgermeister ihres Heimatortes Lauterecken, Herr Schneider an.

Seinerzeit hatte Olala 5 (2) Kinder, 20 (15) Enkel, 23 (21) Urenkel und 3 Ururenkel, davon im Ausland: 5 Enkel, 4 Urenkel und 3 Ururenkel. Die Zahlen in Klammern sind die Nachkommen, die 1958 noch gelebt haben.

Wolfgang kam nun von der Volksschule in Frankfurt-Hausen in die Landgrabenschule Wiesbaden-Dotzheim. In der 1. Klasse war er nun schon in zwei Volksschulen. In der 2. Klasse hatte er eine weitere Umstellung vor sich, denn er kam am 20. 10. 1959 in die neu erbaute Kohlheckschule und jede Schule hatte eigenartigerweise eine andere Unterrichtsmethode! Dies hing ihm noch lange nach.

Mit Urkunde vom 1. 9. 1958 wurde ich auf die Dauer von vier Jahren zum Landessozialrichter bei dem Hessischen Landessozialgericht in Darmstadt berufen. In Wiesbaden spielte ich weiterhin Tischtennis und wir machten Wettspiele mit anderen Betriebsgruppen. Aber auch innerhalb unserer Gruppe (TGL) machten wir Turniere, was mir immer wieder Spaß bereitete.

Norbert bekam im Oktober 1958 eine Blinddarmentzündung. Er wurde im Paulinenstift stationär behandelt. Ich war im Dienst und für Ruth war es gar nicht so einfach, ins Krankenhaus zu bringen. Damals hatten wir noch kein Telefon und die Helmholtzstraße war noch im Rohbau. Ein Glück, dass zufällig ein Dotzheimer Arzt vorbei kam, den Ruth ins Haus rief und der dann die Einweisung ins Krankenhaus vernahm. Von der nahe liegenden Tankstelle aus besorgte sie sogleich telefonisch ein Taxi. Norbert erholte sich recht schnell von der Operation.

Ende der 50er Jahre erwarben wir einen Gebrauchtwagen, einen Renault 4 CV, das sogenannte ‚Crèmeschnittchen‘. Damit rundete sich unser Haushalt immer mehr ab. Nach längerer Wartezeit erhielten wir einen Telefonanschluss und kauften uns ein erstes Fernsehgerät. Meine Mutter war vom Autokauf nicht begeistert, denn das Geld reichte deswegen nicht mehr für die Fahrt nach Schomberg zu Annis Hochzeit, die am 3. 10. 1959 den Schomberger Reinhold Drzensla heiratete.

Mit dem neuen Auto konnte ich im November Ruth nach Gersfeld fahren und besuchen, wo sie sich zu einer vierwöchigen Kur befand. Unsere Buben wurden in dieser Zeit in Bad Hersfeld von Oma betreut. Wolfgang hatte also wieder einen Schulwechsel hinter sich, denn in dieser Zeit besuchte er die Volksschule in Bad Hersfeld.

Anfang Januar 1960 besuchten wir Margot Maniura und ihre Kinder Rosel, Bärbel und Monika im Lager Büdesheim. Sie waren endlich im Sinne einer Familienzusammenführung mit Reinhold aus Oberschlesien 'rausgelassen worden. Dabei hatte Margot noch Glück gehabt, denn bei den polnischen Behörden war sie gefragt worden, ob sie einen gesuchten Alojsius Maniura kenne, was sie vehement verneinte, denn ihr Ehemann hieß ja Reinhold. Das hatten die Polen nun davon, dass sie nach 1945 deutsche Vornamen einfach polonisiert, also aus Reinhold einen Alojsius gemacht hatten; so haben sie sich die Suche selbst erschwert.

Im November 1960 erteilten die polnischen Behörden meiner Mutter als ‚Spätaussiedlerin' endlich die Ausreiseerlaubnis nach Westdeutschland. Ruth und ich holten sie im Heimkehrerlager in Friedland (Niedersachsen) ab. Nach Erledigung aller Formalitäten fuhren wir zunächst nach Bad Hersfeld, wo sich die Omas erstmals begegneten. Unsere Buben erwarteten uns schon und zu Fünft fuhren wir dann nach Wiesbaden, wo meine Mutter in unsere Wohnung einzog. Am 1. 10. 1961 zog sie als Untermieterin in die Philippsbergstraße 31 und am 15. 10. 1963 in eine eigene nette Wohnung in die Neckarstraße 12 in Wiesbaden-Schierstein. Die Keimzelle, die ich 1946 hier im Westen bildete, hat sich nun weiter vergrößert: Alfred, Reinhold und jetzt Mama! Liesel und Anni hatten seit Jahren ebenfalls Ausreiseanträge gestellt, die immer wieder durch polnische Behörden abgelehnt wurden.

Im November erhielt ich vom hessischen Landessozialgericht den Bescheid, dass ich nicht mehr als Beisitzer tätig sein dürfe, weil ich Angehöriger der Versorgungsverwaltung und damit Besorgnis der Befangenheit gegeben sei.

Zu Ostern 1961 kam Norbert in die Kohlheckschule. Sein erster Schultag war der 13. 4. 1961. Zeitweise war ich im Elternbeirat dieser Schule, wobei wir uns dafür einsetzten, dass bei Klassenarbeiten eine Gesamtübersicht der für diese Arbeit gegebenen Noten notiert wird. So konnte man die Leistung der eigenen Kinder einschätzen. Auch war der freie Samstag unser Ziel, weil er kein Arbeitstag mehr war. Beides wurde dann im Laufe der Zeit erreicht.

Nun nahte wieder ein weiterer Geburtstag von Olala. Am Sonntag, dem 4. 6. 1961 wurde sie 105 Jahre alt. Auch darüber berichtete die Hersfelder Zeitung – und natürlich waren auch wir vier dabei. Es war immer schön, an einem solchen Tag die vielen Verwandten und Bekannten zu sehen.

So haben wir Olala sehr gut in Erinnerung. Es kam nicht nur der Reporter der Zeitung zu ihr, sondern auch das Kamerateam des Hessischen Rundfunks. Olala antwortete dabei auf die Fragen des Teams und nach der Aufnahme unterhielten sie sich ganz zwanglos. Da waren sie über das Wissen zu aktuellen Fragen sehr erstaunt und meinten: ja, das hätten wir aufnehmen sollen!

Ruths Großmutter war bis ins hohe Alter über alles bestens informiert. Zum Ende zu konnte sie nur noch große Buchstaben lesen und da gab es von der Kirche aus auch Hefte ‚für müde Augen'. Sie sollte noch ihren 106. und 107. Geburtstag feiern.

Es existiert ein seltenes Bild von ihr aus dem Jahr 1962 gemeinsam mit zwei Bürgermeistern, dem: Ex-Bürgermeister Steinhauer aus Lauterecken und dem Bad Hersfelder Bürgermeister Dr. Jansen. Am Abend des 27. 8. 1963 kam im Hessischen Rundfunk die Meldung, dass Frau Elisabeth Kieser, die älteste Einwohnerin von Hessen, im Alter von 107 Jahren in Bad Hersfeld gestorben sei. Dort wurde sie auch beerdigt.

Im Jahre 1962 wurde Ruth in der Klinik Dr. Frere in der Mainzer Straße an der Galle operiert; ihr wurde die Gallenblase entfernt, in der sich ungefähr 120 Steine befanden. Nun hatte sie endlich wieder Appetit. Die stationäre Behandlung dauerte früher sehr lange Zeit, in Ruths Fall vom 26. 6.bis 14. 7. Ihre Mutter schrieb auf einer Ansichtskarte den Wunsch, dass Ruth sich bald erholen und sie etliche

Pfündchen zunehmen solle. Das Klinikgebäude ist inzwischen abgerissen.

Mit Urkunde vom 9. 5. 1963 wurde ich ab 1. Mai zum Regierungsamtmann befördert. Solche Ereignisse werden natürlich gefeiert und bei dieser Feierlichkeit wurde von Kollegen folgendes Gedicht über mich gemacht:

Lieber Kollege und hochgeschätzter Amtmann!

Dieser Tag ist uns heute allen herzlich willkommen, weil Du nun endlich hast Deine Urkunde bekommen. – Wir gratulieren mit Freuden und von ganzem Herzen, denn Du hast überstanden beinahe alle finanziellen Schmerzen. – Stolz stehen die Lettern: Regierungsamtmann Maniura! Es fehlt nur noch ein kleines bisschen zur Prokura. – Für einen echten Beamten manchmal ein wenig vorlaut, doch uneigennützig er den Dingen ins Auge schaut. – Schlagfertig diskutiert er in aller Raffinesse, es gibt nichts, was für ihn wäre ohne Interesse. – Jugendlich, sportlich, schriftstellerisch ist er sehr aktiv, aus seiner philosophischen Sicht ist alles relativ. – Mannhaft führt er den Vorsitz in der ÖTV und kassiert mitleidlos erhöhte Beiträge sehr genau. – Selten ist der Kollege mal verlegen, sein Auto fährt er stets verwegen. – Er fühlt sich scheinbar wohl in seiner Nuckelpinne, ein Mercedes wäre aber sicher eher in seinem Sinne. – Doch was nicht ist, das kann noch werden, alles braucht seine Zeit auf Erden. – Für heute wollen wir gedenken der Stunde und uns vorbereiten auf die alkoholische Runde. – Wir wollen würdig feiern und lassen keine Reste und für die Zukunft wünschen wir noch das Allerbeste.

In so einem Gedicht steckt doch viel Wahrheit drin. So schrieb ich viel über Passagen des Bundesversorgungsgesetzes in Fachzeitschriften und gab vom Ministerium aus für die nach geordneten Versorgungsdienststellen eine Kommentierung über Fragen der Heil- und Krankenbehandlung heraus, die laufend ergänzt, d. h. aktualisiert wurde. Mir machten solche zusätzlichen Arbeiten viel Spaß. Ferner hielt ich Fachvorträge bei Kriegsopferverbänden. Dass ich auch in der Gewerkschaft aktiv war, ergibt sich ebenfalls aus diesem Gedicht.

Unser zweites Auto, einen Renault-Dauphine erwarb ich am 1. 10. 1963. Das Kennzeichen lautete WI-XU 66 und sollte das Motto symbolisieren ‚wir lassen uns kein X für'n U vormachen'. Mit ihm hatten wir viel Freude und es brachte uns an manche Urlaubsorte. Wir hatten in diesem Auto auch mehr Platz als im bisherigen Renault 4 CV, was vor allem das Gepäck betraf.

Am 26. 6. bekam Wolfgang am linken Unterarm einen Gipsverband, weil er sich am Vortag die Elle angebrochen hatte.

1959 war das Ministerium vom Landeshaus in die Adolfs-allee 49-53 umgezogen und hieß: Der Hessische Minister für Arbeit, Volkswohlfahrt und Gesundheitswesen. Der Name sollte sich später noch oft ändern. Bei meiner Pensionierung hieß es: Der Hessische Sozialminister.

Weil ich gerade die Schreibereien erwähne, dann komme ich bereits hier auf meine Arbeiten als ‚Historienschreiber' zu sprechen, für mich ein nettes Steckenpferd. So habe ich im Gleiwitzer-Beuthener-Tarnowitzer Heimatblatt viel über die Historie meines Heimatortes Schomberg geschrieben. Ferner schrieb ich später: ‚25 Jahre SPD-Ortsverein Wiesbaden-Kohlheck' sowie ‚45 Jahre Seliger-Gemeinde, Landesgruppe Hessen'.

In unserem Mietblock wohnten wir im letzten Haus mit der Nr. 23 im Parterre. Die Eingänge der Häuser liegen hinten, sind also nicht der Straße zugewandt. Dort hinaus befinden sich die Wohn- und Esszimmer vorgelagerten Balkone, nach hinten Badezimmer, Küche sowie Kinderzimmer, das wir als Schlafzimmer einrichteten.

Im April 1964 lag ich acht Tage zur Mandeloperation im Heilig Geist-Hospital. Auch dieses Haus in der Friedrich-straße steht nicht mehr. Dessen Stelle nimmt nun das Roncallihaus ein. Ruth kam erneut für zehn Tage ins Krankenhaus, wieder in die Klinik Dr. Frere: Im Februar

1965 wurde sie hier am Leistenbruch rechts operiert. Die Zeiten halte ich wegen der damals langen Aufenthaltsdauer in Kliniken für erwähnswert.

Beim Fasching machten unsere Buben immer mit. Wir sahen uns auch oft die Fastnachtsumzüge in Wiesbaden und Mainz an. Dort ist dabei naturgemäß mehr los als in Wiesbaden; sie sind auf der anderen Rheinseite lustiger und offener im Umgang mit den Mitfeiernden. Das scheint angeboren zu sein.

Für Wolfgang begann mit dem 30. 5. 1965 ein bisschen der Ernst des Lebens, als er in der evangelischen Paul Gerhardt-Kirche in Kohlheck konfirmiert wurde. Opa, Reinhold, Alfred, Lieselotte, Oma Maniura, Berthold, Bärbel, Monika und Oma Kunz kamen zu Besuch.

Wir wohnen hier in Kohlheck in einem der schönsten Flecken Wiesbadens. Nahe am Wald und an den Taunusbergen, im Westen der Stadt – also ohne Beeinträchtigung von Industrie – immer in frischer Luft.

Unser erster ‚richtiger‘ Urlaub im August 1965 führte uns nach Hinterstein im Allgäu, in den wir meine Mutter mitnahmen. Der Kurort Hindelang-Hinterstein, ganz von ungefähr 2.000 Meter hohen Bergen umgeben, gefiel uns auf Anhieb. Seit damals machten wir praktisch jedes Jahr Urlaub in Hinterstein. Später ab und zu in Oberstdorf-Tiefenbach, wo das Land Hessen ein Ferienhaus führt. In Hinterstein waren wir bei Familie Wittwer bzw. Familie Stockinger im ‚Haus Freiblick‘. Wir wanderten viel, stiegen auf die Berge, einmal sogar auf den Hochvogel, und im Bereich Tiefenbach lernten wir so richtig das Skifahren. Wir vier erhielten sogar Erinnerungsmedaillen für unsere Wanderungen.

Unsere Renault Dauphine war inzwischen doch zu klein und eng geworden, sodass wir uns einen neuen Wagen zulegten. 1966 gaben wir ihn bei der Firma Opel in Zahlung und erwarben als unser drittes Fahrzeug einen Opel-Kadett mit dem Kennzeichen WI-CT 751.

Seit Jahren litt ich regelmäßig unter Heuschnupfen. Endlich fand ich im HNO-Arzt Dr. Keiper jemanden, der mir gegen diese Allergie half. Er verabreichte mir eine Reihe ziemlich teurer Spritzen – und sie halfen, denn bis heute bin ich davon befreit. Er überwies mich auch an den Augenarzt Dr. Raue, weil einhergehend mit dem Heuschnupfen Bindehautentzündungen auftraten. Der wiederum stellte einen erhöhten Augeninnendruck, d. h. grünen Star fest. Seit dieser Zeit bin ich erfolgreich in laufender Kontrolle.

Im Sommer 1966, genauer gesagt am 3. 7., wurde in Kohlheck die katholische Kirche ‚Mariae Heimsuchung' eingeweiht. Es war ein heißer Sommertag und die Helmholtzstraße fast leer. In den Jahren seit unserem Umzug war die Straße fertig bebaut worden. Den Schlusspunkt bildete die Kirche, die schon von weitem zu sehen ist, vor allem aus der Innenstadt. Sie wird auch Seelenabschussbasis genannt.

Wolfgang war inzwischen 15 Jahre alt geworden. Er fing in der Maschinenfabrik Dotzheim als Elektrolehrling an und war damals schon so groß wie Ruth und ich. Seinen weiteren Lebensweg schneide ich hier lediglich an, weil ich annehme, dass auch er ihn einmal aufschreiben wird: Abendschule, Studium in Fachhochschule und Ingenieur bei Opel. Seine spätere Ehefrau Doris Urbach schenkte ihm drei Kinder: Thorsten, Tobias und Vanessa. Sie wohnen in Nauheim bei Groß-Gerau, Carlo Mierendorff-Straße 29.

Ich wurde im Jahr 1966 bei der hessischen Zentrale für Datenverarbeitung in die Geheimnisse der elektronischen Datenverarbeitung eingeführt. Diese Unterweisung zog sich naturgemäß über einen längeren Zeitraum hin.

Obwohl wir unseren Haupturlaub nicht mehr in Bad Hersfeld verlebten, fuhren wir doch sehr oft dorthin, denn wir waren gern bei Oma und Opa. Wir sahen uns auch immer wieder die Stadt selbst an, weil wir an sie so nette Erinnerungen haben.

Im Jahr 1967 wurde in der Versorgungsverwaltung die so genannte Ostversorgung eingeführt, also die Betreuung von Kriegsopfern in den östlichen Ländern unter kommunistischer Herrschaft. Auch Hessen beteiligte sich an dieser Ostversorgung, und zwar für die Länder Jugoslawien und Tschechoslowakei. Das bedeutete zusätzliche Arbeit für mich, weil ich mich im Osten angeblich gut auskenne – der Unterschied zwischen Polen und Jugoslawien war den meisten meiner Kollegen unbekannt –, aber auch hier ergriff ich gern diese neue Aufgabe. Sie hatte den Vorteil, dass ich nun auch für meine Verwandten und Bekannten in Oberschlesien vorteilhaft arbeiten konnte, denn über unsere Tagungen mit den anderen Ländern hatte ich Kontakt mit Kollegen aus Nordrhein-Westfalen und Baden-Württemberg, die für Oberschlesien zuständig waren, sowie mit dem Deutschen Roten Kreuz. Es erwies sich als vorteilhaft, solche Beziehungen pflegen.

Am 1. und nicht am 9. 4. 1968 wurde mein 25jähriges Dienstjubiläum gefeiert. Urspünglich hatte man mir mit der Begründung neun Tage abziehen wollen, ich wäre am 6. 4. 1946 aus der Kriegsgefangenschaft entlassen worden und hätte erst am 15. 4. die Arbeit wieder aufgenommen. Ich widersprach dem seinerzeit erfolgreich mit dem Argument, dass mir während der Soldatenzeit 1943-1946 kein Urlaub bewilligt worden und dies jetzt mit den neun Tagen verrechenbar sei. So kleinlich ist man manchmal bei Behörden.

Jetzt begann auch für Norbert der Ernst des Lebens, denn am 19. 5. 1968 wurde er in der evangelischen Paul Gerhardt-Kirche in Kohlheck konfirmiert. Es kamen wieder viele Verwandte.

Nicht zuletzt bedingt durch mein erweitertes Aufgabengebiet im Ministerium, nämlich durch EDV und Auslandsversorgung, wurde ich mit Urkunde vom 10. 7. 1968 ab 1. 7. zum Amtsrat ernannt. Das ging natürlich auch mit einem Gehaltssprung einher, was Ruth und mich mächtig freute. Seinerzeit war es nicht üblich, dass Ehefrauen einer Arbeit nachgingen, sondern dass sie sich dem Haushalt und der der Erziehung der Kinder widmeten. Man richtete sich finanziell danach ein, was vor allem bei ‚kleineren' Beamten bzw. Arbeitnehmern doch recht schwierig war.

Ruth nahm, nachdem die Buben groß waren, einige Ehrenämter auf sich, so bei der Arbeiterwohlfahrt, aber auch bei der Betreuung von Bewohnern des Kohlhecker Simeonshauses, eines Altersheims.

Für das Weihnachtsfest 1969 hielt Norbert seine Gedanken schriftlich fest:

wir freuten uns – das möchten wir betonen –, sie werden heute waren wir in der stadt und haben weihnachtsgeschenke eingekauft. in gut drei wochen feiern wir das weihnachtsfest. Dann bekommen wir auch ferien. Über die weihnachtsfeiertage wollen wir nach bad hersfeld zu opa und oma fahren. hoffentlich haben wir viel schnee. am montag machen wir einen ausflug nach mainz. morgen werde ich sehr wahrscheinlich wieder einmal auf den golfplatz gehen. es soll ein wettspiel stattfinden; dazu benötigen sie wieder ein paar kaddies. ich habe mir in schierstein im euromarkt ein paar gummistiefel gekauft, damit ich keine nassen füße bekomme. ich soll auch vom golfclub ein kleines weihnachtsgeschenk bekommen. wir sind alle gespannt, was es da geben wird. wir werden uns über jedes geschenk freuen, sei es noch so klein und bescheiden.

Ja, Kinder, so ist es eben auf dieser Welt. Wolfgang bekommt sooo viel!!! Und ich???

mein name ist norbert maniura.

papa ist gerade im keller gewesen und hat öl geholt und was noch?

Zwischen den Urlaubszeiten fuhren wir nicht nur nach Bad Hersfeld, sondern auch zu unseren Verwandten in Weßling am See in Oberbayern. Hier wohnte der seinerzeit noch ledige Onkel Albert Kroczek und seine Schwester und unsere Tante Stasi Jonderko. Die Gedenktafel für die Gefallenen des Ortes überraschte uns, denn darauf waren auch die Namen der Angehörigen von hier wohnenden Vertriebenen eingemeißelt. So stehen ihr Sohn Adolf Jonderko und ihr Ehemann Bruno Jonderko drauf.

Das letzte für unsere Familie bedeutsame Ereignis der 60er Jahre datiert auf April 1967. Meine Schwester Liesel mit Familie bekam nach ungefähr 30 Ablehnungen durch die polnischen Behörden endlich die Ausreise genehmigt. Wie oft hatten wir sie alle eingeladen! Ich konnte sie mit Hubert, Peter, Lydia und Christine am 20. 4. 1967 am Hauptbahnhof in Hannover begrüßen, weil ich seinerzeit oft zu dienstlichen und gewerkschaftlichen Tagungen unterwegs war und mich an jenem Tag gerade zu einer solchen in Bad Salzdetfurth befand.

Schließlich kamen die fünf nach Wiesbaden. Anni und Familie hatten nicht dieses Glück. Sie blieben nach vielen Ablehnungen in Oberschlesien; Anni hatte jedoch dabei mit den polnischen Behörden vereinbart, dass sie dafür jährlich ihre Mutter in Wiesbaden besuchen dürfe.

Die 70er Jahre brachen an. Mit Urkunde vom 14. 5. 1970 wurde ich ab 1. 5. zum Oberamtsrat ernannt. Im Ministerium geht so etwas schneller als bei den nachgeordneten Dienststellen. Oberamtsrat ist die höchste Beamtenstufe im gehobenen Dienst.

Norbert beendete im August die Schule – nach der Volksschule war er noch zwei Jahre in der Handelsschule gewesen – und begann am 1. 9. 1970 bei der Landeshauptstadt Wiesbaden sein Arbeitsleben. Er schlug die mittlere Beamtenlaufbahn ein. Während der gehobene Dienst auch als Inspektorlaufbahn bezeichnet wird, zählt der mittlere Dienst zur Sekretärlaufbahn.

Auch bei ihm gehe ich davon aus, dass er einmal seinen Lebensablauf aufschreiben wird. Hier deshalb eine Kurzfassung. Nach der Tätigkeit bei der Stadt kam er in die Versorgungsverwaltung, machte hier seine Inspektorenprüfung, ging dann in die Verwaltung der Fachhochschule und bewarb sich erfolgreich beim hessischen Umweltministerium. Dort brachte er es nach weiteren Prüfungen bis zum Regierungsdirektor. Mit seiner Ehefrau Hildegard Gaab zog er die Kinder Patrick, Christian, Tessa und Jan groß. Während sie in der Kohlhecker Schönbergstraße 94 eine Eigentumswohnung erwarben, besitzen Wolfgang und Doris in Nauheim ein Reihenhaus.

Ende Mai 1971 kauften wir einen weiteren Opel, und zwar einen Manta SR für einen Rabattpreis von 9.000,-- DM. Sein Kennzeichen lautete WI-VV 73. Mit ihm fuhren wir am 30. 7. nach Bad Hersfeld, am 2. 8. weiter nach Wolfsburg und am 5. 8. nach Bremen, Cuxhaven und Hamburg, wobei wir zwei Mal eine Fähre benutzten.

Zunächst ging es nach Bad Hersfeld zurück, wo wir bis zum 22. 8. blieben. Dort war gleich die 5000-Kilometer-Inspektion fällig. Vom 17. bis 19. 8. rundeten Elmshagen und Kassel unsere erste Ausfahrt ab. Wie diese beispielhaften detaillierten Angaben zeigen, fuhren wir gern und viel Auto.

Das Land Hessen hatte auch Ferienhäuser in Bad Häring in Österreich sowie in Beatenberg in der Schweiz. Daher verbrachten wir auch im Ausland unseren Sommer- bzw. Winterurlaub.

Mit Schreiben des hessischen Verwaltungsschulverbandes vom 7. 2. 1972 wurde ich ab 1. 4. 1972 auf die Dauer von vier Jahren zum stellvertretenden Mitglied des Prüfungsausschusses für die Verwaltungsprüfung II, d. h. für die Inspektorenprüfungen berufen, die später bis 1980 verlängert wurde. Folglich nahm ich daraufhin oft Prüfungen ab.

Eine nette Erinnerung an den Winterurlaub in Oberstdorf-Tiefenbach 1973 sind die Skiübungen auf der Hubbel- bzw. Buckelpiste. Hier ging es nicht nur bei mir turbulent zu. Niemand aus unserem Lehrgang schaffte diese Piste, auch nicht die Angehörigen einer englischen Einheit, die parallel zu unserem Lehrgang übten. Dabei sah es bei den

Skilehrern ganz einfach aus! Es gab dazu sehr humorvolle Zwischenbemerkungen und Gelächter auf Kosten anderer.

Während dieses Urlaubs hatte Ruth großes Pech, denn am 9. 3. brach sie sich im Speisesaal den linken Oberarm. Im Oberstdorfer Krankenhaus wurde sie ambulant behandelt.

Am 29. 5. 1973 machten wir von der ÖTV-Betriebsgruppe aus eine Grubenfahrt in die Steinkohlengrube ‚Monopol‘ in Bergkamen. Danach sahen wir ganz schön schwarz aus. Da hatte ich erstmals den Eindruck, wie schwer die Arbeit Untertage ist, die für die Kumpels jeden Tag selbstverständlich ist.

Vom Ministerium aus war ich manchmal Gast bei Kriegsopferverbänden. So war ich im September 1973 bei einer Veranstaltung des Sportvereins für Versehrte, die unter Anleitung eines Übungsleiters und Betreuung durch einen Arzt Sport betrieben. Manchmal machten sie auch ‚rhythmische Bewegungen‘, was mit Tanz zu übersetzen ist. Aber ‚Tanz‘ sieht in Anträgen auf Zuschüsse nicht gut, nämlich zu sehr nach Vergnügen aus. An diesem Abend gab es dann von diesem Verein im Wiesbadener Kurhaussaal eine festliche Begegnung, zu der ich Ruth mitnahm.

Opa ließ sich nicht gern fotografieren. Ich knipste ich ihn zu Weihnachten 1974, während er seinen Mittagsschlaf hielt. Was ich nicht wusste, ist, dass das das letzte Bild von ihm sein würde. Kurz darauf, am 22. 1. 1975 verstarb er, für uns sehr plötzlich.

Die ersten Klassentreffen standen an. Während Ruths vom noch dort wohnhaften Schulfreund Heini Schreck in Lauterecken organisiert wurden, fanden die von mir organisierten der Schomberger Volksschule in Laubach (Taunus) statt, und zwar im Gasthaus mit Pension ‚Zur frischen Quelle‘, weil der dortige Wirt Josef Schubert ebenfalls ein Schomberger war. Die Treffen der Beuthener Handelsschüler, ebenfalls von mir gestaltet, fanden in der gesamten Bundesrepublik statt, weil wir davon ausgingen, dass jeder Mitschüler einmal einen nahen und einmal einen weiten Anfahrweg haben sollte. So lernten wir auch die einzelnen Bundesländer näher kennen. In einem unterschieden sich die Klassentreffen: Während sich Ruths Klasse lediglich einen Tag traf, dauerten die Unseren zunächst übers Wochenende und später, als wir Rentner bzw. Pensionäre waren, jeweils eine Woche lang.

Das erste Klassentreffen in Lauterecken datiert auf den 9. 8. 1975, wobei Ehrennadeln der Stadt an die nun 50jährigen Lauterecker verliehen wurden.

Unser erstes Klassentreffen in Laubach (Taunus) wurde 1984 und von uns Handelsschülern gleichfalls 1984 in Wiesbaden gefeiert.

Mit Urkunde vom 26. 11. 1975 wurde ich vom hessischen Minister der Justiz in ein ehrenamtliches Richterverhältnis für die Zeit vom 1. 1. 1976 bis 31. 12. 1979 zum Beisitzer der Disziplinarkammer bei dem Verwaltungsgericht Wiesbaden berufen. Offenbar gab es in diesem Zeitraum kein Disziplinarverfahren, denn ich wurde nie zu einer Sitzung geladen.

Unsere Silberhochzeit feierten wir allein, lediglich mittags waren unsere Nachbarinnen Frau Boßlet und Frau Weiß bei uns gewesen. Glückwünsche kamen übers Telefon.

Die Büsche vor dem Balkon waren inzwischen ganz schön in die Höhe geschossen, obwohl sie jedes Frühjahr gestutzt werden. Wir wohnen eigentlich in einer ruhigen Gegend mit viel Grün an den Häusern; den Hauptverkehr nimmt die Schönbergstraße auf.

Obwohl Oma Kunz auf Bildern von 1976 eigentlich sehr gut aussieht, blieb sie uns doch nicht mehr lange erhalten. Während Ruth und ich im Mai/Juni 1977 zur ersten gemeinsamen Kneipp-Badekur in Bad Endbach weilten, erreichte uns durch Lieselotte die Nachricht, dass Oma am 23. Mai gestorben sei. Kurz zuvor, am 11. April, hatte ich sie noch fotografiert, als sie sich im Sessel ausruhte. Nun war sie tot. Wir erhielten einen Tag Urlaub und fuhren zur Beerdigung nach Bad Hersfeld.

Nun liegt sie im Familiengrab Emil und Karoline Kunz. Unsere bis dahin häufigen Fahrten nach Bad Hersfeld schränkten sich naturgemäß ein. Nach dem Tode von Opa hatten wir Oma ein paar Mal mit nach Wiesbaden genommen.

Wolfgang war während seiner Bundeswehrzeit Ende Juni 1977 auf der Versetzungsfahrt von Diepholz nach Kaufbeuren bei uns und erstmals in Uniform.

Am Fronleichnamstag im Mai 1978 fuhr Ruth in ihrer Rolle als stolze Oma ihr erstes Enkelkind Patrick spazieren. Eine ‚Oma', auf die wir alle stolz sein können.

In diesen Jahren war ich auch Vertrauensmann bei der Adler-Versicherung und besuchte viele Kunden. Es gab auch Schulungen für die Vertrauensleute, sowohl in Wiesbaden als auch in Frankfurt am Main. Weil das oft mit einem bunten Programm verbunden war, nahm ich Ruth regelmäßig mit.

Daheim hatten wir einen wöchentlichen Romméabend eingeführt, an dem auch die Nachbarinnen Frau Habig und Frau Anders teilnahmen.

Am 13. 7. 1978 bekamen wir wieder ein neues Auto, diesmal einen Opel Rekord 2.0 E mit dem Kennzeichen WI-HL 925. Wir blieben somit der Marke treu, weil wir mit ihren Autos sehr gute Erfahrungen gemacht hatten.

Nach der Entlassung aus der Bundeswehr fing Wolfgang bei der Firma Opel zu arbeiten an. Es dauerte jedoch nicht lange, da wurde er sehr krank, bekam einen Lungenriss und musste längere Zeit im Paulinenstift und vor allem im Mainzer Hildegardis-Krankenhaus behandelt werden. Es war für uns alle ein großer Schock! Zum Glück brachten sie ihn wieder auf die Beine.

Ich bekam den Ehrenbrief des Landes Hessen, der am 15. 2. 1979 vom Hessischen Ministerpräsidenten Holger Börner unterzeichnet worden ist. Darin steht: ‚In Würdigung langjähriger Tätigkeit als ehrenamtlicher Richter beim Verwaltungsgericht Wiesbaden, Vertrauensmann und Unterkassierer beim Landesversorgungsamt und Beauftragter im Hauptpersonalrat beim Hessischen Sozialminister, Vorsitzender der Kreisfachabteilung Landesverwaltungen und Betriebe, Mitglied des Kreisvorstandes der Kreisverwaltung Wiesbaden, Vorsitzender der Bezirksabteilung Hessen und Mitglied des Bundesabteilungsvorstands Versorgungsverwaltung der Gewerkschaft Öffentliche Dienste, Transport und Verkehr sowie als Mitglied des Prüfungsausschusses für die Verwaltungsprüfung II des Hessischen Verwaltungsverbandes, Bezirksleitung Wiesbaden, spreche ich Herrn Leonhardt Maniura für Verdienste um die Gemeinschaft Dank und Anerkennung aus'. In meiner Dankesrede betonte ich, dass eine ehrenamtliche Tätigkeit in diesem Umfang ohne Unterstützung meiner Ehefrau nicht möglich sei.

Im Wiesbadener Tagblatt im Bund Stadtnachrichten vom 12./13. 4. 1979 wurde ein ausführlicher Artikel zu diesem Festakt abgedruckt. Erhalten hatte ich diesen Ehrenbrief am 6. 4., und zwar durch unseren Staatssekretär Dr. Steinhäuser.

Einen herzlichen Glückwunsch erhielt ich auch von der ÖTV, Kreisverwaltung Wiesbaden: ,Lieber Leo! Zur Verleihung des Ehrenbriefes des Landes Hessen durch den Herrn hessischen Ministerpräsidenten Holger Börner beglückwünschen wir Dich hiermit auf das Herzlichste. Bei dieser Gelegenheit sagen wir Dir unseren tief empfundenen Dank für Deinen jahrzehntelangen uneigennützigen Einsatz zur Verbesserung der Lebens- und Arbeitsbedingungen der Kollegenschaft im Lande Hessen. Wir wünschen Dir vor allem eine stabile Gesundheit, damit Du uns noch recht lange in Deinen Funktionen erhalten bleibst'.

Im Juli 1979 waren wir wieder einmal in Bad Hersfeld. Anlass war ein Familientreffen, weil bei ihren Eltern in Bad Hersfeld Brigitte samt Andrea und Valeria waren, die aus Singapur angereist kamen, wo sie seit Jahren wohnen. Im

Tagebuch habe ich unabhängig davon notiert, dass unser Auto nun ein Jahr alt sei und dass wir sehr zufrieden wären. Ein schönes Ereignis war der 80. Geburtstag meiner Mutter, den wir im Kohlhecker ‚Hirsch‘ feierten. Sogar Anni war dazu aus Oberschlesien gekommen. Ein Foto von Mama mit ihren fünf Kindern zeigt eine glückliche Mutter, die sie nicht nur an diesem 28. 8. 1979 war. Zu jener Feier waren 40 Gäste gekommen, die mein jüngerer Bruder Reinhold mit Handharmonika-Musik unterhielt.

Wir spielten seinerzeit noch Lotto und hatten am 1. 9. 1979 vier Richtige. Das war ein karges Ergebnis nach jahrzehntelangen Einsätzen und im Laufe der Zeit stellten wir dieses Spiel ganz ein.

Kurz nach dem Ehrenbrief des Landes Hessen kam eine weitere Auszeichnung: Mir wurde von der Landeshauptstadt Wiesbaden die Bürgermedaille verliehen.

Der Urkundentext ist vom mir bestens bekannten Oberbürgermeister Schmitt unterzeichnet: ‚Die Landeshauptstadt Wiesbaden verleiht Herrn Leonhardt Maniura in Anerkennung besonderer Verdienste die Bürgermedaille in Bronze‘. OB Rudi Schmitt sagte dabei zu mir, dass es für ihn die größte Freude sei, mich bei den Ausgezeichneten zu wissen. Wir kannten uns noch von der gemeinsamen Parteiarbeit in Frankfurt am Main.

Bei der Verleihung der Bürgermedaille im Kurhaus der Landeshauptstadt Wiesbaden wurden nicht nur viele Aufnahmen gemacht, es gab auch ein gut zubereitetes Essen. Wir beide sahen sehr zufrieden aus und machten auf den unvermeidlichen Fotos einen zufriedenen Eindruck. Die dazugehörige Nachricht im ‚Wiesbadener Kurier‘ erschien recht spät vom 18. 12. 1979, denn die Auszeichnung war mir bereits am 26. 10. Verliehen worden. Immerhin lautete die Überschrift: ‚Bürgermedaille – eine Medaille ohne Kehrseite‘.

Um die Weihnachtszeit 1979 bekam ich eine Gürtelrose, die mit Vitaminspritzen bis in den Februar des nächsten Jahres hinein behandelt wurde.

Ruth und ich waren seit Frühjahr 1980 eifrige Tänzer. Wir hatten uns nämlich bei Frau Bier in ihrer Tanzschule angemeldet gehabt. Tanzunterricht war in Kohlheck zunächst im evangelischen, später im katholischen Gemeindehaus. Man merkt doch den Unterschied, ob man einfach so tanzt oder ob man fachmännisch angeleitet wird.

Anfang 1980 war unser Ministerium noch in der Adolfsallee 53 untergebracht. Im Laufe des Jahres zogen wir in einen Neubau in der Dostojewskistraße 4 um, ins Behördenzentrum am Schiersteiner Berg.

Längst reichte es für zwei Jahresurlaube, je einen im Sommer und im Winter. An einen denke ich deshalb besonders, weil wir dabei den berühmten Ort Zermatt besuchten und in Beatenberg Wintersport trieben. Bei dieser Gelegenheit stand ich nach über 40 Jahren wieder einmal auf Schlittschuhen, wobei ich mich sehr unsicher fühlte.

Bereits seit 1979 bewarb ich mich im Ministerium um eine Stelle als Hilfsreferent, also um einen Aufstieg in den höheren Dienst. Am 9. 5. 1980 bekam ich endlich die Zusage, dass ich eine solche Stelle innerhalb des eigenen Sachgebietes ‚einmal' erhalten würde.

Der Oberbürgermeister der Landeshauptstadt Wiesbaden teilte mir am 30. 7. 1980 mit, dass ich in den Ortsbeirat des Stadtbezirkes Wiesbaden-Dotzheim, wo ich während der laufenden Wahlperiode tätig war, als Nachrücker auf der SPD-Liste an der Reihe wäre.

Wie bekannt, schrieb ich gern, auch in Fachzeitschriften. Gegenüber der Zeitschrift ‚Der Sozialberater' stellte ich meine Tätigkeit ein, weil andere Arbeiten mich sehr in Anspruch nahmen. Dies wurde von der Schriftleitung bedauert, ‚denn die von Ihnen gestaltete Rubrik ‚Aus dem Arbeitszimmer eines Kriegsopferreferats' war stets informativ, interessant und anregend. Sie haben es immer verstanden, auch weitgehend unbekannte Informationen zu erlangen und zu veröffentlichen, wertvolle Ratschläge für die Praxis zu geben und – wo nötig – auch einmal kritisch die Stimme zu erheben'. So ein Lob tut einem doch gut!

Zu allen Treffen der Schomberger und der ehemaligen Handelsschüler, aber auch zu Senioren-Veranstaltungen und anderen Treffen in Wiesbaden nehme ich die Handharmonika mit. Bei den Schombergtreffen bin ich allerdings nicht allein, denn da spielt der verbliebene Rest des 1. Handharmonikaclubs 1937 Schomberg mit. Dirigent war Willi Huhn aus Hamburg, dessen Aufgabe mir nach seinem Tod zugeteilt wurde. Vorsitzender des Clubs war Karl Lauer, dessen Nachfolge nach seinem Tod Siegfried Kowollik übernahm.

Wegen meiner Aktivitäten mit diesem Instrument bekam ich vom Deutschen Harmonika-Verband in Trossingen 1981 die Goldene Ehrennadel, 1987 das Ehrenzeichen in Gold, 1993 die Volksmusik-Medaille und 2005 die Hermann Schittenhelm-Medaille; wir – die Familie Maniura – erhielten 1987 vom 1. Handharmonika-Club 1937 Schomberg als Wanderpreis einen Ehrenteller.

Im Jahre 1980 besuchten wir erneut Kassel, Elmshagen und Bad Hersfeld.

In Kassel überreichte mir Horst Bethge, ein Bruder meines inzwischen verstorbenen Freundes, eine Kopie des Briefs, den Kurt im Oktober 1945 aus Fort Knox, Kentucky, an seine Eltern richtete und in dem er sie bat, mich in Kassel gut in ihre Obhut zu nehmen. Hier ein Auszug daraus: ‚...Leo wurde mein Freund hier in Gefangenschaft. Lernt ihn kennen, so wie ich; ich kann wohl sagen, ich habe ihn in mein Herz geschlossen. Er von der ‚anderen Kante'. Sollte Leo vor mir drüben landen, nehmt Euch bitte seiner, soweit wie möglich, an. ...'.

In Elmshagen fotografierte ich das Grab der Familie Zimmermann, denn Oma und Opa waren für mich wie Pflegeeltern. Als ich zu ihnen kam, war ich noch keine 21

Jahre alt, was seinerzeit die Volljährigkeitsgrenze war, und man hatte sich bei der Gemeinde Gedanken gemacht, dass sie die Vormundschaft übernehmen sollten. Hier die Daten:

August Zimmermann: 6. 3. 1882 – 7. 8. 1957
Maria Zimmermann: 21. 8. 1888 – 19. 4. 1959.

In Bad Hersfeld hatten wir insofern Glück, weil gerade zu diesem Zeitpunkt das Nachbarhaus vom ‚Klaustor 1a‘ abgerissen worden war, sodass wir die Seitenfront der damaligen Mietwohnung der Familie Kunz fotografieren konnten. Im Küchenfenster im 1. Stock hatte Wolfgang gern auf der Fensterbank gespielt.

Ab 1. 4. 1981 galt die gleitende Arbeitszeit; den arbeitsfreien Samstag gab es bereits seit Jahren. Nun konnten wir noch besser als bisher über unsere Zeit verfügen.

Am 9. 12. 1980 fuhren wir zur Beerdigung von Jettchen, der Ehefrau von Ruths Cousin Albert Schardt nach Frankfurt-Höchst. Dies war insofern von besonderer Bedeutung, weil Ruth hier ihre Cousine Phyl aus New York wieder traf. Sie lud uns in die USA ein und das war der Start für eine unserer schönsten Auslandsreisen.

Ruth, Wolfgang und ich waren dann vom April 1981 sechs Wochen in den USA, mieteten einen Trailer und fuhren von New York, unserem Stützpunkt bei Josef und Phyl Wiest, zunächst nach Süden, wo in Florida Ruths Cousin Hans Schardt wohnte. Dann weiter nach Westen an den Pazifik und durch die nördlichen Staaten wieder zurück nach New York mit Zwischenstation in Fort Knox, Kentucky. In New York City fotografierte uns Josef Wiest am 16. 6. 1981 auf der oberen Plattform des World Trade Centers.

Wir unternahmen zahlreiche Auslandsfahrten, so erneut in die USA, vor allem nach Detroit, aber auch in die Benelux-Länder, nach Frankreich, Großbritannien, Italien, Schweden, Norwegen, Finnland, Tschechien sowie nach Polen einschließlich Oberschlesien. Die Schweiz und Österreich habe ich bereits erwähnt gehabt; wir waren aber auch in Liechtenstein.

In Połomia (zu Deutsch Ostwalde) im Kreis Tarnowitz erwarben meine Schwester Anni und ihr Mann Reinhold ein Haus. Hier in diesem oberschlesischen Dorf haben wir schon oft unseren Urlaub verbracht und es hat uns immer wieder sehr gut gefallen. Von dort aus unternahmen wir per Auto Ausflüge in die nähere und weitere Umgebung des schönen und waldreichen Gebiets. Einmal fragte mich ein Zöllner an der Görlitzer Grenze, ob ich wirklich der hessische Sozialminister sei, denn im Visumsantrag fragte man nach der Arbeitsstelle. Ich verneinte und sagte ihm, dass dies der offizielle Name der Dienststelle sei. Vermutlich ging man in Warschau davon aus, dass ich ein Minister sei, was sicher nicht geschadet hat.

Beruflich ging es bei mir weiter voran, denn am 19. 2. 1982 wurde ich einstimmig zum Vorsitzenden des Hauptpersonalrats beim Hessischen Sozialminister gewählt. Und da die Stelle des höheren Dienstes in unserem Aufgabenbereich nach der Pensionierung des Kollegen Hasso Scheele frei geworden und nachdem die zeitlich begrenzte Stellenbesetzungssperre abgelaufen worden war, wurde ich am 1. 4. 1982 in diese nun freie Stelle als Hilfsreferent eingewiesen.

Mit Urkunde der Fachhochschule Wiesbaden vom 24. 6. 1982 wurde Wolfgang nachdiplomiert und hat nun den akademischen Grad Diplom-Ingenieur, Fachbereich Elektrotechnik. Unser Nachwuchs hat sich ganz schön gemausert, denn auch Norbert brachte es als Regierungsdirektor sehr weit.

Von Wolfgang erwarben wir Anfang Juli 1982 seinen Opel-Jahreswagen mit dem Kennzeichen WI-TV 242. Dieses Auto war uns besonders treu. Insgesamt brachte es ohne nennenswerte Pannen in fast zehn Jahren auf rund 140.000 km!

Während eines Urlaubs in Oberstdorf-Tiefenbach waren wir auch auf dem Fellhorngipfel. Bergauf die meiste Strecke per Seilbahn, bergab aber zu Fuß – und das ist doch eine weite Wegstrecke. Am Gipfelkreuz fotografierte ich Ruth, stolz auf unsere schöne Leistung, denn wir waren ja im September 1982 nicht mehr die Jüngsten.

An unsere Urlaubszeiten im Allgäu erinnern wir uns gern.

Auf einem Foto vom 24. 11. 1982 sieht Ruth wieder ganz gut erholt aus, obwohl sie Ende Oktober/Anfang November fast drei Wochen in der Gynäkologischen Abteilung des Wiesbadener Paulinenstiftes behandelt wurde.

Im Dezember 1982 wurde ich in verschiedene Prüfungs-ausschüsse berufen: vor allem Eignungsprüfungen für Beamte. Ich war daher oft bei Prüfungen im Ministerium, beim Landesversorgungsamt Hessen, beim Gewerbeauf-sichtsamt Frankfurt sowie beim hessischen Verwaltungs-schulverband dabei.

Die Kurverwaltung Oberstdorf händigte Ruth und mir im Frühjahr 1983 das Wanderabzeichen in Gold für 1.000 Kilometer Wandern mit einem in der ‚Oberstdorfer Woche‘ vom 31. 3. 1983 enthaltenen entsprechenden Glückwunsch aus. Da sieht man, was wir so in den Urlaubszeiten der letzten Jahre in dieser Gegend alles gewandert sind. Dieses Wanderabzeichen trugen wir mit großem Stolz.

Am 1. 4. 1983 war ich 40 Jahre im öffentlichen Dienst. Na-türlich erhielt ich dazu eine Urkunde des Landes Hessen (‚…Dank und Anerkennung für die geleisteten Dienste…‘).

In den Dotzheimer Kontakten vom Juni 1983 las es sich so: ‚Während die Jubiläumsurkunde vom Sozialminister Armin Clauss das Datum vom 21. 3. 1983 trug, erhielt ich mit Datum vom 14. 4. 1983 eine weitere Urkunde, nämlich die Ernennung zum Regierungsrat, unterzeichnet vom Hessischen Ministerpräsidenten Holger Börner.‘

Nach der üblichen Wartezeit von einem Jahr bekam ich die Ernennungsurkunde vom 2. 4. 1984 zum Regierungsoberrat, ebenfalls unterschrieben vom hessischen Minister-präsidenten Holger Börner.

Eine Überraschung war die Verleihung des Bundesver-dienstkreuzes, die am 10. 7. 1984 durch den hessischen Sozialminister Armin Clauss im Ministerium vorgenommen wurde, zu der Ruth ebenfalls eingeladen worden war. Er sagte in seiner Ansprache, dass es ihm beim Lesen des Lebenslaufs am meisten berührt habe, dass ich zweimal als Lehrling angefangen habe, 1943 und 1946 und gab dies als positive Lebenseinstellung an die Anwesenden weiter. Ich antwortete, dass ich nach dem Krieg wieder in die Versorgungsverwaltung wollte und wenn, erneut als Verwaltungslehrling. Mit der Verleihung dieses ,Verdienst-kreuzes am Bande des Verdienstordens der Bundesrepu-blik Deutschland', im Volksmund: Bundesverdienstkreuz, durch den Bundespräsidenten Carstens wurden nicht nur meine außerdienstlichen Arbeiten – vor allem im Rahmen der Gewerkschaft ÖTV – gewürdigt, sondern auch meine jahrzehntelange ,Kommentierung' zu Fragen der Heil- und Krankenbehandlung nach dem Bundesversorgungsgesetz sowie meine fachlichen Referate vor Kriegsopferverbän-den.

Der ,Wiesbadener Kurier' widmete der Verleihung am Tag drauf, dem 11. 7. einen ausführlichen Artikel. Der Leiter der Dotzheimer Poststelle sagte mir zum Begleitfoto: End-lich einer, der bei einer Auszeichnung herzlich lacht und nicht – wie üblich – fürchterlich würdevoll in die Kamera blickt.

Meine Beförderumg zum Regierungsoberrat fand auch in der Maiausgabe 1984 des Gleiwitzer – Beuthener – Tarno-witzer Heimatblatts ihren Niederschlag.

Einen gemeinsamen Aufenthalt in Berlin im November 1984 nahm ich zum Anlass, die Fahnen von Oberschle-sien und Preußen zu knipsen, die im Reichstag hingen. Fahnen, die mich an die alte Heimat erinnern und an Länder bzw. Provinzen erinnern, die in Deutschland nicht mehr existieren. OS (Oberschlesien) war eine Provinz des ehemaligen Preußen.

Durch meine Tätigkeit im Hauptpersonalrat war ich oft unterwegs, wollte ich doch nicht nur die Mittelinstanzen unseres Bereichs Landesversorgungsamt und die drei Regierungspräsidenten kennenlernen, sondern auch die vielen sogenannten unteren Dienststellen. Es war mein Bestreben, Kontakt mit allen in Betracht kommenden Personalräten zu halten und das waren bei insgesamt 4.500 Bediensteten nicht wenige Personalvertretungen.

Auch Verbände, die in unserem Bereich tätig waren, luden mich zu Veranstaltungen ein, wie zum Beispiel im März 1985 beim Verband der Lebensmittelkontrolleure in Gelnhausen, wo ich die Begrüßungsansprache hielt.

In dieser Zeit war ich naturgemäß per Dienstwagen sehr oft im Land Hessen unterwegs.

Wir trafen uns auch auf Bundesebene, um uns mit Hauptpersonalräten der zuständigen Ministerien der anderen Bundesländer abzusprechen.

Im November 1985 waren wir bei Alfred und Marianne zu Besuch, weil Alfred in einem Musikgeschäft in Köln eine preisgünstige Handharmonika entdeckt hatte. Wir beide fuhren daher nach Köln und ich erwarb die Hohner Ouvertüre V für 1.500,-- DM.

In Brühl-Badorf probierte ich das Instrument gleich aus und es gefiel mir sofort. Es hatte einen schönen Klang und mehr Register als meine bisherige Harmonika.

Als Vorsitzender des Hauptpersonalrats bekam ich im Januar 1986 engeren Kontakt mit dem neuen Minister Josef Martin, genannt Joschka Fischer. Das hessische Umweltministerium war neu geschaffen worden und da es hier noch keine Personalvertretung gab, wurden die dortigen Kollegen turnusgemäß von anderen Hauptpersonalräten vertreten; so kam auch ich an die Reihe. Joschka Fischer machte einen kollegialen Eindruck und auf seine Turnschuhe hinweisend, sagte er zu der Runde, dass seine Turnschuhe vermutlich weit teurer gewesen wären als das Schuhwerk der übrigen Anwesenden.

Über diese Tätigkeit habe ich im Laufe der Jahre viele Personen und Persönlichkeiten auf der Verwaltungsebene, aber auch auf der politischen Ebene kennengelernt. Die Zusammenarbeit war immer vertrauensvoll. Selbst wenn wir die eine oder andere Frage vor den Verwaltungsgerichten ausfechten mussten, kam es nie zu persönlichen Differenzen. Eine Anekdote am Rand: Beim Verwaltungsgerichtshof in Kassel bestand Anwaltszwang, aber der Anwalt machte sich gern bei mir kundig.

Wir feierten auch Karneval, wenn auch meist als Zuschauer. So waren wir im Februar 1986 bei einer solchen Feier in Brühl-Badorf. Und da wir alle zusammen waren, nahmen wir die Gelegenheit wahr, Margot Speerschneider, geborene Hadzik, in die Maniura-Spielgruppe zu adoptieren, denn wir hatten ja schon in Schomberg zusammen geübt und gespielt. Alfred als Ältester von uns Geschwistern überreichte ihr die ‚Adoptions-Urkunde'. Nun hatte auch sie eine ‚Familie'.

Im März 1986 waren wir in Oberstdorf-Tiefenbach im Winterurlaub. Wir machten es uns nunmehr auf der Loipe bequem; Ablaufski machte Ruth nicht mit, denn sie hatte keinen Kurs mitgemacht und zählte inzwischen 60 Jahre.

Ich fand es ganz toll, dass sie sich auf die Bretter traute und das schon, seit wir dazu übergegangen waren, auch im Winter Urlaub zu machen. Er bescherte uns beiden riesigen Spaß!

Am 6. und 7. 5. 1986 fand eine Neuwahl des Hauptpersonalrats statt. Ich wurde wieder gewählt. Minister Armin Clauss beglückwünschte mich und schrieb: ‚...Für Ihre künftige verantwortungsvolle Tätigkeit wünsche ich Ihnen viel Erfolg und danke Ihnen zugleich für die bisherige vertrauensvolle Zusammenarbeit...'.

Am 18. 12. 1986 wurde Ruth von der Arbeiterwohlfahrt Wiesbaden-Dotzheim für ihre 40jährige Mitgliedschaft geehrt. Zu diesem Zeitpunkt war sie bei der AWO sehr aktiv, vor allem bei der Betreuung von älteren Mitgliedern. Jeden Donnerstag war nachmittags das Treffen des ‚Altenclubs' mit Kaffee und Kuchen sowie mit größeren Feiern beispielsweise zu Ostern und zu Weihnachten. Die drei Frauen der Betreuergruppe hatten viel zu tun, denn seinerzeit kamen immerhin bis zu 80 Personen zum AWO-Altenclub. Sie engagierte sich ferner als Schriftführerin im Vorstand der Kreisgruppe Dotzheim; ich war seinerzeit Vorsitzender. Im Jahr 1999 gaben wir unsere AWO-Posten vor allem aus Altersgründen auf.

Ende des Jahres 1986 bekam ich vom Versorgungsamt Wiesbaden den Bescheid über meine Behinderungen, wobei der Behindertengrad auf 50% festgesetzt worden war. Das war für mich das Zeichen, bereits mit 60 Jahren in den Ruhestand zu gehen, was bei Schwerbehinderten ohne negative Folgen möglich war. Am 6. 1. 1987 stellte ich daher den Antrag, mich mit dem Ablauf des Monats April 1987 in den Ruhestand zu versetzen. Am 7. 1. legte ich den Vorsitz im Hauptpersonalrat nieder. Bis 30. 4. war ich dann wieder voll im Kriegsopferreferat eingebunden.

Ich bekam viele Dankbriefe. Unter anderem schrieb der Vorsitzende des Hauptpersonalrates beim Ministerium für Arbeit, Gesundheit und Sozialordnung Baden-Württemberg, Joachim d'Heureuse: ‚…Im übrigen steht zu befürchten, dass unsere Arbeitsgemeinschaft nunmehr ihren Geist aushauchen wird, wenn Du als ‚spiritus rectus' die Fäden nicht mehr spinnen wirst…'. Der hessische Sozialminister Armin Clauss schrieb: ‚…Sie haben als Vorsitzender des Hauptpersonalrates in langjähriger Arbeit sich die besondere Wertschätzung aller Bediensteten erworben und auch bei unterschiedlichen Interessenlagen stets im Wege der vertrauensvollen Zusammenarbeit sich für das Wohl aller Bediensteten unseres Geschäftsbereiches und der Bürger eingesetzt. Für die hierbei geleistete Arbeit spreche ich Ihnen meinen Dank und meine Anerkennung aus und wünsche für die Zukunft alles Gute.' Der doch recht kritische Bundesrechnungshof schrieb mir: ‚... seit über 20 Jahren besitzt der Bundesrechnungshof die von Ihnen herausgegebene Zusammenstellung und erhält auch regelmäßig die Ersatzblattlieferungen dazu. Die Zusammenstellung war auch hier im Hause unter mehreren Aspekten hilfreich [...] Wir möchten uns dafür bedanken [...] Für Ihren Ruhestand wünschen wir Ihnen alles Gute...'.

Der Regierungspräsident in Darmstadt gab mir am 19. 2. 1987 den Bescheid über das ab 1. Mai zustehende Ruhegehalt. Und dann erhielt ich zum Abschluss meines aktiven Arbeitslebens mit Datum vom 3. 4. 1987 die Urkunde über die Versetzung in den Ruhestand mit Ablauf des Monats April 1987, unterschrieben von Minister Armin Clauss.

Mein Ruhestand wurde jedoch einmal unterbrochen, indem ich vom Ministerium bzw. vom Landesversorgungsamt Hessen aus in das neue Bundesland Thüringen zum Aufbau der dortigen Versorgungsverwaltung abgeordnet und zu diesem Zweck reaktiviert wurde. Für die Zeit vom 12. 11. 1990 bis 28. 2. 1991 wurde darüber ein förmlicher Vertrag abgeschlossen. Ich wurde mit Schreiben des Thüringer Ministeriums für Soziales und Gesundheit, Erfurt, vom 23. 11. 1990 zum kommissarischen Leiter des Amtes für Soziales und Familie, das den hessischen Versorgungsämtern entsprach, in Suhl bestellt. Mein Ruhegehalt wurde in diesem Zeitraum auf 100% der Bezüge aufgestockt. Auch erhielt ich Trennungsgeld. Logiert habe ich kurze Zeit im Ringberghaus und danach im Gästehaus ‚Haus Domberg'. Das Amt befand sich in der Karl Liebknecht-Straße 4. Die Aufbauarbeit machte mir viel Freude, zumal ich tüchtige Hilfen hatte, u. a. durch meinen ‚alten' Kollegen Kurt-Erwin Petter, den ich schon 1946 in Kassel kennengelernt hatte. Übers Wochenende fuhr ich regelmäßig nach Hause, gleich wie die Winter-Wetterlage war. Und das alles in meinem im März 1990 neu gekauften Opel-Vectra mit dem Kennzeichen WI-VN

570, für den ich im November noch schnell Winterreifen gekauft hatte.

Ich war aber nicht nur in Suhl tätig, sondern auch an jeweils einem Tag in der Woche bei den Versorgungsämtern Erfurt und Gera, wo ich einige Kollegen in die ‚Geheimnisse‘ der Heilbehandlung einwies. Sehr gut kam auch an, dass ich jeden Donnerstag alle 85 Bediensteten in den Sitzungssaal einlud und wir uns gegenseitig über aktuelle Fragen des Versorgungsamtes Suhl informierten; jeder konnte sein Herz ausschütten.

Am 25. 1. 1991 feierten wir den Geburtstag unseres Kraftfahrers Besig. Petter, Frau Lies aus dem Vorzimmer sowie ich waren dabei.

Zum Abschied wurde ich reich beschenkt, so hatte man mich ins Herz geschlossen. Es gab viele Blumen, Bücher und eine Kristallschale – vor allem Ruth freute sich, dass ich wieder daheim war. Von den zusätzlichen Bezügen kaufte ich mir eine neue Handharmonika, eine Club Marino für 4.700,-- DM.

Im Februar 1992 lag ich ‚richtig‘ im Krankenhaus, und zwar wegen einer Leistenbruch-Operation links in den Wiesbadener Dr. Horst-Schmidt-Kliniken.

Nachdem alles überstanden war, war ich wirklich Pensionär. Weil man nach einem aktiven Arbeitsleben die Hände nicht in den Schoß legen soll, behielt ich meine Ehrenämter inne. So war ich noch lange Jahre aktiv in der Parteiarbeit, bei der Arbeiterwohlfahrt und bin noch ehrenamtlich tätig bei der Kohlhecker Bürgervereinigung, hier vor allem im Archivwesen und in der Seliger-Gemeinde. Das ist eine Gesinnungsgemeinschaft sudetendeutscher Sozialdemokraten. Hier bin ich seit 1992 Landes-Geschäftsführer und seit 1999 Landesvorsitzender. Am 5. 5. 2001 erhielt ich dafür die Richard-Reitzner-Medaille.

Am 27. 11. 1996 erhielt ich den SPD-Ehrenbrief, weil ich durch meine Parteiarbeit die sozialdemokratischen Leitsätze von ‚Freiheit, Gerechtigkeit und Solidarität‘ mit

Leben erfüllt habe, aber vor allem wegen der von mir gefertigten Chronik über den SPD-Ortsverein Wiesbaden-Kohlheck.

Im Januar 1995 kauften wir uns einen Opel Vectra mit dem Kennzeichen WI-MA 80 und im Januar 2001 einen Opel Zafira, der auf WI-MA 620 hört. Der Zafira kostete 43.790 DM und hält uns heute noch die Treue. Wir nahmen eine helle, fast silberne Farbe, die zur Hochzeit meines Neffen Christian Drzensla in Oberschlesien im August 2001 passte. Dafür wurde unser Auto entsprechend geschmückt.

Mein Schwager Erich Domröse starb am 6. 12. 1993 im Alter von 84 Jahren in Bad Hersfeld. Auf seinen Wunsch hin gab es eine Seebestattung. Ruths Schwester Lieselotte starb am 12. 6. 1999 kurz vor dem Erreichen ihres 79. Lebensjahres, ebenfalls in Bad Hersfeld. Sie liegt im Familiengrab Kunz auf dem dortigen Friedhof.

Im Jahre 1999 hatten wir ein sehr schönes Erlebnis. Ruth hatte die Idee, den 100. Gedenk-Geburtstag meiner Mutter mit der Großfamilie Maniura zu feiern. Wir richteten ihn am 28. 8. im Forum Kohlheck aus. Fast 60 Maniuras waren nach Kohlheck gekommen, sogar aus Oberschlesien. Und alle waren sie erfreut über diese prima Idee. Noch lange Zeit danach sprach man von ‚Mamas Tag'. An diesen Tag haben wir wunderbare Erinnerungen. Wir älteren Maniuras kannten uns ja sowieso, aber die nächste und übernächste Generation lernte auf diese Weise Cousins und Cousinen kennen, die sie bisher nicht gesehen hatten. Ich denke dabei vor allem an unsere Maniura-Nachfahren aus Oberschlesien. Selbstverständlich machten wir viele Aufnahmen.

Während Ruth ihre Goldene Konfirmation 1990 in Bad Hersfeld gefeiert hatte, war sie zur Diamantenen 2000 und zur Eisernen 2005 nach Lauterecken gefahren. Zu diesen beiden hatte sie aus Bad Hersfeld keine Einladung erhalten. Wir waren auch deshalb nach Lauterecken gefahren, weil sie den Konfirmationsunterricht dort begonnen – wenn auch in Hersfeld beendet – hatte und weil sie aus Lauterecken Einladungen erhielt.

Groß gefeiert wurde unsere Goldene Hochzeit im Jahr 2000, zu der viele Gäste kamen. Wir feierten in der Frauensteiner ,Linde' und nachher bei Norbert und Hildegard, die uns mit einer wunderbaren Hochzeitstorte überraschten.

Ruth hatte es gesundheitlich nicht leicht, denn nach der Goldenen Hochzeit wurde sie in Wiesbadener Kliniken zwei Mal an den Knien und einmal an der linken Hüfte operiert; sie hat nun drei Endoprothesen mit dem Ergebnis, dass sie wieder fast schmerzfrei gehen kann.

Ruth wurde am 5. 1. 2005 von der Arbeiterwohlfahrt Wiesbaden-Dotzheim geehrt. Diese Ehrung fand sich auch in den Dotzheimer Kontakten. Eine schöne lange Zeit und dabei war sie auch – wie schon geschrieben – aktiv tätig, nicht nur bei der AWO, sondern auch im AWO-Altenclub Dotzheim, zu dem auch Nichtmitglieder kommen.

Jetzt haben wir Weihnachten 2005 und zu diesem Zeitpunkt konnte ich diese Familienhistorie beenden. Dazu passt, dass ich dem Wiesbadener Kurier eine erbetene Weihnachtsgeschichte besonderer Art liefern konnte; sie wurde im Beiblatt VorOrt am 15. 12. 2005 abgedruckt.

Das schönste Fest des Lebens

Mutter erhielt zu Weihnachten Nachrichten von ihren beiden verschollenen Söhnen

Leonhardt Maniura vom Kohlheck ließ sich von seiner Mutter immer wieder erzählen, dass für sie 1945 das schönste Weihnachtsfest in ihrem Leben gewesen sei.

In Zeiten bitterer Armut, Not, Verzweiflung und Demütigung war Weihnachten 1945 für meine Mutter doch das schönste Fest in ihrem Leben. Und so begann alles: Wir lebten unmittelbar an der polnischen Grenze; der Nachbarort gehörte seit 1922 zu Polen. In diesem Nachbarort hatten wir auch Verwandte. Mein Vater verunglückte 1940 tödlich, sodass meine Mutter ihre fünf Kinder sehr erfolgreich allein aufzog. Mein älterer Bruder und ich wurden während des Krieges eingezogen. Er geriet während der Normandieschlacht in englische Kriegsgefangenschaft und ich während der Ardennenoffensive in US-amerikanische Gefangenschaft. Für meine Mutter waren wir seitdem vermisst. Die Nachkriegszeit brachte es mit sich, dass kein Schriftwechsel mit unserer Mutter möglich war, da inzwischen unsere Heimat unter polnische Verwaltung kam. Die Rentenzahlung für meine Mutter wurde eingestellt, sie selbst war ein halbes Jahr in russischer Kriegsgefangenschaft und – was in ihren Augen besonders schlimm war – es durfte unter Strafandrohung nicht mehr deutsch gesprochen werden. Meine Postsendungen als Kriegsgefangener wurden in Deutschland zurückgehalten; ich erhielt sie erst im Jahre 1957 zugestellt. Mein Bruder und ich versuchten, über eine in Polen lebende Tante Verbindung mit der Mutter aufzunehmen. Das gelang erst Ende 1945. Unsere Tante ging sofort zu ihrer Schwester und sagte: „Du weinst und ich habe so schöne Nachrichten für dich, denn deine beiden (seit 1½ Jahren bzw. einem Jahr) vermissten Söhne sind am Leben." Vor Freude haben beide getanzt! Und immer wieder wurde uns danach von unserer Mutter erzählt, dass das ihre schönsten Weihnachten gewesen wären. Sie starb 1997 im Alter von 97 Jahren.

Nachtrag aus dem Jahr 2006

Weihnachten 2005 beendete ich die erste Tranche von Ruths und meiner Lebensgeschichte. Inzwischen wurde es notwendig, weitere Daten hinzuzufügen, die mit unserer Familie zusammenhängen.

Ich beginne mit unseren Vorfahren, die ich bei Besuchen von Standesämtern und Pfarrbüros ausfindig gemacht habe. Wir waren nicht nur beim Standesamt in Homburg a. d. Saar, sondern auch bei Standesämtern und Pfarrbüros in Oberschlesien.

Zunächst zur Familie Kunz, soweit nicht bereits erwähnt.

Ruths Großeltern väterlicherseits hießen Jakob und Charlotte Kunz. Während Ruths Vater Emil am 26. 12. 1888 in Homburg (Pfalz) und ihre Mutter Karoline Kieser 21. 8. 1892 in Lauterecken geboren wurde, lauten die Daten von Jakob und Charlotte folgendermaßen: Jakob wurde am 18. 12. 1860 in Käshofen geboren und starb am 15. 8. 1917 in Homburg. Charlotta Bach wurde am 13. 2. 1860 in Homburg geboren und starb am 11. 9. 1940 in Homburg. Geheiratet haben sie in Homburg, und zwar am 25. 7. 1885. Dabei wurde sein Beruf mit Gerbereiarbeiter und im Jahr 1909 mit Zimmermeister angegeben.

Von Ruths Großeltern mütterlicherseits Franz Kieser und Elisabeth Brandt ist lediglich ein Foto von Elisabeth vorhanden. Franz wurde am 21. 6. 1862 in Lauterecken geboren und starb relativ jung am 14. 9. 1894 in Lauterecken. Sein Beruf wurde mit Steinbaumeister angegeben. Elisabeth wurde am 4. 6. 1856 in Lauterecken geboren und starb am 27. 8. 1963 in Bad Hersfeld. Geheiratet hatten sie am 1. 8. 1885 in Kaiserslautern. Ich wollte ursprünglich nur bis zu unseren Großeltern gehen, aber wir haben noch Informationen über Ruths Urgroßmutter Elisabetha Brandt, deren Mädchenname Moses lautete, in Stahlberg geboren wurde und in Lauterecken starb und über deren Sohn Ludwig Brandt, den Bruder von Ruths Großmutter.

Meine Großmutter väterlichseits hieß Maria Maniura, geb. Mainka. Ihr Ehemann Joseph Maniura, geboren am 8. 1. 1864 starb als Bergmann in der Schomberger Hohenzollerngrube am 21. 1. 1913. Meine Großeltern mütterlichseits hießen Johanna Kroczek, geb. Mucha. Auch ihr Ehemann Caspar, geboren am 6. 1. 1874 war als Bergmann Opfer der Hohenzollerngrube; sein Todestag ist der 9. 9. 1911. Die detaillierten Aufzeichnungen habe ich nur über diejenigen gemacht, von denen Fotos vorhanden sind.

Fotos meiner früh verstorbenen Großväter existieren nicht mehr. Meine Mutter sagte mir jedoch, dass ihr Vater Kaspar Kroczek wie sein Bruder Rudolf und dass ihr Schwiegervater Joseph Maniura wie sein Sohn Andreas aussah. Ich schrieb bereits, dass die Schomberger Hohenzollerngrube die Schicksalsgrube meines Vaters und meiner beiden Großväter war. Zu Großvater Maniura noch folgendes: Er verunglückte am 21. 1. 1913, indem er an Kohlengasen erstickte. Großmutter war seinerzeit selbst in die Grube eingefahren und hatte der Rettungsmannschaft per gläubiger Eingebung die Stelle gezeigt, wo sie graben sollten, um ihn zu finden; sie fanden ihn auch dort. Großmutter war übrigens eine angesehene, schreibgewandte Person in Schomberg und wurde auch ‚Advokatin' genannt. Großvater Maniura war ein passionierter Angler. Meine Mutter erinnert sich an die Angelruten, die auf seinem Balkon standen, als beide Familien gemeinsam in einem Mietshaus in Roßberg wohnten. Im Sommer 1911 zogen Maniuras und Kroczeks in von der Hohenzollerngrube in Schomberg erstellte Neubauten um.

Es folgt eine nette Erinnerung an Ruths Großmutter, die wir Olala nannten. Im April 1965 besorgte ich mir vom hessischen Rundfunk folgende Bandaufzeichnung vom 4. 6. 1961: ‚HR: Seit einigen Jahren wird der Geburtstag einer Hersfelder Einwohnerin mit großen Schlagzeilen in den Zeitungen angekündigt. Die Artikel berichten von Jahr zu Jahr über die Frische und Rüstigkeit der heute ältesten Einwohnerin Hessens, Frau Elisabeth Kieser in Hersfeld.

Frau Kieser, deren Mann bereits im Jahre 1894 gestorben ist, liegt seit über 13 Jahren infolge einer Lähmung im Bett. Wir sprachen am Sonntag bei der Feier des 105. Geburtstages mit der Jubilarin: – Wann sind Sie geboren? – 1856 – Können Sie sich noch an den Krieg 1870/71 erinnern? – Ach gewiss, da war ich zwölf Jahre alt – zwölf Jahre waren Sie alt und was haben Sie da gemacht, haben Sie da schon geholfen im Krieg? – Ja, da haben wir als geholfen den Soldaten Wasser gebe – Den Soldaten im Krieg haben Sie Wasser gegeben? – Ja, da sind sie von Kreuznach rauf marschiert an die französische Grenz und haben wir uns an der Chaussee verteilt und da war eine arg Hitz und da haben mir Schulkinder, haben wir für die Soldaten Wasser gebracht – Als Schulkinder haben Sie den Soldaten Wasser gebracht; ja Sie sind noch so rüstig, Frau Kieser – Eija, ich war ja noch nie krank – Noch nie krank? – Nee, ich hab noch kein Arzt gebraucht – Sie haben noch nie einen Arzt gebraucht? – Nee – Wo sind Sie denn geboren? – In Lauterecken – Wo ist das, in der Pfalz? – Das ist in Rheinland-Pfalz – Also alles Gute weiterhin, ja – Bin ich schon fertig (leises Gelächter)? – HR: Diese beiden Damen sind Töchter von Frau Kieser. Zur Gratulation erschienen ferner 15 Enkel, 18 Urenkel und 6 Ururenkel und diskutierten über Mittel und Wege, das biblische Alter des Geburtstagskindes zu erreichen.'

Im folgenden Abschnitt befasse ich mich mit dem musikalischen Erbe. Ruths Mutter war eine gute Klavierspielerin. Von ihrem Onkel Ludwig Brandt war sie aufs Konservatorium geschickt worden, weil sie in den Wintermonaten ihm – der auch Tanzlehrer war – bei seinen Tanzkursen begleiten musste. Ruth selbst spielt Blockflöte.

Mein Großvater Kaspar Kroczek hatte zwar selbst kein Instrument, war jedoch so musikalisch, dass er unter den damals doch kargen finanziellen Verhältnissen als Bergmann ein Grammophon kaufte. Es handelte sich um kupferne Platten, die eingekerbt waren und die Zacken der

Einkerbung erzeugten beim Drehen die gewünschten Töne. Kein Wunder, dass im Wiesbadener Kurier ein solches Grammophon als ‚Spieluhr‘ bezeichnet wurde. Eine Platte, die ich als Kind gern hörte, war ‚An der schönen blauen Donau‘.

Großvaters Sohn Albert hatte später eine Mandoline, wie ein Foto aus Ende der zwanziger Jahre des letzten Jahrhunderts zeigt. Er ist hier wahrscheinlich in der Schomberger Fasanerie mit seiner später als Hedwig Meisner verheirateten Schwester und meinem damals kleinen Bruder Alfred zu sehen. Alfred fühlte sich samt Ball auf dem Arm unserer Tante Hedel – wie wir sie riefen – sehr wohl.

Wissenschaftlich wohl nicht erwiesen, aber allgemeinen Erfahrungen zufolge vererben sich Gene mehr in der zweiten als in der ersten Generation. So sehe ich es auch bei unseren musikalischen Adern, und zwar aus der Sicht von Ruth und mir: Unsere Großeltern waren musikalischer als unsere Eltern und unsere Enkel musikalischer als wir. Das bedeutet jedoch nicht, dass die Zwischengenerationen unmusikalisch ist bzw. war, wie die Beispiele von Ruths Mutter oder meines Onkels Albert zeigen. Ein Foto aus dem Jahr 1959 zeigt Wolfgang und Norbert mit Instrumenten, die sie kaum spielten, und zwar Wolfgang mit meiner ersten Nachkriegsharmonika und Norbert mit der ¾-Geige, die einmal dem Tanzlehrer Ludwig Brandt gehört hat, also nun rund 100 Jahre alt sein dürfte.

Ich war 1950 sehr glücklich, nach sieben Jahren wieder eine eigene Handharmonika zu besitzen und probierte gleich, ob ich das Spielen nicht verlernt habe. Nein, das war nicht der Fall. Übrigens erhielt ich diese zu dem sehr günstigen Preis von 75 DM. Meine erste Handharmonika stammt aus dem Jahr 1936. Damals kauften meine Eltern zwei Instrumente, damit in jeder Spielgruppe beide eingesetzt werden konnten: In der ersten Gruppe Alfred und ich und in der zweiten Reinhold und Liesel. Wie ich nach dem Krieg erfuhr, konnte Reinhold damit bei Hochzeiten und ähnlichen Anlässen viel Geld verdienen, was während der Polenzeit für die Familie sehr wichtig war.

Eine weitere Handharmonika kaufte ich am 26. November 1976 in Bad Hersfeld. Sie hatte bereits fünf Register und das war für mich ein großer klanglicher Fortschritt. Bei der Oma in Bad Hersfeld spielte ich mit dieser Harmonika und war begeistert. Was die Register nicht ausmachen! Die nächste Handharmonika von 1985 beschrieb ich bereits. Sie hatte nun elf Register plus drei Bassregister.

Meine jetzige Handharmonika ist die, die ich nach Rückkehr meines Postens beim Versorgungsamt Suhl – also Anfang 1991 – gekauft habe. Was habe ich mit ihr schon schöne Stunden verbracht, auch bei unseren Klassentreffen bzw. beim jetzigen ‚Schomberger Stammtisch‘, ferner bei Spielen von Unterhaltungsmusik in Veranstaltungen mancher Seniorengruppen. Allerdings hat sie ein schönes Gewicht und mehr Knöpfe als die früheren, sodass ich mich beim Spielen meistens setze.

In einer Broschüre des Deutschen Harmonika-Verbandes bin ich als Dirigent des 1. Handharmonika-Clubs 1937 Schomberg aufgeführt. Ein wenig Stolz macht mich das schon.

Über unsere Enkelkinder habe ich mit der Überschrift ‚Eine musikalische Familie‘ eine Abhandlung für das Gleiwitzer-Beuthener-Tarnowitzer Heimatblatt geschrieben. Dies geschah auf Anregung des Schomberg-Sprechers Siegfried Kowollik aus Ludwigsburg. Er sieht es gern, wenn im Heimatblatt etwas über unseren Heimatort Schomberg abgedruckt wird, selbst wenn es sich um Geschehnisse handelt, die nicht unmittelbar mit Schomberg zu tun haben.

An der Urnenbeisetzung meines Bruders Reinhold in Frankfurt-Höchst sorgten meine Schwester Elisabeth und ich für die Begleitmusik.

Diese in seinen Augen eigenartige Musik beeindruckte den katholischen Pfarrer so sehr, dass er sich danach herzlich bei uns bedankte. Darüber waren wir überrascht, denn wir hatten erwartet, dass er von solcher Begleitung gar nicht begeistert war.

Bei einer Geburtstagsfeier in Zeilsheim spielten wir vier mit zwei anderen oberschlesischen Harmonikaspielern auf und es hat allen sehr gut gefallen. Innerhalb unseres Clubs existiert immer noch eine beachtliche aktive Maniura-Abteilung. Wir trafen uns oft zum Spielen, trotz der Entfernungen zwischen unseren Wohnorten.

Wie ich schon erwähnte, spielt auch Ruth, und zwar nicht nur auf der Blockflöte, sondern auch sehr gut auf der Mundharmonika. Ihre Schwester Lieselotte spielte schon als Kind Klavier und Geige. Als sie ihrem Vater nach den USA folgen wollten, verkaufte die Mutter alle Möbel, auch das Klavier, und so fehlte ihr mit noch nicht einmal zehn Jahren dieses Instrument. Im Alter von über 70 Jahren legte sie sich jedoch ein Keyboard zu und spielte drauf wie früher auf dem Klavier; sie hatte also nichts verlernt.

Was mir beim Durchblättern alter Aufzeichnungen noch auffiel: die Geschwister der Großmutter Johanna Kroczek sowie deren Kinder waren ebenfalls sehr musikalisch und manche traten sogar in Kapellen auf. Die Musik zieht sich somit durch viele Ahnenreihen durch, gleich ob es Ahnen von Ruth oder von mir sind.

Unser Enkel Patrick ist seit vielen Jahren nicht nur professioneller Organist, sondern auch einer mit ‚Herz und Seele‘, wie man so schön sagt. Er spielte, bevor er 1998 zur evangelischen Kirche in Wackernheim kam, in der evangelischen Kirche in Wallau und in Wiesbadener Kirchen.

Ein anderes Thema ist die Religion und alles, was damit zusammenhängt.

Ruths Vorfahren waren evangelisch/protestantisch, bis auf ihre Großmutter Charlotte Bach (* 13. 2. 1860), die am 25. 7. 1885 Jakob Kunz geheiratet hat; sie war katholisch, aber in der Heiratsurkunde als protestantisch eingetragen. Ihr Großvater Johann Ludwig Bach (* 10. 2. 1809) war protestantisch und ihre Großmutter Katharina Schmidt (* 8. 11. 1806) katholisch, soweit man dies aus den kargen Notizen in früheren kopierten Urkunden herauslesen konnte.

Meine Ahnen waren römisch-katholisch. Allerdings wurden die Vorfahren, die aus der Gegend von Woiska (ab 1936: Hubertsgrund und ab 1945 Wojska) stammen, in der Zeit von 1578 (Augsburger Frieden) bis 1629 (30jähriger Krieg) protestantisch.

Trotz dieser verschiedenartigen religiösen Vergangenheit waren Ruths Eltern streng evangelisch und meine Eltern streng katholisch. Dies führte dazu, dass Ruths Vater verlangte, wir sollten uns 1950 evangelisch trauen lassen; meine Mutter dagegen war der Meinung, wir sollten uns unbedingt katholisch trauen lassen. Wir waren uns nach dieser Diskussion jedoch einig (seinerzeit war die Ökumene fast noch ein Fremdwort!), eine kirchliche Trauung zu unterlassen; wir sind nur standesamtlich verheiratet; beide Jungs ließen wir evangelisch taufen. Vor unserer Goldenen Hochzeit sagte uns der Kohlhecker katholische Pfarrer Wagner, dass die standesamtlichen Ehen aus den 50er Jahren auch als kirchliche Trauung anerkannt würden, weil seinerzeit eine strenge Regelung bestanden hat. Dies müsste allerdings von der bischöflichen Behörde in Limburg an der Lahn bestätigt werden. Den diesbezüglichen Antrag nahm er drei Monate vor unserer Goldenen Hochzeit auf, wir hörten jedoch weder bei dieser Hochzeit noch später – also bis heute – mehr etwas.

Wir haben schon mitbekommen, dass strenggläubige Menschen (eigenartigerweise meist Frauen) auch hellseherische bzw. übersinnliche Fähigkeiten haben. Meine Großmutter Marie Maniura habe ich in diesem Zusammenhang bereits erwähnt: Sie wusste oder ahnte, an welcher Stelle ihr Ehemann in der Hohenzollerngrube verschüttet war. Meine Tante Anastasia (Stasi) Jonderko, geb. Kroczek, war nach dem Krieg in Sachsen, ihr Bruder Albert Kroczek – also mein Onkel – in Bayern. Sie schrieb ihm, ob es bei ihm gebrannt hätte, denn sie hätte bei ihm Feuer gesehen.

Und tatsächlich hatte es bei ihm gebrannt. Aber vor allem hörten wir ähnliches von meiner Mutter. Von ihr wohl deshalb so viel, weil wir uns mit ihr öfters und nicht nur darüber, sondern sehr oft über unsere Familiengeschichte unterhalten haben.

Nun einiges aus den Erzählungen meiner Mutter:

Als mein Vater starb, wurde er – obwohl wir am Friedhof ein Leichenhaus hatten – zu Hause aufgebahrt. Wir schliefen deshalb auswärts, meine Mutter bei ihrer Schwester Hedwig. Sie hörte am nächsten Tag gegen 5 Uhr einen lauten Krach und ging ins Nebenzimmer, wo ihre Schwester und deren Ehemann schliefen. Auch sie hatten diesen Krach gehört und waren dadurch wach geworden. Alle waren sich einig, dass ,Papa' sie besucht habe. Jahre vorher hörte sie im Schlafzimmer ab und zu eine Kugel rollen. Endlich hörte es auch einmal mein Vater, der es nie hatte glauben wollen, weil meine Mutter deshalb aus dem Schlaf gerissen und geschrien hatte: Sie sahen einen Mann mit Bart – vermutlich den Vormieter – und dann war endlich Ruhe. Sechs Wochen nach meiner Geburt und sechs Wochen nach der Geburt meines Bruders Reinhold konnte meine Mutter auf einmal nicht ins Schlafzimmer hinein, als ob sie jemand an der Tür festhalten würde. Als wir nach dem Tod meines Vaters in eine andere Wohnung umgezogen waren, war Großmutter Kroczek schon sehr krank und konnte ihre Wohnung nicht verlassen; sie starb knapp ein Jahr nach dem Tod meines Vaters. Nach ihrem Hinschied erschien sie meiner Mutter als weißer Nebel, um unsere neue Wohnung zu sehen. Auch mein Vater war ihr einmal als weißer Nebel erschienen. Ein andermal hörte sie ihn sagen: „Ich bin immer bei euch", wobei er „immer" besonders betonte. Einmal träumte sie, dass mein Vater die große Wanduhr repariert habe; am nächsten Tag probierte sie diese Uhr und sie ging tatsächlich. Sie träumte auch vom bevorstehenden Tod ihrer Schwägerin Bialek und vom bevorstehenden Tod ihres Schwagers

Andreas Maniura, die beide tatsächlich kurz nach diesen Träumen starben. Ich sagte zu ihr nach solchen Erzählungen, dass sie dann nach dem Krieg eigentlich keine Angst um ihre vermissten Söhne gehabt zu haben brauchte, weil sie im Unglückfalle dann doch solche Eingebungen bekommen hätte – und dies war ja nicht der Fall gewesen.

Solche Fähigkeiten habe ich nicht geerbt. Lediglich einmal spürte ich vor Jahren eine Unruhe, als ob bei meinem Schulfreund Ernst Kaluza etwas nicht in Ordnung war. Ich rief in Wolfsburg an und seine Frau sagte mir, dass Ernst wegen eines Herzinfarkts ins Krankenhaus eingewiesen worden war. Uns beide verbindet seit der Schulzeit eine besondere Freundschaft, die heute noch besteht.

Im religiösen Umfeld wird auch vom Schutzengel gesprochen. Ich bin überzeugt, dass ich einen solchen Schutzengel habe (Vater, Großeltern?). Drei Beispiele aus dem Kriegseinsatz: Wer bewegte Günter Beck am Abend des 4. Januar 1945 dazu, mich und Walter Hänsch zu wecken und die Plätze zu tauschen, sodass ich am nächsten Morgen beim Granateinschlag ins Haus verschont blieb? Oder welcher Zufall war im Spiel, als mein Gruppenführer für seine Maschinenpistole lediglich zwei Magazine, aber dafür einen Brotbeutel voll loser Munition hatte, sodass er mir und nicht einem anderen Soldaten befahl, das zweite Magazin für ihn immer wieder nachzuladen – und das tat ich in einem geschützten Loch. Und warum hatte ausgerechnet ich das Glück, als von einem US-Colonel geschützter Kriegsgefangener die Zeiten in Fort Knox gut zu überstehen mit dem weiteren Ergebnis, bereits 1946 entlassen zu werden, während in der Regel fast alle Kriegsgefangenen in den USA an Frankreich oder Großbritannien zu Reparationsarbeiten überstellt wurden und dabei noch Monate bzw. Jahre Gefangene blieben.

Damit zum Kapitel der sportlichen Betätigungen.

Ruth war bereits in Lauterecken im Turnverein; dort bewegte sie sich sogar im Rhönrad. Ich war als Kind in keinem Turnverein. Die Hände bewegte ich als Trommler im Fanfarenzug des Jungvolks und als Trommler im Spielsmannszug der Hitlerjugend. Spaß machte mir das schon erwähnte Segelfliegen. In Hersfeld war Ruth im Wanderverein und lernte mit diesem Verein zu Fuß die nähere und weitere Umgebung kennen. Während ich im Schul-Abschlusszeugnis der Volksschule für Leibeserziehung ein ‚ausreichend' bekam, erhielt Ruth im gleichen Zeugnis eine viel bessere Note mit der Anmerkung: ‚Freischwimmerin'. Wir beide vergnügten uns im Winter per Schlittschuh auf vereisten Flüssen und sonstigen Gewässern; das Schlittschuhlaufen hatten wir uns selbst beigebracht, genau so wie das Radfahren. Nicht zu vergessen das Skifahren, wobei es Ruth bei Langlaufskiern auf der Loipe beließ.

Aber auch im Alter machten und machen wir beide bei der DRK-Senioren-Gymnastik mit.

Unsere Buben waren in der Kindergruppe des TuS Dotzheim und später betätigten sie sich sportlich auch beim Polizei-Sportverein Grün-Weiß in der Polizeischule. Das war praktischer, weil die Polizeischule in unserer Nähe ist; zudem befindet sich dort ein Schwimmbad.

Von Ruths Vorfahren wissen wir wenig, was ‚Sport' betrifft, es sei denn, dass auch das bereits erwähnte Angeln darunter fällt. Von meinen Verwandten weiß ich lediglich, dass meine Onkel Andreas Maniura, Anton Maniura und Paul Maniura sowie Nikolaus Kroczek gute Sportler waren. Andreas war ein guter Fußballspieler, zunächst beim Schomberger Spielverein und später beim katholischen Arbeiterverein DJK Preußen Schomberg und dann spielte er wohl bei Beuthen 09, eine Mannschaft etwa der jetzigen Bundesliga gleich. Durch Erzählungen ist mir bekannt, dass er das Publikum dadurch unterhielt, dass er während des Spiels – wenn der Ball weit weg war – auf dem Sportplatz Saltos vorführte. Auch war er ein guter Geräteturner beim Turn- und Spielverein Schomberg. Anton war Mitglied beim Turn- und Spielverein Schomberg. Paul war von 1929 bis zur Auflösung in der NS-Zeit im Jahre 1934 Sportwart beim katholischen Jugendarbeiterverein DJK Hertha Schomberg; vorher spielte er Fußball beim Schomberger Spielverein. 1926 wechselte er zum katholischen Arbeiterverein DJK Preußen Schomberg. Nikolaus war Radsportler, wie ein erhaltenes Foto dokumentiert.

Dann ist noch Onkel Albert Kroczek zu erwähnen, der nicht zuletzt als Angehöriger der Gebirgsjäger gut im Bergsteigen war.

Dass alle unsere Vorfahren gleich welcher Linie gut zu Fuß waren, ergibt sich schon daraus, dass zu ihren Arbeitsstätten oder zum Besuch von Gottesdiensten weite Wege hinter sich bringen mussten, denn seinerzeit gab es noch keine Bus- oder ähnliche angenehme Fahrverbindungen.

Zu sportlichen Betätigungen zähle ich auch geistige Konzentrationsarbeiten wie das Schachspielen. So waren vor dem Kriege fast alle unsere Verwandte im Schomberger Schachverein. Mein Vater brachte dieses Spiel auch uns Kindern bei.

Ich erinnere mich auch an meine Zeit in Elmshagen, wo ich im ‚Nebenberuf‘ viel in der Landwirtschaft half, mich aber auch sportlich fit hielt. Im zur Turnhalle zweckentfremdeten Saal des Gastwirts Spohr war ich häufig zu finden. Am Reck glänzte ich mit Klimmzügen und den anderen Geräten mit verschiedenen Turnübungen. Ein Versuch mit der dortigen Fußballmannschaft geriet nicht ganz glücklich. Am besten gefiel mir das Fahren mit dem leichten Pferdefuhrwerk, das heißt der Kutsche, vor allem im Winter mit dem Pferdeschlitten. Diese Übungen sind längst vergessen, denn später langte es hier in Kohlheck nur zur Senioren-Gymnastik, zum gemeinsamen Tanzunterricht und zum Kegeln.

Sportlich betätigt haben wir uns auch während unserer bereits erwähnten Urlaubszeiten, vor allem in den Alpen.

Spaziergänge wechselten sich mit Bergsteigen ab, wobei wir wie weiter oben bereits beschrieben auch geehrt wurden. Abzeichen für 1000 km Wandern von der Gemeinde Oberstdorf und 150 Stunden sowie 250 Stunden Wandern und Bergsteigern im allgäuischen Hindelang dürfen wir stolz vorweisen. Wolfgang, Norbert und ich haben in diesem Gebiet viele Berge bestiegen, wobei der ebenfalls bereits erwähnte Hochvogel mit 2593 Metern Höhe nicht fehlen durfte. Es handelt sich um einen imposanten Berg, den höchsten im Allgäu. Auf ihm verläuft die deutsch-österreichische Grenze. Ihn bestiegen wir drei allerdings unter der Führung meines Kollegen Herbert Vogt, der Mitglied des Innsbrucker Alpenvereins war.

Zur sportlichen Konzentrationsarbeit fallen mir noch die mit Opa Kunz gespielten Skatrunden ein. Ruth sowie ich spielen noch heute gern Rommé bzw. Rummy, und zwar wöchentlich mit Nachbarinnen. Also bleibt der Geist sportlich immer in Bewegung. Schließlich noch das sportlich gehaltene Radfahren, das sich allerdings in Frankfurt am Main angenehmer als hier in Wiesbaden gestaltete.

Ein weiterer Abschnitt wäre das Kennenlernen anderer Länder. Hier haben wir beide es eigentlich ganz schön weit gebracht. Wir waren in Frankreich, Holland, Belgien, Luxemburg, Großbritannien, Schweden, Norwegen, Finnland, Italien, Polen, Tschechoslowakei und nicht zu vergessen die Reisen in die USA und nach Kanada sowie die Aufenthalte in der Schweiz, in Liechtenstein, Österreich und Ungarn.

Die Namensforschung darf in diesem Nachtrag nicht fehlen. Anregungen hierzu entnehme ich dem Buch von Prof. Udolph ‚Buch der Namen. Woher sie kommen. Was sie bedeuten'.

Also woher kommen (Anm.: halbrunde Klammern = Ruths Verwandte, Schrägstriche = meine Verwandte): (1) Kunz, /1/ Maniura/Manjura, (3) Kieser, /3/ Kroczek, (5) Bach, /5/

Mainka, (7) Brandt/Brand, /7/ Mucha, (9) Dahlhauser /9/ Lenard/Lehnard, (11) Neuhardt, /11/ Thomanek/Tomanek, (13) Emmrich, /13/ Bapczinski, (15) Moses, /15/ Chwollik/ Chwolik, /17/ Grabowsky, (19) Kert, /19/ Wilk, (21) Schmidt /Schmitt, /21/ Suchan, (23) Rojan/Royar, /23/ Panpuch, (25) Jung, /25/ Blazytko, (27) Kohl, (29) Steinhauer, /29/ Janoschka/Janoska, (31) Miesemer, /31/ Stanulczyk. Dazu kommen Namen, die vorher nicht aufgenommen wurden: (41) Hauser, (43) Fus, /57/ Bujara, /59/ Horzon, /61/ Kwiotek, /63/ Tarnowski (die zuletzt genannten sind Ur-Ur-Urgroßmütter, die wir noch entdeckt haben).

Um die Sucharbeiten in Telefonbüchern und vor allem im Internet zu erleichtern, hier diese Namen in alphabetischer Reihenfolge: Bach, Bapczinski, Blazytko, Brandt/Brand, Bujara, Chwollik/Chwolik, Dahlhauser, Emmrich, Fus, Grabowsky, Hauser, Horzon, Janoschka/Janoska, Jung, Kert, Kieser, Kohl, Kroczek, Kunz, Kwiotek, Lenard/Lehnard, Mainka, Maniura/Manjura, Miesemer, Moses, Mucha, Neuhardt, Panpuch, Rojan/Royar, Schmidt/Schmitt, Stanulczyk, Steinhauer, Suchan, Tarnowski, Thomanek/Tomanek, Wilk.

Prof. Jürgen Udolph schreibt allgemein u. a. folgendes: Namen hat mit Sprache zu tun, aber die ändert sich stetig. Es gibt Verwandtschaften zwischen zahlreichen Sprachen, z. B. Germanisch, Keltisch, Lateinisch, Griechisch, Slawisch, also haben sie eine gemeinsame Quelle ('Ursprache'). Bis ins 17. Jahrhundert konnten in Deutschland alle Namen unproblematisch und ohne größeren Verwaltungsaufwand geändert werden. Erst Napoleon hatte den festen Familiennamen 1811 per Dekret verbindlich eingeführt. Dann kamen 1847 die Standesämter, die alle Familiennamen registrierten.

Man unterscheidet Familiennamen aus: 1. Rufnamen (Vornamen), 2. Herkunftsnamen, 3. Wohnstättennamen, 4. Übernamen (Eigenschaften) und 5. Berufsnamen. Manchmal erweist es sich als zweckmäßig, einen längeren Namen in sinnvolle Bestandteile aufzugliedern. Nach

Auffassung des Prof. Udolph sind fast 30% der Namen in Deutschland slawischer Herkunft.

Nach dieser allgemeinen Einleitung nun zu unseren Namen, wobei zu sehen ist, dass Ruths Vorfahren aus der Pfalz und meine aus Oberschlesien stammen; durch die Vertreibung sind Oberschlesier heute vorwiegend in Nordrhein-Westfalen zu finden.

Der Buchautor empfiehlt, in möglichst alten Telefonbüchern nach Namen zu suchen. Im Telefonbuch von 2002 fand ich unzählige Eintragungen für Bach, Brandt/Brand, Hauser, Jung, Kohl, Kunz, Schmidt/Schmitt und Steinhauer; sehr, sehr viele Eintragungen für Emmrich, Grabowsky, Janoschka, Kieser, Kroczek, Kwiotek, Lenard/Lehnard, Mainka, Moses, Mucha, Neuhardt, Suchan, Tarnowski, Thomanek und Wilk; sehr viele Eintragungen für Bujara, Rojan und Tomanek. Zahlenmäßig konnte ich finden, wobei ich Firmennamen wegließ: Blazytko (19), Chwolik (15), Dahlhauser (14 vor allem in der Pfalz und im Saarland), Fus (ca. 100), Horzon (5), Janoska (20), Kert (22), Maniura (85), Maniurka (= alte weibliche Form, 30), Manjura (34), Manjurka (2) (= insgesamt 151 Namensvarianten), Miesemer (22), Royar (11), Stanulczyk (3); im Telefonbuch überhaupt nicht aufgeführt sind: Bapczinski, Chwollik und Panpuch (manche allerdings in anderer Schreibweise).

Da sieht man, in welch' großer Zahl unsere Namensvetter in Deutschland zu finden sind. Nun ein Blick in ausgesuchte ausländische Telefonbücher bzw. Register, wozu der Autor Professor Udolph schrieb, dass Namen keine Grenzen kennen, denn im Laufe der Jahrhunderte haben Menschen aus zahlreichen Gründen ihren ursprünglichen Lebensraum bzw. ihr Herkunftsland verlassen oder verlassen müssen – meist machten sie sich in der Hoffnung auf ein besseres Leben auf den Weg in fremde, weit entlegene Regionen, wenn sie nicht gar auf der Flucht waren oder vertrieben wurden.

Frankreich: Bach (1719), Brandt (432), Brand (662), Emmrich (3), Fus (19), Grabowsky (5), Hauser (477), Janoska (3), Janoschka (5), Jung (3687), Kert (3), Kieser (8) Kohl (368), Kroczek (1), Kunz (313), Lenard (95), Lehnard (15), Mainka (8), Moses (73), Mucha (32), Neuhardt (2), Rojan (1), Royar (1), Schmidt (3471), Schmitt (10325), Steinhauer (33), Suchan (8), Tarnowski (17 und Wilk (76). Andere Namen aus unserem Bereich sind nicht registriert.

Italien: In einer Übersichtskarte sind Namensträger in den einzelnen Regionen (Orten) zusammen gefasst. Auf einer Karte von Norditalien mit Südtirol zeigt die ‚Legenda' einen Großteil der Namensträger ‚Hauser'; ferner wohnen einige wenige Hauser im Süden Italiens.

Hier interessieren lediglich die ersten drei Gruppen: Bach, Brandt, Brand, Emmrich, Fus, Grabowsky, Hauser (vor allem in Südtirol), Jung, Kert, Kieser, Kohl, Kunz, Maniurka, Moses, Mucha, Neuhardt, Panpuch, Rojan, Schmidt (sehr viele), Schmitt, Steinhauer, Suchan und Wilk. Auch hier gilt, dass nicht aufgeführte Namen in der Übersichtskarte nicht vorkommen. Da man lt. Prof. Udolph bei der Analyse von Namen diese in sinnvolle Bestandteile zerlegen sollte, habe ich in Italien auch nach ‚Mani' (= Hände) nachgeschaut. Da sieht es ganz anders aus, denn diesen Namen gibt es 1 x in der Gruppe c, 6 x in der Gruppe b und 59 x in der Gruppe a. Nach Zerlegung des Namens fand ich bei ‚iura' 1 x in der Gruppe b und 17 x in der Gruppe a sowie bei ‚jura' 5 x in der Gruppe a.

Polen: Bach (2263), Blazytko (6), Brandt (1754), Brand (101), Bujara (365), Chwolik (33), Emmrich (12), Hauser (163), Horzon/ek (6), Janoska (461), Janoschka (14), Jung (1784), Kert (22), Kohl (29), Kroczek (1401), Kunz (522), Kwiotek (483), Lenard (1687), Lehnard (10), Mainka (1046), Maniura (379), Maniurka (79), Manjura (74), Manjurka (22), Moses (8), Mucha (22105), Panpuch (11), Rojan (63), Schmidt (4480), Schmitt (19), Stanulczyk (16), Steinhauer (13), Suchan (1514), Tarnowski (8508), Thomanek (33), Tomanek (1662) und Wilk (30095). Nicht aufgeführt sind: Bapczinski, Chwollik, Dahlhauser, Fus, Grabowsky, Kieser, Miesemer, Neuhardt und Royar. Die deutsch klingenden Namen gibt es vor allem in den ehemaligen deutschen Gebieten; aber z. B. ‚Bach' gibt es auch in der polnischen Sprache, und zwar als ‚Bums!' und ‚Jung' bedeutet im Polnischen ‚Schiffsjunge'.

Bis zu den Namen der Großeltern ergibt sich folgende Streuung der Namensträger – weiter zurück zu gehen kann hier unterbleiben, weil die noch älteren Generationen in der Regel im näheren Umkreis geblieben waren. Diese Aufstellung ist wichtig für die Frage der Herkunft bzw. der Wohnstätten. Maniura (379) gibt es vor allem in den Bezirken Kattowitz (213), Tschenstochau (142) und Oppeln (13). Kunz (522) gibt es vor allem in den Bezirken Danzig (170) Posen (76) und Krakau (29). Mainka (1046) gibt es vor allem in den Bezirken Kattowitz (500), Oppeln (413) und Tschenstochau (29). Mucha (22105) gibt es vor allem in den Bezirken Kattowitz (3048), Krakau (1348) und Kielce (1282).

Nun noch ein Blick in das Archiv der Mormonen in Salt Lake City. Hier ist von besonderem Interesse, dass es in Oberschlesien den Namen Maniura bereits 1640 gab (Franz Maniura, geb. ca. 1640 in Koschentin, Schlesien, Preußen). In diesem Archiv und in anderen Registern fand ich Maniura in den vier Varianten recht zahlreich in den USA und einige auch in Großbritannien und in der Datenbank einer französischen Firma in Frankreich.

Im Pfarrhaus von Sodow (Sadów) erhielten wir grundlegende Daten aus deutschen Urkundsbüchern. Die dort arbeitende ältere Sekretärin hatte sich allerhand Mühe gemacht, aus meinen kargen Hinweisen die uns interessierenden Daten herauszusuchen. In Sodow liegen die Beurkundungen auch aus den umliegenden Kirchengemeinden, auch aus Czischowa und Koschentin. Die Kirche von Koschentin stand im Jahre 1640, als Franz Maniura geboren worden war, noch nicht, denn sie wurde vermutlich erst 1868 gebaut; ab diesem Jahr wurden die

Beurkundungen des Ortes vorgenommen. Die Schrotholz-kirche von Koschentin war hingegen sicherlich schon während 30jährigen Krieges (1618-1648) vorhanden.

Abschließend zu diesem Abschnitt die Frage nach der Herkunft der Namen, wobei ich mich vor allem auf das erwähnte Buch von Prof. Udolph stütze.

BACH ist darauf zurückzuführen, dass die Familie am Bach wohnte. Zu BAPCZINSKI fand ich keine Erläuterung, lediglich die Vermutung, dass die erste Silbe aus dem Pol-nischen von Babski (= Weiber-) abgeleitet sein könnte. BLAZYTKO ebenfalls keine Erläuterung; hier könnte die erste Silbe vom polnischen Błazen (= Hof-Narr, Clown) ab-geleitet sein. BRANDT/BRAND ist nicht auf Feuer zurückzu-führen. Es handelt sich um eine Abwandlung des Vorna-mens Hildebrandt (ein alter germanischer Personen-namen, der ‚Kampf' und ‚Schwert' enthält, zum einen althochdeutsch hiltja, altsächsisch hild, ‚Kampf' zum anderen brant, ‚Schwert, Schärfe'); also geht dieser Name auf Schwert/Schärfe zurück. BUJARA keine Erläuterung, allenfalls ableitend vom polnischen Bujać (= schweben, fliegen, schweifen, aber auch schwindeln, flunkern, schau-keln). CHWOLLIK/CHWOLIK ohne nähere Erläuterung. DAHLHAUSER, die Endung ‚...hauser' zeigt eine Bezie-hung zum ‚Haus'; Dahl könnte Tal bedeuten, also könnten die Dahlhauser in der bergigen Pfalz in einem Tal gehaust haben. EMMRICH ist vermutlich aus Ermanrich abgeleitet, germanisch: ermin-, (groß, allumfassend) und richi (all-mächtig, Herrscher). FUS könnte sich auf die Füße bezie-hen; die Familie war somit gut zu Fuß. GRABOWSKY ohne Erläuterung; der Name könnte sich von Buchenholz (pol-nisch: Grabowy) ableiten. HORZON könnte eine Anleh-nung an Horizont sein. JANOSKA/JANOSCHKA könnte seine Wurzeln im polnischen Janowiec = Ginster haben; J. könnter aber auch abgeleitet sein von Ja=ich, nos=Nase bzw. nóżka=Füßchen (ka=Verniedlichung). JUNG bedeu-tet eine Unterscheidung der Generationen, z. B. Bauer – Jungbauer; Jung in allen Varianten hat aber auch slawische Wurzeln: Junok. KERT ohne Erläuterung. KIESER eine Berufsbezeichnung: Träger eines Amtes, amtlich bestellter Prüfer von Getreide, Brot usw.; altdeutsch: erkiesen, erwählen. KOHL ist eigentlich eindeutig; als Berufsbezeichnung für Kohlbauer, auch Vorliebe für Kohlgericht. KROCZEK bedeutet im Polnischen: Schrittlein, Schrittchen, kleine Schritte. KUNZ ist eine Ableitung von Konrad, dem ‚tapferen Ratgeber', zusammengesetzt aus dem althochdeutschen kuoni = kühn und Rat (selbsterklärend). KWIOTEK bedeutet im Polnischen: Blümchen, kleine Blume (Kwiatek; in Oberschlesien sprach man das polnische ‚a' meist als ‚o' aus). LENARD/LEHNARD keine Erläuterung, allenfalls eine Ableitung aus dem polnischen ‚len' = Flachs, ferner aus dem englischen, französischen, schwedischen, aber auch polnischen Leonard = Leonhard (L. leitete sich ab von Bernhard und Wolfhard; lat.: Löwe und althochdeutsch harti, herti, hart). MAINKA ebenfalls ohne Erläuterung; es könnte eine Ableitung aus dem Polnischen sein: Maika = Maie/Frühlingsfest. MANIURA in allen vier Varianten (MANIURKA, MANJURA, MANJURKA) ist sehr vieldeutig. Bereits nach den Recherchen im Jahre 1999 in Sodow, Kreis Lublinitz (Lubliniec) konnte weder die Ansicht des Onkels Paul Maniura (ein Maniura kam mit der Napoleon-Armee nach Oberschlesien und ließ sich hier als Köhler nieder) bestätigt werden, noch die Ansicht des Cousins Bernhard Maniura (die Maniuras stammen aus der Gegend von Florenz/Italien). Allerdings werden wir hier von Italienern gefragt, ob wir ebenfalls Italiener seien. Maniuras gab es in Oberschlesien bereits im Jahre 1640; eine weitere Bestätigung liegt aus dem Jahre 1743 (Agnete M., Swibie, Schlesien, Preußen) vor. Anmerkung: Schlesien kam 1742 zu Preußen, vorher gehörte es (seit 1526) zu Österreich und davor zu Böhmen, sodass der Eintrag aus dem Jahr 1640 nicht ganz stimmt. Gegen Italien spricht, dass dort heutzutage lediglich eine kleine Gruppe (1-5) mit Namen Maniurka lebt, und zwar in der Gegend von Rom; ansonsten siehe weiter oben unter ‚Italien'. Gefallen könnte als Ursprung die althergebrachte

Auffassung, dass Maniura mit der ‚Mann aus der Jura‘ zu deuten ist. MIESEMER keine Erläuterung. MOSES alttestamentarischer, letztlich wahrscheinlich ein ägyptischer Name mit der Bedeutung ‚Sohn‘. MUCHA so wird in Polen die Fliege bezeichnet. NEUHARDT vermutlich ein neuerer (jüngerer) ‚Hardt‘; siehe auch bei ‚Lehnhard‘. PANPUCH ebenfalls ein osteuropäischer Name, wobei die erste Silbe auf Herr, Mann hindeutet. ROJAN/ROYAR klingt französisch, etwa wie Royal = königlich, aber auch Fliege (Royale); in Frankreich nur vereinzelt vohanden! SCHMIDT /SCHMITT ist ein Berufsname. STANULCZYK ein typisch osteuropäischer Name, wobei im Polnischen die erste Silbe (Stan) ‚Zustand von…‘ bedeutet. STEINHAUER ein Berufsname, der auf einen Beruf im Steinbruch hindeutet. SUCHAN könnte etwas mit der polnischen Bezeichnung suchy (trocken, hager) zu tun haben. TARNOWSKI wäre im Polnischen eine Ableitung von Schlehenschnaps (Tarnówka). THOMANEK/TOMANEK ist sicherlich eine Ableitung des Vornamens Thomas, polnisch Tomasz; ‚Tom‘ wäre nämlich ein (Buch-)Band, was hier nicht passen würde, es sei denn: Er spricht Bände. WILK ist in Polen ein Wolf.

Ein sehr bekannter deutscher Name ist Reemtsma. Auch da besteht eine Beziehung: Waltraud Manjura, geborene Reemtsma, geboren am 10.10.1943, gestorben am 21.9. 1994 in Jever bzw. Wilhelmshaven. Im Internet fand ich auch den Hinweis, dass mein Bruder Reinhold am 14.7. 2005 auf dem Friedhof Frankfurt (Main)-Höchst beerdigt wurde. Viele Hinweise fand ich im Internet auf die Vorfahren von Ruth.

Hier machen sich mein Internetanschluss sowie meine Polnischkurse bei der Axel Andersson Akademie in Hamburg per Fernstudium sowie bei der Volkshochschule Wiesbaden endlich ‚bezahlt‘. Die obigen Übersetzungen können allerdings nur laienhaft sein. In der Volkshochschule stellte ich übrigens fest, dass das Oberschlesische von der Polnischlehrerin nicht verstanden wurde; ein Beispiel ist folgender oberschlesischer Vierzeiler: Lampa sagaschwo, Zylinder puck. Jo westraschwo – i do Joschko fuck (Lampe ging aus, der Zylinder platzte. Ich erschrak und sprang ins Bett). Also ein Sprachengemisch, das auch in Deutschland nicht verstanden wird – typisch für Sprachgemische in allen sogenannten Schwellengebieten der Erde.

Bevor ich zum Abschluss komme, noch etwas über die Malkünste unserer Enkelkinder. Fast alle erfreuten uns schon als kleine Kinder mit selbst gemalten Bildern zu verschiedenen Anlässen: Geburtstage, Weihnachten usw. Eines davon ist sogar im Wiesbadener Kurier abgedruckt worden.

An Doris' Geburtstag am 12. 5. 2006 zeigte uns ihre Jüngste Vanessa deren letzte Mathematikaufgabe, die sie als einzige in der Klasse mit ‚1' und dem Zusatz ‚prima!' bewertet bekam. Mathematik scheint eine gute Erbanlage in unseren Familien zu sein. Bereits mein Vater erledigte in der Hohenzollerngrube die Rechenarbeiten für seinen Steiger und mein Bruder Alfred war ebenfalls ein Ass auf diesem Gebiet. Aber auch mein Schwiegervater, Opa Kunz, hatte diese Begabung. So steht in seinem Schulzeugnis vom 31. 3. 1906: Algebra, Geometrie = 1-2.

Heute, am 26. 5. 2006 eine sehr schreckliche Nachricht. Nach 55jähriger Ehe starb letzte Nacht kurz nach Mitternacht meine geliebte Ruth ganz plötzlich an Herzversagen. Jede ärztliche Hilfe war vergebens. Die Hausärztin vermutete viele sehr kleine Lungenembolien, die auf den vorliegenden Röntgenaufnahmen nicht zu erkennen waren. Vorausgegangen war seit Januar eine nicht in den Griff zu bekomme bestehende starke Erkältung, die schließlich bei jeder kleinen Anstrengung zur Atemnot führte. Sie sah dies wohl kommen, denn einmal sagte sie, dass sie sterben werde. In die Therapie bzw. die Diagnosestellung war von der Hausärztin Lulay sogar ein Lungenfacharzt eingebunden worden. Herzbeschwerden hatte sie nicht. Im Badezimmer sagte sie noch: „Mir wird schlecht". Ich konnte sie noch hinsetzen lassen und rief den Notarzt; zu Viert bemühten sie sich ab Mitternacht, Ruth per Herzmassagen und Anbindung an die verschiedensten Geräte eine dreiviertel Stunde lang wieder ins Leben zurückzubringen – es war vergebens. Laienhaft ausgedrückt war es ein Sekundentod; sie war praktisch mitten aus dem Leben gerissen worden. Tröstlich für mich, dass sie in meinen Armen gestorben ist.

Die Trauerfeier auf dem Dotzheimer Waldfriedhof geschah am Freitag, dem 2. 6. 2006. Wir legten ein Trauerbuch an, in dem sehr vieles über Ruth und uns aufgeschrieben ist. Die Urnenbeisetzung fand am 23. 6., ebenfalls einem Freitag, statt. Ruth fand ihre letzte Ruhe in einer Kammer der Urnenmauer/Urnenwand. Bei der Beisetzung waren nur die Familie sowie Ruths Schulfreundin Hertha Gödtel mit ihrer Tochter dabei. Pfarrer Weinmann von der evangelischen Matthäusgemeinde sprach auch diesmal wieder Gebete und tröstende Worte zu uns.

Innerhalb eines Jahres gab es in unserem Familienkreis drei Verstorbene zu beklagen: Alfred: 3. 5. 1925 – 17. 6. 2005, Reinhold: 2. 2. 1929 – 6. 7. 2005 und jetzt Ruth: 7. 8. 1925 – 26. 5. 2006. Heute, am 31. 8. 2006 gratulierte ich Margot Kleinert, Ehefrau des Ex-Handelsschülers Erich Kleinert, zum Geburtstag. Da erwähnte sie, dass Ruth beim letzten Klassentreffen ihr gesagt habe, sie wünsche einmal schnell zu sterben und nicht ein Pflegefall zu werden. Sie dachte wohl dabei an ihre Großmutter Olala, die 15 Jahre lang bettlägerig war. Dieser Wunsch ist ihr wahrhaftig erfüllt worden, bloß leider nicht nur für sie, sondern auch für uns viel zu schnell.

Interludium des Herausgebers

Die drei Nachträge aus den Jahren 2008, 2017 und 2020 enthalten Lebenserfahrungen bzw. -weisheiten, die kommenden Generationen nützlich sein könnten. Der erste entstand auf Wunsch der Enkelin Tessa. Da er wie die beiden anderen ohne Bezug zum Bisherigen entstand und auch unabhängig davon lesbar sein sollte, wiederholen sich vereinzelt Schilderungen aus den ersten beiden Kapiteln.

Aus dem Erfahrungsschatz eines Betagten

Meine Enkelin Tessa bat mich heute, die Lebenserfahrungen bzw. Lebensweisheiten ihrer Oma – also von Ruth – und von mir für die Enkelkinder festzuhalten, damit sie daraus für ihr eigenes Leben schöpfen können. Ich will es versuchen.

Zuerst werde ich in nächster Zeit eine ‚externe Speicherung' von Merkpunkten vornehmen sowie einen ‚roten Faden' anbringen. Das bedeutet, dass ich mir stichwortartig Merkpunkte notiere, die mir zu diesem Thema so einfallen. Dann werde ich im Sinne eines roten Fadens diese Merkpunkte nach bestimmten Abschnitten sortieren. Ich habe folgende Abschnitte im Sinn: Zusammenleben – Religion – Gesundheit – Krankheit – Trauer – Sonstiges.

Nun werde ich aus den extern auf Zetteln geschriebenen Stichwörtern, wie sie mir von Zeit zu Zeit einfielen und notiert wurden, Sätze bilden und zu Papier bringen.

Zusammenleben

Unser Zusammenleben begann, als ich im Jahre 1947 vom Versorgungsamt Kassel zu dem neu gebildeten Amt in Hersfeld (ab 1949 Bad Hersfeld) versetzt wurde. Ruth wurde in diesem Amt als Chefsekretärin eingestellt. Weihnachen 1949 verlobten wir uns, am 23. Dezember 1950 heirateten wir und lebten nun zusammen in der großen Wohnung ihrer Eltern im Klaustor 1a. Da wohnten bereits ihre Großmutter, ihre Eltern sowie ihre verheiratete Schwester samt Familie, insgesamt neun Personen. Wir empfanden dies nicht als zu eng, weil wir praktisch nur an den Wochenenden dort vollzählig wohnten: Mein Schwiegervater arbeitete in Lohfelden bei Kassel, mein Schwager war als Eisenbahner ebenfalls die ganze Woche unterwegs und ich fuhr ab Mai 1951 die Woche über nach Frankfurt am Main, wo ich nun beim Landesversorgungsamt Hessen Dienst tat. Es war somit noch Platz für einen Zuwachs, was im September 1951 durch die Geburt von Wolfgang eintrat. Es war ein harmonisches Zusammenleben, zumal seinerzeit noch die 48-Stunden-Woche galt und wir auch am Samstag arbeiten mussten. Dadurch war naturgemäß auch unser Liebesleben sehr eingeschränkt.

Nun ein Tabuthema, das eigentlich kein Tabuthema sein sollte. Der eine oder andere kann je nach persönlicher Einstellung diesen Absatz auch überspringen. Seinerzeit war man, was Sex betraf, bis zur Hochzeit enthaltsamer. Die Pille gab es damals noch nicht, sodass wir uns nach der Knaus-Ogino-Methode richteten: Feststellung der empfängnisfreien Tage durch Eisprung-Bestimmung (Temperaturanstieg). So lebten wir auch auf diesem Gebiet glücklich und zufrieden bis ins hohe Alter. Zur ‚Pille' lese ich eben im Wiesbadener Kurier vom 5. 1. 2009 die Überschrift: Macht Anti-Baby-Pille Männer unfruchtbar? (…Die seit Jahrzehnten durch die Ausscheidungen von Frauen in Umlauf gebrachten ‚Tonnen von Hormonen' provozierten nicht nur Umweltzerstörung, sondern seien auch als ein wichtiger Grund für die zunehmende Sterilität bei Männern … anzusehen …). Wir liebten uns sehr und ich erzählte Ruth dabei nette Geschichtchen, zum Beispiel aus dem Buch ‚Das Decameron'. Zum Abschluss dieses sogenannten Tabuthemas fällt mir noch ein Satz aus der Predigt unseres Heimatpfarrers Augustin anlässlich der Goldenen Kommunion 1985 in Schramberg ein, der lautete: In Oberschlesien hatte man das 6. Gebot überbetont! Kein Wunder, dass es für meine Mutter immer ein Tabuthema war, was Ruth zu der Frage veranlasste, wie sie zu den fünf Kindern gekommen sei. Eben lese ich im Wiesbadener Kurier vom 22. Januar über ein Projekt in der Wiesbadener Gerhard-Hauptmann-Schule zur Sexualerziehung. Heute beginnt die Aufklärung per Schulunterricht schon relativ früh.

Im Juli 1952 konnten wir eine kleine Wohnung in Frankfurt am Main-Hausen (Industriehof, Block X, Haus 28, parterre) beziehen. Was waren wir selig. Der große Nachteil für Ruth war das Fehlen beider Großmütter. Sie musste Wolfgang überallhin mitnehmen, sogar zum Zahnarzt., denn ich war tagsüber im Amt und Wolfgang hatte noch keinen richtigen Kontakt zu mir gefunden gehabt. Kein Wunder, hatten wir uns doch in seiner Babyzeit nur kurz an den Wochenenden gesehen. Auch Ruth hatte als Kind ihren Vater sehr vermisst, denn er war von 1929 bis 1934 in den USA gewesen und bei seiner Rückkehr war er für sie zunächst ein fremder Mann. Davor war es ein Frauenhaushalt gewesen: Großmutter, Mutter, Lieselotte und Ruth. Vermutlich war sie deshalb viel redseliger als ich, der ich in einem Fast-Männerhaushalt aufgewachsen war – und Männer sind angeblich nicht so gesprächig. Manchmal war ich Ruth zu schweigsam gewesen.

Als Norbert zur Welt kam, war unsere Familie komplett, auch im Sinne der Bad Hersfelder Oma. Sie sagte immer: jedes dritte Kind ist vom Übel und dies bestätigte sich auch in ihrem Umfeld: Sie hatten zwei Kinder: Lieselotte und Ruth; Lieselotte hat zwei Kinder: Ingrid und Brigitte und wir haben zwei Kinder: Wolfgang und Norbert. Dazu ein nettes Erlebnis: Als wir in unserer Frankfurter Zeit einmal in der Stadt spazieren gingen, sahen wir ein großes Reklameschild einer Gitarrenfirma, deren Inhaber ‚Übel‘ hieß. Ich sagte zu Ruth. „Jetzt weiß ich endlich, von wem die dritten Kinder kommen." Da wir wie erwähnt in Frankfurt keine Omas hatten, ging Ruth ein paar Wochen vor der Entbindung zu ihrer Mutter nach Bad Hersfeld. Als sie dann mit Norbert zurückkam, fragten die Nachbarn erstaunt, wo sie denn das Kind ausgetragen hatte, denn sie hatten die Schwangerschaft gar nicht mitbekommen: Ruth mit 1,72 m Größe/Länge hatte also in ihrem Körper viel Platz gehabt. Dabei war Norbert ein ganz schöner Brocken gewesen: 4200 g, 54 cm groß. An dieser Stelle passt der Vergleich zur Geburt von Wolfgang. Er wog 3350 g und war 52 cm groß. Er hatte also Normalgewicht. Nach Erfahrungen der Techniker-Krankenkasse ist das Normalgewicht 3500 g und wer mit über 4500 g zur Welt kommt, zählt zu den Problemkindern. Somit haben wir keine in die Welt gesetzt. Im Gegensatz zu Wolfgang weigerte sich Norbert, in den Kindergarten zu gehen und wuchs folglich ohne Kindergartenerfahrung auf. Beide waren und sind sehr gut zu Fuß. So marschierten sie schon als Kleinkind hier mit Mutti sowie Nachbarinnen samt Kindern regelmäßig auf den Schläferskopf, bis dahin sind es schon einige Kilometer, die Steigung nicht eingerechnet.

Zurück zum eigentlichen Thema der Schilderung persönlicher Erlebnisse, um daraus vielleicht etwas zu lernen. Ruth und ich waren streng religiös erzogen, Ruth evangelisch und ich katholisch. Mehr darüber im Abschnitt ‚Religion'. Vor unserem Zusammenleben gab es Erlebnisse und Ereignisse, die dieses Zusammenleben beeinflussten. So hatte Ruth ihren Vater gerade in der Zeit nicht gehabt, als sie eine wichtige Entwicklungsstufe durchmachte. Dass sie sich nach einem Vater sehnte, geht schon daraus hervor, dass sie zu ihrer Mutter sagte: „Heirate doch den Bahn-Schneider." Schneider hatte in Lauterecken ein Geschäft in der Nähe des Bahnhofs. Auch war sie – wie wir alle in dieser Zeit – weder von den Eltern, noch in der Schule oder gar Kirche aufgeklärt worden. Sie befürchtete, bereits durch einen Kuss ein Kind zu bekommen. Anhand dieser Erfahrungen versuchten wir, unsere Kinder rechtzeitig unter Zuhilfenahme von Zeichnungen im Lexikon über die unterschiedlichen Geschlechtsteile zu informieren. Weitere Aufklärung erhielten sie in der Schule durch den Kohlhecker Arzt Dr. Bock. Dagegen ist die heutige Jugend zu beneiden. Ich selbst wurde im Alter von ungefähr zehn Jahren von meinem älteren Bruder Alfred teilaufgeklärt, denn als unsere Tante Hedwig Meisner schwanger war, sagte er mir und den mithörenden Nachbarkindern ernsthaft, dass die Kinder nicht vom Storch gebracht werden, sondern sie aus dem Bauch der Mutter kommen. Ich machte mir darüber weiter keine Gedanken und blieb bis nach der Entlassung aus der Kriegsgefangenschaft ohne Erfahrungen auf diesem Gebiet. Das hatte für mich einen großen Vorteil, denn die erzwungene Enthaltsamkeit vieler verheirateter Soldaten bzw. Kriegsgefangenen machte ihnen doch sehr zu schaffen.

Als Kind hat man bereits Eigenarten oder Ticks, die man zeitlebens bekämpfen, aber nicht loswerden kann. Zur Ruth fällt mir nicht viel ein, höchstens Angst vor Spinnen, Mäusen oder Ekel vor ‚Gekötztem' (Erbrechen), manchmal auch vor Hunden – vor Hunden wohl deshalb, weil sie einmal einen Hundehalter in Dotzheim bat, den Hund an die Leine zu nehmen, weil er sie und ihre Buben anbellte; der Hundebesitzer hetzte daraufhin den Hund auf sie. Dabei war sie in Lauterecken mit Tieren groß geworden. Mir machte es nichts aus, Kinder-Gekötztes aufzuwischen – auch mit Spinnen und Mäusen kam/komme ich gut zurecht und wenn mir ein Hund begegnet, spreche ich mit ihm, als ob er ein menschliches Wesen wäre. Dafür habe ich andere Ticks, wie Spucken, Schürzen der Oberlippe oder Räuspern. Schon als Kleinkind versprach mir mein Onkel Bruno Jonderko, er gäbe mir einen Groschen, wenn ich das Spucken unterlasse. Alles blieb trotz Bemühungen erfolglos, höchstens ging es ein wenig zurück. Der HNO-Arzt sagte mir, dass das Räuspern auf ein Granulom im Hals zurückzuführen sei, dies heile jedoch von alleine ab, wenn ich das Räuspern unterdrücke – der hatte gut reden. Fazit: Wenn der eine oder andere irgendeinen Tick hat, versuche er oder sie gar nicht erst, dagegen anzugehen.

Ein weiterer Rat, der den neuen Generationen hoffentlich erspart bleiben wird: Als Soldat habe ich mich nie zu einem besonderen Einsatz freiwillig gemeldet. Wurde ich eingeteilt, sagte ich mir: ‚Wenn etwas passiert, war es nicht meine (heldenhafte) Schuld.' Im Einsatz hatte jeder Soldat eine Eiserne Ration. Bei vielen Kameraden sah ich, dass sie sich sogleich an diese Ration 'ran machten und mich erstaunt fragten, warum ich dies nicht auch tue. Ich sagte, wenn ich überlebe, dann bin ich froh, diese Eiserne Ration noch zu haben, wenn ich falle, dann brauche ich sie sowieso nicht – damals war ich erst 17/18 Jahre alt! Zwei Beispiele, schwierige Situationen mit Witz zu überstehen: Als ich in Eindhoven von einem Stadtgang in Ausgehuniform zur Einheit zurückkam, war der Unteroffizier dabei, die Rekruten im Drillichzeug durch den Dreck zu ziehen. Ich sollte mich sogleich dazu legen. Doch ich sagte frech zu ihm, dass ich mich mit der größten Wonne in den tiefsten Dreck legen würde, wenn er mir nachher die Uniform säubere; ich brauchte mich nicht hinzulegen. Während der Rekrutenzeit wurde uns wohl spaßeshalber gesagt, dass wir unsere Wäsche nicht zu stopfen brauchten, weil wir von der Wäscherei doch wieder andere Wäsche zurück bekämen – sie war nämlich nicht gezeichnet. Dies machte ich mir zunutze, als ich in Lyon bei der Ausbildung zum Bordfunker bei einer Spindkontrolle durch ein klitzekleines Loch im Strumpf aufgefallen war. Ich sagte zum kontrollierenden Feldwebel mit ernstem Gesicht, dass wir während der Rekrutenzeit gesagt bekommen hatten, Löcher nicht zu stopfen, weil wir von der Wäscherei sowieso andere Wäsche zurückbekämen. Er sah mich erstaunt an, schüttelte den Kopf und ging weiter zum nächsten Soldaten; für ihn war ich ein Trottel. Ich selbst nenne dies Witz und Schlagfertigkeit. Eine weitere ‚Gebrauchsanweisung' aus der Soldatenzeit, die auch für Zivilisten gilt: Ziele nie mit einem Gewehr, einer Pistole oder einer anderen Schusswaffe auf einen Menschen, selbst wenn das Gewehr, die Pistole usw. nicht geladen ist! Ausgenommen allerdings der Ernstfall. An dieser Stelle eine eigene Überzeugung: Allgemein wird gesagt, die heutige Jugend sei verweichlicht. Ich glaube dies nicht, denn auch wir waren das, bis der Krieg uns völlig unvorbereitet eingeholt hat. Also wird es bei Euch genau so sein, wenn es einmal zu einem nicht gewollten Ernstfall kommen sollte. Als ich nach Auflösung der Luftwaffe (mangels Benzin!) im Herbst 1944 zu den Fallschirmjägern kam, wurde vom Unteroffizier bei einer Geländeübung befohlen: Hinlegen, feindlicher Beschuss vom gegenüber liegenden Hang. Ich legte mich nicht sofort hin, sondern lief den Hang im Zickzack bis ins Tal 'runter und legte mich dort hin. Als er mich ‚anscheißen' wollte, sagte ich zu ihm, dass er totgeschossen worden wäre, denn auf einem Hang war man für den Feind auf dem gegenüberliegenden Hang eine prima Zielscheibe, wie uns während des Rückzuges aus Frankreich eingebläut wurde – er hatte sicherlich keine Fronterfahrung gehabt und stimmte mir zu! Ich hoffe sehr, dass es nie mehr zu einer solchen Situation kommt.

Zur Schlagfertigkeit sei gesagt, dass auch Ruth sehr schlagfertig und geistesgegenwärtig war. Dazu lediglich ein Beispiel von vielen: Wir fuhren per Fahrrad durch die Frankfurter Innenstadt. Damals gab es noch keine Ampeln und der Verkehr an Kreuzungen wurde durch Polizisten geregelt. Als ich mit Wolfgang im Kindersitz schon über der Kreuzung war, drehte sich der Polizist und sperrte damit unseren Weg. Ruth mit Norbert im Körbchen fuhr trotzdem noch in die Kreuzung hinein, worauf der Polizist ihr zurief: „Junge Frau, wo wollen Sie denn hin?" Sie antwortete: „Meinem Mann nach." Der Polizist lachte herzlich und ließ sie passieren.

Wir sind eigentlich eine sehr musikalische Familie. Und Musik – ich meine vor allem Hausmusik – hilft in vielen Lebenslagen. Deshalb die Bitte, musikalisches Können zu erhalten, selbst wenn es nur Lieder sind, die man ohne instrumentale Begleitung singt. Was mir noch auffällt: Wenn ich Stücke spiele, die eine traurige Erinnerung hervorrufen, kann ich dies ohne Gefühlsaufwallung; höre ich jedoch solche Stücke (z. B. Amacing Grace oder Ich bete an die Macht der Liebe), dann möchte ich am Liebsten das Radio ausschalten.

Was alles so einem beim Schreiben einfällt!

Ruth und ich haben unsere Kindheits-/Jugendtraumen (sie Jahre ohne Vater, ich mit 13 Jahren Waise, dann das grausige Kriegsgeschehen) ohne äußere Hilfe gut weggesteckt bzw. bewältigt. Sie benötigte Hilfe lediglich in ihren Wechseljahren. Darüber mehr im Abschnitt ‚Krankheit'. Unsere Schulzeiten durchliefen wir ohne Schwierigkeiten, für den Besuch des Gymnasiums, wie vom Lehrer bei meinen Eltern befürwortet, fehlte das Schulgeld. Ruth und ich gingen 1943 mit ‚mittlerer Reife' (Handelsschule) ins Berufsleben.

Ruth amüsierte sich über unsere Klassenbilder, auf denen die meisten Kinder barfuß zu sehen sind. In Oberschlesien liefen wir barfuss, allerdings meist in unserer Freizeit, wenn wir uns so richtig austobten. Das hatte den Vorteil, dass unsere Füße schön gewachsen und nicht im Schuhwerk eingezwängt waren, denn als Heranwachsender braucht man eigentlich mitwachsende Schuhe. Vielleicht war dies nicht superhygienisch, aber es gab kaum Fälle von Kinderlähmung.

Die prägensten Jahre für uns war das Jahrzehnt 1940-1949 (daher auch die Auto-Nr. 194…). Wir beide verließen die Volksschule und kamen in die Handelsschule. Während die Jungen in der Zwischenzeit nicht zum Landdienst mussten, wurden die Mädchen dorthin eingeteilt. So kam Ruth ein Jahr lang zum Großbauern Steinhauer in Lauterecken, bei dem sie bis 1939 gewohnt hatten und in dessen Hof sie sich schon als Kind ausgetobt hatte. Während Ruth 1943 beim Arbeitsamt Hersfeld ihre Tätigkeit aufnahm, tat ich dies beim Versorgungsamt Gleiwitz. Sie wurde als Parteiangehörige – mit 18 Jahren wurde man automatisch von der Hitlerjugend in die Partei überführt; mir blieb dieses Schicksal erspart, weil ich mit 18 bereits Soldat war – am 5. 5. 1945 entlassen und arbeitete nach dem Krieg ab 1. 8. 1945 als Sekretärin in einem Möbelgeschäft und im Sommer 1947 – wie bereits erwähnt – bei der Versorgungsdienstelle als Chefsekretärin. Ich machte die Soldatenzeit mit allem Drum und Dran mit und kam nach der Entlassung nach Kassel bzw. Elmshagen zum Versorgungsamt Kassel und später zur Versorgungsdienststelle in Hersfeld. Im Entnazifizierungsverfahren fielen wir beide unter ‚Jugendamnestie', also hätte man Ruth 1945 eigentlich nicht entlassen dürfen. Diese kurzen Lebensläufe sollen lediglich zeigen, was man aus seinem Leben machen kann.

Das gemeinsame Leben begann mit der Verlobung am 24. 12. 1949, vor nunmehr 60 Jahren! Die 1940er Jahre erwiesen sich entgegen allen Erwartungen als Jahrzehnt mit einem für uns schönen Ausgang. Es war auch ein Jahrzehnt des Heimwehs, vor allem zu den Weihnachtsfeiertagen, denn meine Mutter und meine jüngeren Geschwister hatte ich zuletzt 1943 gesehen. Ich träumte damals oft, dass ich am Bahnhof in Bobrek – ein Nachbarort meines Heimatortes Schomberg bei Beuthen (Oberschlesien) – aus dem Zug ausstieg, zu Fuß nach Schomberg gehen wollte, aber an der Ortsgrenze der Traum jeweils abrupt abbrach. Diese Träume hörten auf, als es mir im Jahre 1956 nach 13 Jahren endlich erlaubt wurde, meine Angehörigen in Oberschlesien wiederzusehen. Zum Träumen ein Vorgriff auf das Jahr 2006: Als Ruth starb, sah ich sie kurz danach nach einem Mittagsschlaf – also noch im Halbschlaf – auf der Couch sitzen und sie war ganz abgemagert. Meine Reaktion war die Frage: „Gibt es denn da oben nichts zu essen?" Ob dies auch unter Schlagfertigkeit fällt? Denn als ein Schulfreund von mir starb, sprach ich mit dessen Frau, die ich als Schombergerin kannte. Sie sagte mir, dass sie ihn nach dem Tode in der Tür stehen sah; auch sie hatte gerade auf ihrer Couch einen Mittagsschlaf gemacht und war sprachlos, brachte also kein Wort heraus. Dabei hätte sie darauf vorbereitet gewesen sein müssen, weil sie einen Termin hatte und ihn bat, er solle sie wegen eines Termins um drei Uhr wecken – und es war Punkt drei Uhr, als ihr verstorbener Mann in der Tür stand. Sie war bei unserem Gespräch beruhigt, weil mir ein gleiches Erlebnis widerfahren war. Ihr hatte zuvor niemand das Gesehene glauben wollen. Ich habe gelesen, dass Träume wichtig für die psychische Gesundheit sind und ab 2009 in Mainz sogar eine Ambulanz für Albträume eingerichtet wird, wobei man auch auf Klarträume eingehen will. Ein Satz daraus: Vor allem bei herausragenden Ereignissen wie dem Tod eines Menschen oder bei wichtigen Entscheidungen entstehen eindrucksvolle Träume.

Ruths Kindheit bzw. Jugendzeit kommt zwangsläufig ein bisschen zu kurz, denn da kann ich nur auf ihre Erzählungen zurückgreifen. Dabei steht vor allem ihre Freundschaft zur Klassenkameradin Elsbeth Philipp, geborene Heinz, aber auch zur weiteren Klassenkameradin Hertha Gödtel sowie ihre Zeit als Landdienst in Lauterecken im Vordergrund. In der Landwirtschaft von Steinhauer kam sie gut mit Vieh und Hund zurecht, musste sogar mit ihren 14 Jahren täglich neben der Haus- und Feldarbeit noch zehn Kühe per Hand melken, was ihr gar nichts ausmachte. In dieser Zeit war die Familie ihrer Freundin Elsbeth nach Lothringen umgezogen, weil sie dort ihre kleine Landwirtschaft in Lauterecken gegen eine große ‚tauschen' konnte; 1945 ging es wieder zurück nach Lauterecken. Ihren Urlaub 1943 verbrachte sie bei der Familie Heinz in Lothringen. Nach ihren Erzählungen waren es schöne Zeiten gewesen. In Bad Hersfeld hatte sie eigentlich nur eine Freundin, die Josefine Griesfeller hieß. Aber alle waren sie viel kleiner als sie, sodass sie sich mit ihnen meist gebückt unterhielt.

Bevor ich wieder auf unser gemeinsames Leben zurückkomme, ein Rückblick auf meine Kind- bzw. Jugendzeit.

Ein sehr in der Erinnerung haftendes Erlebnis von mir war meine Fahrradtour 1941 nach Woischnik in Ost-Oberschlesien. Als nämlich Großmutter Johanna Kroczek im März 1941 ein Jahr nach Papas Tod starb, benötigten ihre Kinder in Schomberg nicht ihr Inventar, weil sie inzwischen gut ausgestattet waren. So kamen Verwandte von Onkel Bruno Jonderko aus Woischnik mit ihrem Pferdefuhrwerk und holten die Sachen ab. Ich fuhr mit dem Fahrrad hinterher und blieb einige Tage – es war Osterzeit – bei ihnen; sie hatten einen größeren Bauernhof. Ich sagte der Mama nichts von diesen Plänen, aber irgendwie erfuhr sie, dass ich in Woischnik war. Hier bekam ich bewusst mit, dass zu Ostern die Glocken schwiegen und dieses Glockengeläut durch hölzernes Klappern ersetzt wurde. Unangenehm für meine Wirtsleute war sicherlich, dass ich meine Hitlerjugend-Uniform an hatte, denn dieses Gebiet war ja von 1922 bis 1939 polnisch gewesen. Meinen Ausflug bitte ich nicht nachzuahmen, denn den Eltern sollte man nicht solche Sorgen bereiten und bei der Kleidung solltet Ihr das Umfeld beachten. Dass ich seinerzeit HJ-Uniform trug, führe ich darauf zurück, dass es im ‚Braunen Laden' Uniformen ohne Bezugsscheine gab, während für normale Kleidung ein Bezugsschein unerlässlich war, den es nicht so einfach gab; so wunderte sich meine Mutter, dass sie am Tag, als Papa starb, einen solchen Schein anstandslos bekam, weil man auf dem Amt bereits vom Tode wusste, sie aber noch völlig ahnungslos war.

Ein anderes Erlebnis: Papa hatte als Bergarbeiter Schichtbetrieb. Hatte er Nachtschicht gehabt, denn legte er sich tagsüber aufs Chaiselongue und zwar auf den Rücken mit auf dem Bauch gefalteten Händen. Dies gefiel meiner Mama überhaupt nicht, denn sie sah dabei immer einen Toten.

Drei mir in Erinnerung gebliebene Notlügen veränderten nicht nur mein Leben. Als ich ab 1. 1. 1944 Regierungsinspektor-Anwärter wurde, erhielt ich vom Versorgungsamt Gleiwitz eine Abschrift der Urkunde zugesandt. Ich war damals in der Rekrutenausbildung in Eindhoven (Niederlande). Voller Stolz sagte ich dies dem Spieß, der mich daraufhin zu niedrigen Arbeiten abkommandierte, wie Klos sauber machen, weil ich in seinen Augen nun ein ‚Scheißhaus-Anwärter' wäre – in der Kriegsgefangenschaft durften wir übrigens keine Klos sauber machen, dies war einzig und allein Sache der amerikanischen Soldaten. Dieser negativen Einstellung der Vorgesetzten konnte ich erst entkommen, als nach unserem Rückzug aus Frankreich die Papiere verloren gegangen waren und im Herbst 1944 wieder neu ausgestellt wurden. Nun gab ich als Beruf Verwaltungslehrling an und hatte eine wunderbare Ruhe. Nachteil: Im Entlassungsschein steht ebenfalls Verwaltungslehrling (Administration Apprentice), sodass ich beim Versorgungsamt Kassel vier Monate lang wieder als Verwaltungs-Lehrling tätig war. Aber ich arbeitete wieder in der Versorgungsverwaltung! Und hier komme ich zur zweiten Notlüge, die noch wesentlicher mein Leben beeinflusste: Als ich zur Entlassung aus der Kriegsgefangenschaft anstand, gab ich die Anschrift meines Freundes Kurt Bethge aus Kassel als meine Heimatanschrift an. So steht es dann auch im Entlassungsschein. Wäre ich bei der Wahrheit geblieben, hätte man mich nach Oberschlesien entlassen, wie es auch manchem Schulfreund gegangen ist, der in westlichem Gewahrsam gewesen war. Man sieht, manche Notlügen sind nützlich, zumal ich dadurch auch meinem Bruder Alfred, der in Großbritannien in Gefangenschaft war, 1948 bei seiner Entlassung eine echte Adresse hier im Westen geben konnte. Als dritte Notlüge, die zur Ausreise meines Bruders Reinhold nach Westdeutschland führte: Auf meinen Antrag hin übersandte ihm 1957 die Messe Hannover eine Ausländereintrittskarte, denn er wollte über diesen Weg hierher kommen. Er erhielt von den polnischen Behörden tatsächlich eine Ausreisegenehmigung, wobei sie sich wunderten, dass er als normaler Bürger eine solche Einladung erhalten hat.

Weiteres Nachahmenswertes aus meiner Kindheit und Jugendzeit: Bereits in dieser Zeit war ich sozial eingestellt. Hatte ich irgendwo einen Einfluss, dann machte ich ihn mehr für andere als für mich geltend. In meiner Gefangenenzeit in Fort Knox, Kentucky, half ich einem Mitgefangenen aus den Klauen eines Lagerkommandanten, der ihn laufend piesackte. In diesem Fort gab es drei Lager, ein Haupt- und zwei Nebenlager. Horst Geigk aus Berlin war in einem dieser Nebenlager, ich befand mich im Hauptlager. Oberst Lloyd L. Hamilton vom Hauptlager wollte mich ursprünglich adoptieren, ich sagte ihm später, dass ich doch nicht in den USA bleiben wollte. Er hielt aber seine schützende Hand über mich, sodass ich von den Amerikanern ‚Junior‘ oder ‚Colonel's Boy‘ genannt wurde.

Als mir Horst Geigk von den Schikanen erzählte und mich bat, ihm zu helfen, ging ich zum Oberst und sagte, er wolle doch, dass ich gut Englisch lerne und ich habe einen Gefangenen, der mir dies beibringen könne, der allerdings im Nebenlager sei. Er wollte seinen Beruf wissen: Radiomechaniker. Darauf schickte mich der Oberst zum für die Arbeitseinteilung zuständigen Captain, ob hier eine solche Stelle vorhanden sei. Ich sprach mit diesem Captain und sagte ihm, dass der Oberst einen Gefangenen hier unterbringen wollte, der von Beruf Radiomechaniker sei. Selbstverständlich hätte er für den Oberst eine solche Stelle. Ganz froh ging ich ins Nebenlager und sagte dem Captain Touchet, also dem Lagerleiter, dass ich wieder einmal einen Gefangenen aus seinem Lager 'rausholen wolle, nachdem er mich mit „How do you like my paradise" begrüßt hatte. Als ich ihm sagte, dass es sich um seinen für die Lautsprecheranlage des Lagers zuständigen Gefangenen – Horst Geigk – handele, dann explodierte er förmlich, aber es nützte nichts, weil es für ihn ein Befehl ‚von oben' war. Horst Geigk bedankte sich später bei mir damit, dass er zu Weihnachten 1945 mir ein selbstgebasteltes Radio schenkte. Diese Geschichte ist zwar ziemlich ausführlich geworden, aber gekürzt wäre sie nicht so verständlich. War das wieder mit einer (nützlichen) Notlüge gegenüber dem für die Arbeitseinteilung zuständigen Captain verbunden gewesen?

Das Helfen sollte jedoch geschehen, ohne dies an die große Glocke zu hängen. Die soziale Einstellung spricht sich sowieso herum. Außerdem hat man bei einem erfolgreichen Helfen ein schönes Glücksgefühl. So ein Glücksgefühl hatte ich auch, als ich kommissarischer Leiter des Versorgungsamtes Suhl war und mich gegenüber dem Ministerium durchsetzte, das Entlassungen forderte, sodass ich drei ‚überzählige' Bedienstete behalten konnte. Das zeigt auch, dass man, wenn man Verantwortung hat, sich vor die eigenen Leute stellen soll.

Zurück zum gemeinsamen Leben: Seinerzeit fragte man noch offiziell die Eltern, ob man die Tochter heiraten dürfe. Ich tat dies – weil ich ja schon lange vor der Verlobung in ihrem Haus ein- und ausging – so nebenbei während eines Skatspiels mit Opa Kunz und Schwager Domröse. Opa hatte nichts dagegen und wir spielten weiter Skat.

Ruth genierte sich mir zu sagen, dass sie Brillenträgerin sei. Sie trug sie nicht dauernd und als wir einmal in Hersfeld spazieren gingen, zog sie diese zögernd aus dem Etui und wartete wohl darauf, was ich sagen würde. Ich nahm dies einfach zur Kenntnis, weil dies für mich völlig normal war. Die Brille stand folglich einer Verlobung und Heirat nicht im Wege. Ruth setzte die Brille nicht gern auf, bis es ihr dann doch unangenehm war, Bekannte auf der Straße in Frankfurt am Main nicht zu erkennen. Wie arg schlechtes Sehen ist, sagte mir einmal mein Schulfreund Ernst Kaluza, der als Kind schon kurzsichtig war. Er sagte mir, dass er in der Schule nicht erkennen konnte, was der Lehrer auf die Tafel schrieb. Dadurch wurde seine Kurzsichtigkeit festgestellt und erhielt eine Brille und zu seinem Erstaunen waren die bunten Flecken auf den Wiesen schön geformte Blumen!

Ob Wolfgang oder Norbert, wenn sie etwas ausgefressen hatten, das Schuldgefühl mit Lachen überbrückten, kann ich eigentlich nicht sagen. Dazu hätte Ruth mehr sagen können. Denn es ist anerkannt, dass Kinder, wenn sie dabei ertappt werden, ganz unterschiedlich reagieren. Das Lachen kann ein Zeichen der Verlegenheit sein, es kann aber auch sein, dass Kinder auf diese Weise ihr Gesicht wahren möchten. Eltern sollten dabei möglichst ruhig bleiben. Dies alles entnehme ich einem Zeitungsausschnitt, wobei auch erwähnt wird, dass das Lachen auch eine Provokation sein könnte; Mutter und Vater sollten aus der Reserve gelockt werden, um im Machtkampf zu punkten.

Gerade in Zeiten, als unsere Buben klein waren und praktisch das Rüstzeug für ihre Zukunft in sich aufnahmen, war ich beruflich meist nicht daheim: 1951-1952 unterwegs von Bad Hersfeld nach Frankfurt am Main, 1956-1958 unterwegs von Frankfurt am Main nach Wiesbaden. Ich muss aber sagen, dass Ruth als ‚allein erziehende' Mutter sehr erfolgreich war und dafür bin ich ihr heute noch sehr dankbar.

In einer harmonischen Ehe ist Vertrauen sehr wichtig. Es gab vielleicht manchmal Unstimmigkeiten, aber an einen echten Streit kann ich mich wirklich nicht erinnern. Wir machten alles gemeinsam, angefangen von finanziellen Fragen – wir beide hatten ein gemeinsames Konto – bis zu Urlaubsfragen. Wir wären nie auf die Idee gekommen, getrennt Urlaub zu machen. Und wenn es mal zu einer Unstimmigkeit kam, dann war eine Aussprache besser als Schweigen. Ruth war konsequenter als ich. So sprach sie kein Wort mit der Nachbarin, weil diese die Hausordnung nicht einhielt. Ich war nachgiebiger; so grüßte ich schließlich als einziger einen nebenan wohnenden Richter, der stur durch die Landschaft ging, erzielte aber insofern einen Erfolg, weil er nach Wochen auch mich grüßte. Ob das von mir eine ungewollte erzieherische Maßnahme war? Ferner hatten wir schon in jungen Jahren die Devise: Jede Frau ist zur Witwe und jeder Mann zum Witwer zu erziehen. Diese Erfahrungen kommen mir nun als Witwer sehr zugute.

Wenn unsere Buben uns etwas fragten, was wir nicht gleich beantworten konnten, gaben wir dies zu und sagten nach dem Motto, die Eltern wissen auch nicht alles, dass wir dieser Frage nachgehen würden.

Beruflich war es eigentlich ganz gut, dass ich Vertriebener war, denn ohne ein eigenes Haus zu besitzen, fiel mir, aber auch Ruth die Entscheidung nach Ortswechseln nicht schwer, was sich letztlich auch durch Beförderungen bis zum Regierungs-Oberrat ausgewirkt hat. Manch einer der Kollegen lehnte im Hinblick auf ihre Sesshaftigkeit eine Versetzung ab und blieben meist bis zu ihrer Pensionierung in niedrigeren Rängen.

Manchmal geht einem der Gaul durch, was ich bei Ruth nicht erlebte. Ich war froh, dass es keine negativen Folgen gab. So wollte ich wütend aus einer Besprechung über die Zukunft unserer Tischtennis-Mannschaft gehen, weil man uns in zwei Mannschaften aufteilen wollte und die zweite Mannschaft nicht mehr im Landeshaus spielen durfte. Man beruhigte mich und wir spielten weiter wie bisher im Landeshaus. Ein andermal waren wir als Vertreter der einzelnen hessischen Ministerien in der Hessischen Zentrale für Datenverarbeitung zum Anschauungsunterricht mit diesem neuen System. Der Chef der Zentrale behandelte uns wie dumme Schulbuben – er war ja so gescheit –, was mich auf die Palme und soweit brachte, den Schulungssaal verlassen zu wollen. Man hielt mich zurück und der Anschauungsunterricht ging ohne seine Überheblichkeit weiter. Ein gravierendes Erlebnis in diesem Sinne hatte ich schon 1943, was mein ganzes Berufsleben negativ hätte beeinflussen können: Das Versorgungsamt Gleiwitz benötigte eine politische Beurteilung durch die Hitlerjugend (HJ), damit ich ins Beamtenverhältnis übernommen werden konnte. Der HJ-Führer sagte daher, ich solle zum Dienst erscheinen, obwohl ich bereits beim Reichsarbeitsdienst (RAD) war und meine Einberufung zur Wehrmacht bevorstand. Ich ging also zum Mechtaler Jugendheim und hatte mit meinem Marschierschritten die Buben durcheinander gebracht, weil ich in der Zwischenzeit beim RAD einen anderen – größeren – Schritt beigebracht bekommen hatte. Der HJ-Führer ließ uns dann vor dem Jugendheim halten und machte mir deshalb Vorwürfe und zwar laut, so dass es auch die anderen HJ-Einheiten einschließlich der Mädchen hörten. Das war für mich zuviel und ich sagte zu ihm, er könne mich am Arsch lecken und ging nach Hause. Meine Mutter war entsetzt! Es ging dann doch glimpflich aus, denn ich wurde zum 1. 1. 1944 ins Beamtenverhältnis übernommen. Vermutlich tat ich ihm leid, weil ich in den Krieg ziehen musste. Ich denke, ich habe in allen drei Fällen Glück gehabt; das muss aber nicht immer so sein.

Ein Hinweis nach dem Motto: Macht das Beste in der jeweiligen Lage/Situation im Folgenden.

Ruth war schon als Jugendliche eine begeisterte Wanderin. Mit dem Hersfelder Wanderverein hatte sie manche Kilometer in Berg und Tal hinter sich gebracht. Sie hätte ja auch daheim faulenzen können, aber das befriedigte sie nicht. Auch war sie im Sportverein sehr aktiv und zu meinem Erstaunen sagte sie einmal, als wir im Fernsehen eine Sportübertragung mit Rhönrädern sahen: „Das habe ich auch gefahren." Ich wüsste nicht, ob ich mich an so ein Rhönrad herangetraut hätte. Im Wasser bestand sie die Freischwimmer-Prüfung. Sie machte also das Beste in der damaligen Zeit der Knappheit auf allen Gebieten, indem sie sich den Sachen widmete, die ihr Spaß bereiteten. Freude bereitete ihr auch die Truppenbetreuung im Hersfelder Kurpark bei verwundeten Soldaten. Und nicht zu vergessen, per Fahrrad war sie nach dem Krieg oft in der Umgebung ihrer Heimatstadt unterwegs. Und wenn man schon in der HJ sein musste – es gab ein entsprechendes Gesetz aus dem Jahr 1936 –, dann brachte sie es zu einer Unterführerin im Bund Deutscher Mädel (BDM). Was ich schon erwähnt habe, durch ihre positive innere Einstellung zur Arbeit bei einem Bauern brachte sie den einjährigen Pflichtdienst als ‚Landmädel' gut hinter sich, wobei sie noch im Winter auf der zugefrorenen Glan sich mit Schlittschuhlaufen austobte. Nach dem Landdienst wollte sie sich 1941 von dem Jahresgeld ein Fahrrad kaufen, die es aber nicht mehr gab. Auch bewegte sie sich in dieser wirklich kargen Zeit gekonnt auf dem Tanzboden in einer Hersfelder Tanzschule. Wie gesagt, für die damalige Zeit mit den vielen Einschränkungen sowie eigener Arbeitslosigkeit – auch ihr Vater war in dieser Zeit rund zwei Monate arbeitslos gewesen – holte sie für sich das Beste heraus. Die enormen Einschränkungen der damaligen Zeit sind unter anderem auch daran erkennbar, dass es bis zum Jahr 1950 Lebensmittelkarten gab. Hier passt der Spruch von Leo Tolstoi: Wenn uns etwas aus dem gewohnten Gleis wirft, bilden wir uns ein, alles sei verloren; dabei fängt nur etwas Neues, etwas Gutes an.

Bei mir war es nicht so umfangreich. In der Hitlerjugend entschied ich mich für den Fanfarenzug und trommelte schon als 13jähriger auf der großen Landsknechttrommel. Später im Spielmannszug war es dann die kleinere Trommel, dessen Bezeichnung mir entfallen ist. Noch später, als ich 15 Jahre alt geworden war, ging ich zur Flieger-HJ und lernte Segelfliegen und Morsen. Also ich wollte bewusst oder unbewusst nicht ein simpler ‚Pimpf‘ sein, wie wir genannt wurden. Nach der damaligen Rechtslage wurde man mit 16 Jahren zum RAD und mit 17 zur Wehrmacht einberufen. Beim RAD verbrachte ich fast die gesamte Zeit in der Schreibstube, weil ich als Handelsschüler die besten Voraussetzungen mitgebracht hatte. Bei der Wehrmacht war ich Freiwilliger, weil ich dadurch ein Jahr meiner Ausbildungszeit als Regierungsinspektor-Anwärter geschenkt bekam und sowieso mit 17 eingezogen worden wäre. Was aber für mich wichtiger war: Ich konnte mir den Truppenteil aussuchen und das war für mich die Luftwaffe; ich wollte Bordfunker mit sehr langer Ausbildungszeit – also nicht so schnell an die Front – werden. Nicht ganz dumm für einen 17jährigen, oder? Auch ich machte so das Beste in der damaligen Zeit. Hier noch ein Unterschied zwischen dem Leben in Oberschlesien und dem restlichen Deutschland. Während nach dem schon erwähnten HJ-Gesetz alle anderen Jugendverbände verboten waren, waren wir in OS weiter im katholischen Jugendverband. Ruth wollte mir dies nicht glauben, bis ich ihr eine Ansichtskarte zeigte, die ich im Sommer 1939 bei einem katholischen Wochenendaufenthalt im Oberschlesischen Arbeiter Freizeitheim, Vatershausen, ‚An den Landjahrpflichtigen Alfred Maniura, Burg Runkel a. d. Lahn, Bez. Wiesbaden‘ adressiert hatte. Im zum deutschen Reich gehörenden, aber streng katholischen Oberschlesien wurden nicht alle Reichsgesetze befolgt.

Ich sehe, dass meine Enkelin Tessa mit ihrer Anregung, etwas über unser Leben zu schreiben, bei mir eine Lawine ausgelöst hat, denn es kommen immer wieder neue Gedanken dazu, auch wenn sie nicht immer mit ‚Lebensweisheiten' zu tun haben. Ich hoffe, dass mir so manche Abschweifung nachgesehen wird.

Die technischen Fortschritte traten natürlich auch in unser Leben ein. Bis wir es zum Telefon brachten, war bereits das Jahr 1963 angebrochen. Einen Fernseher konnten wir uns erst Jahre später leisten; Wolfgang war damals fast 18 Jahre alt und fragte jedes Mal, ob er den Fernseher anmachen dürfe. Und heute stehen solche Geräte schon in fast allen Kinderzimmern. Fragt sich nur, was besser war/ist. Der technische Fortschritt ist frappierend und wir halten immer Schritt, wie dies die Arbeit mit einem PC zeigt. Angst vor weiteren Fortschritten auf diesem Gebiet sind fehl am Platz, da bin ich mir sicher.

Wir – Ruth und ich – erzählten uns auch über Gepflogenheiten in der Pfalz und in Oberschlesien. So sagte ich ihr einmal, dass bei uns auf dem Kartoffelacker Furchen gezogen wurden, während in der Pfalz und in Hessen die Kartoffelfelder eben sind. Auch sagte ich ihr, dass wir das Kraut in Fässern als Sauerkraut füllten und damit viel hinein passte, wurde das Kraut von Papa mit den Füßen eingestampft. Als meine Mutter 1960 als Spätaussiedlerin hierher kam, war eine der ersten Fragen von Ruth, ob es wirklich so sei, dass in Oberschlesien die Kartoffelfelder Furchen hätten und das Kraut tatsächlich mit Füßen eingestampft werde.

Es geht nichts über eine gute Orientierung in der Fremde. Das fiel Ruth, mir und unseren engeren Verwandten leicht. Meine Mutter beispielsweise richtete sich in einer fremden Stadt wie München nach den Kirchen und dem Hauptbahnhof als Merkpunkte. Wie die jüngeren Generationen sich zurechtfinden, wenn das Navi-Gerät einmal streikt, erwarte ich mit Spannung.

Ruth und ich hatten ein gutes monatliches Einkommen, leider nicht zu der Zeit, als unsere Buben noch klein waren. Später leisteten wir uns zwei Mal im Jahr Urlaub und sparten auch, meist in Aktienanteilen. Hier galt und gilt der Spruch: kaufen und dann einfach vergessen. Aber ab und zu greift man doch auf diese Spareinlagen zurück, zum Beispiel bei unserer USA-Fahrt vom 1. 5. bis 18. 6. 1981 oder letztens für Eure Zukunftssicherung nach dem Tod von Oma.

Das Alter bzw. das Altern war für uns kein Thema. Wie schrieb Norbert so nett bei meinem 80. Geburtstag: Es geht nicht darum, wie alt man wird, sondern wie man alt wird. Dazu tragen auch Wandern, Sport, Musizieren und weitere ausgleichende ehrenamtliche Tätigkeiten bei. Ich habe mir angewöhnt, Tagebuch, aber auch ein Fahrtenbuch zu führen. Das half mir schon zwei Mal bei Aufklärung von falsch eingeleiteten Strafmaßnahmen der Verkehrspolizei. Auch haben wir beide abends nicht nur vor dem Fernseher gehockt, sondern uns unterhalten, im Alter noch zwei Tanzkurse besucht, Rätsel gelöst, gelesen, Video- und Camcorder-Aufnahmen angeschaut, Schallplatten abgehört, um nur einiges für die Abendstunden zu erwähnen; tagsüber war ich ja beruflich beansprucht und Ruth mit Kinderbetreuung sowie Einkäufen und Hausarbeiten. Sie freute sich später auf den Titel: Urgroßmutter. Dieser Wünsch blieb leider unerfüllt.

Dann haben wir uns angewöhnt, nichts lange liegen zu lassen. Das liegt mir auch heute nach Ruths Tod im Blut (siehe Erziehung zum Witwer), denn ich könnte beispielsweise benutztes Geschirr nicht sammeln, sondern wasche täglich ab. Wichtig auch lebenslanges Lernen und keine Scheu, neue Aufgaben zu übernehmen. Meine Berufserfahrung lehrt, dass man auch völlig Neues, Unbekanntes gut in den Griff bekommt, wenn man einfach 'rangeht und dazu lernt. Im zivilen Bereich zeigt sich dies im Umgang mit dem PC. Bei übrigens von mir organisierten jahrzehntelangen Klassentreffen sowohl von Mitschülern der Volksschule, meist verbunden mit Heimattreffen, als auch von Mitschülern der Handelsschule fand ich lediglich einen einzigen Klassenkameraden, der einen Computer besaß – alle anderen hatten vor dieser neuartigen Arbeitsweise zurückgeschreckt. Zur Lebensweise gehört auch, sich nicht hetzen zu lassen. Bei Vorbereitungen zu irgendeinem Ereignis, beispielsweise Klassentreffen, sich Zeit nehmen, aber nicht jahrelang, wie ich dies bei anderen erlebt habe. Einen Punkt nach dem anderen abhaken und vor allem den Überblick bewahren. Auf diese Weise gelang es mir, innerhalb von wenigen Monaten die 100-Jahrfeier des verstorbenen Vorsitzenden der BundesSeliger-Gemeinde – Dr. h. c. Wenzel Jaksch – im Biebricher Schloss durchzuziehen. Wichtig bei Veranstaltungen, selbst bei Beerdigungen, gut gestaltete Reden zu halten, möglichst ohne einen Zettel zu benutzen. Dazu gehört die Fünf-Satz-Rede, wobei man diesen Redeblock mit weiteren Blocks verbinden kann, sodass es dann mehrere Fünf-Satz-Reden gibt. Also leicht zu merken: Von jedem dieser fünf Sätze ein Stichwort behalten und diese fünf Stichwörter dann wieder in Sätze verwandeln. Bei einiger Übung geht es schon wunderbar, sobald man die Einleitung, also den ersten Satz, gut hinter sich gebracht hat. Der erste Satz könnte lauten: Meine lieben Freunde oder Meine Damen und Herren. Und schon ist man im Redefluss drin. Ähnlich auch bei musikalischen Vorträgen: Man sucht sich als erstes Stück ein leichtes gut eingeübtes Stück heraus und die weiteren Stücke bereiten dann kaum noch Schwierigkeiten.

Wir lernten Reden bei einer gewerkschaftlichen Schulung in Berlin. Da ich wie üblich Ruth mitgenommen hatte, bat der Schulungsleiter, sie solle doch mitmachen, auch wenn sie sich nicht vorbereitet habe. Das tat sie dann auch und war beim Abschluss viel besser als mancher Gewerkschaftskollege, was sie zu Recht mit Stolz erfüllte.

Im täglichen Leben sind auch Hobbys nicht zu verachten. Ob es sich um Sammeln von Briefmarken oder von Tischdecken-Sticken handelt ist nebensächlich. Auf die Entspannung kommt es dabei an. Rauchen und unmäßiges Trinken zähle ich nicht dazu.

Im Leben ist Rücksichtnahme und Zuhören sehr wichtig. Dies entwickelte sich bei mir verstärkt in Frankfurt am Main, wo ich von der Stadt nebenberuflich als Vorsitzender des Fürsorgebezirks ‚Industriehof' eingesetzt worden war und in diesem Bezirk wohnten auch Ausländer aus 18 Ländern. Oft gehörte geduldiges Zuhören dazu, um sie zufrieden zu stellen.

Manches, was ich hier schreibe, liest sich ein bisschen wie Eigenlob. Das soll es aber nicht sein, sondern vielmehr Lebensweisheiten vermitteln, die von allgemeiner Gültigkeit sind. Ruth hatte ähnliche Erfahrungen bei jahrelanger Betreuung von alten Menschen – meist im Rollstuhl – im Kohlhecker Simeonhaus gehabt.

Einen guten Rat, um Ärger mit Vorgesetzten oder anderen Personen zu vermeiden, gab mir unser Hausarzt Dr. Steller in Bad Hersfeld. Er sagte, ich solle den Spieß doch einfach umdrehen, sodass sich der oder die andere ärgert. Dies gelang mir erst nach jahrelanger Übung.

Wer irgendetwas, was sie oder er nicht bestellt hat, zugesandt bekommt, sollte es eine Zeitlang aufheben und dann entsorgen, gleich auf welche Art, denn eine nachgesandte Rechnung entbehrt ja jeder Grundlage. Hier könnte eine Rechtsschutzversicherung nützlich sein.

Der erste Abschnitt wurde recht lang, weil er nicht nur Ratschläge für Jüngere enthält, sondern auch allerhand Wissenswertes aus unserem Leben gebracht hat. Sicherlich habe ich das eine oder andere vergessen. Die folgenden Abschnitte werden kürzer ausfallen.

Religion

Ich erinnere daran, dass Ruth und ich streng religiös erzogen wurden, sie evangelisch, ich römisch-katholisch. Dass es in ihrer Ahnenreihe auch Katholiken und in meiner auch

Evangelische gab, hatte uns zunächst überrascht. Es zeigt jedoch, dass es bei der Religionszugehörigkeit früher auf den Herrscher ankam; war er reformiert, dann musste es auch sein Volk sein und umgekehrt. So gesehen kann es keine zwei Himmel geben, denn das Volk hatte in dieser Frage keine Wahlfreiheit. Gerade im alten Deutschland mit den vielen Fürstentümern kam es daher zu einem bunten Religionsteppich, was sich zum großen Teil noch heute auswirkt.

Ruth war in Homburg (Saar) in der evangelischen Kinder-schule – sie sagten Spielschule – unter zivilen Schwestern, ich in Schomberg im katholischen Kindergarten unter Non-nen. Nach den Umzügen ging Ruth in die religionsfreie Volkshauptschule Lauterecken sowie in die Südschule Hersfeld mit gemischten Klassen. Ich besuchte die katholi-sche Volksschule zu Schomberg, die im dritten Reich ebenfalls in eine religionsfreie Schule umgewandelt und das Kreuz in der Klasse durch das Hitlerbild ersetzt wurde. Wir hatten Klassen, die getrennt für Buben und Mädchen waren. In unserer Klasse gab es zwei oder drei nicht-katholische Schüler, die ich beim Religionsunterricht benei-dete, denn sie durften vorzeitig nach Hause gehen. Ruth besuchte den Konfirmandenunterricht in Lauterecken. Konfirmiert wurde sie 1940 allerdings in Hersfeld, weil ihre Familie bedingt durch Opas Berufswechsel inzwischen umgezogen war. Ich ging in Schomberg zum Kommunions-unterricht und 1936 auch zur ersten heiligen Kommunion.

Weiter kann ich wieder nur von mir schreiben. Die strenge religiöse Erziehung bereits als Kind zeigte sich, als ich während des Kommunionsunterrichts nach der katholi-schen Ohrbeichte zur Buße den Kreuzweg beten musste. Im Nachhinein frage ich mich, was ich als Neunjähriger für schwere Sünden begangen haben mochte, um diese Buße auferlegt zu bekommen. Damals machte ich es mir einfach, ohne es zu bereuen. Ich ging lediglich die ersten sieben Kreuzweg-Stationen, die auf der linken Seite der Kirche waren, einzeln durch, dann setzte ich mich in die

Bank und nahm beim weiteren Beten lediglich Blickkontakt mit den weiteren sieben Kreuzweg-Stationen auf der rechten Kirchenseite auf. Ein Jahr später wurden wir gefirmt. Rektor Franzke von der 1937 noch die katholischen Volksschule war für uns alle der Firmpate. Es gab lediglich zwei Firmnamen zur Auswahl: Johannes und August(us). Ich wählte August, weil mir dieser Name für mich passender schien. Was erinnert mich noch in dieser Beziehung an die Kindheit? Bis 1938 gab es bei der Grenzziehung 1922 die vertragliche Regelung, dass in beiden Teilen Oberschlesiens – also im polnischen Ost-Oberschlesien und im westlichen, deutschen Teil Oberschlesiens die Messen in Deutsch und in Polnisch zu lesen waren. Ein Teil dieser Regelung besagte, dass 1938 die preußische Provinz Oberschlesien aufzulösen und in die Provinz Schlesien zu integrieren war.

Zurück zur Sprachregelung in der Kirche. Seinerzeit wollte ich einmal zur Nachmittagvorstellung ins Kino gehen. Dies war aber nur möglich, wenn ich zur polnischen Vesperandacht um zwei Uhr ging, denn die deutsche Vesperandacht war erst – für mich zu spät – um drei Uhr. Meiner Mutter fiel dies auf und ich wurde gehörig ausgeschimpft; wir waren ja Deutsche! Und ich dachte als Kind: Kirche ist Kirche, obwohl ich von der Andacht kein Wort verstand.

Als Kinder mussten wir ab und zu vor dem Altar auf Kokosteppichen knien, was bei kurzen Hosen sehr weh tat.

Als mein Vater in der Hohenzollerngrube tödlich verunglückt war, setzte Pfarrer Augustin die Beerdigung auf dem Kirchhof – wir sagten nicht Friedhof, es war der Hof neben der Kirche, der er auch gehörte – ausnahmsweise auf einen Sonntag an. In der Sterbemitteilung stand abschließend: ‚Die Beerdigung findet statt: Sonntag, den 21. April 1940 nachmittags 14 Uhr von Schomberg, Feldstraße 18a, aus.‘ Damit wurde erreicht, dass viele Kumpels samt Gruben-Musikkapelle an der Beerdigung teilnehmen konnten. Als damals 13jähriger wollte ich wie die anderen Erde ins Grab schaufeln. Mich hielt jedoch jemand zurück und sagte, dass ich als enger Angehöriger Blumen ins Grab zu werfen habe. Mama setzte auf den Grabstein den Spruch: Der Glaube tröstet, wo die Liebe weint. Bei der Schulentlassung erhielten wir zum Andenken ein kleines Holzkreuz, das ich heute noch besitze. Ich schnitzte auf der Rückseite: ‚1941 L M' ein.

In der Kirche lernte ich nicht nur ein bisschen Latein, sondern auch Hochdeutsch. Ich war Vorbeter und der Kaplan Burtzig gab mir dazu Unterricht in der Aussprache, also nicht i, sondern ü und nicht e, sondern ö usw. In der katholischen Borromäusbücherei führte ich als Schüler unter Aufsicht von Mieze Klossek die Ausleihkartei. Sie schenkte mir aus einem Versteck auf dem Dachboden das Buch ‚Im Gluthauch der Sahara', das auf dem Index stand, weil es inhaltlich um die Fremdenlegion ging. So entging dieses Buch der im dritten Reich vorgenommenen Bücherverbrennung.

Nach der Volksschulzeit blieb ich der Kirche treu. Da passte schon meine Mutter darauf auf. So war dies auch, als ich als 15 bzw. 16jähriger sonntags zum Segelfliegen fuhr. Bevor ich per Straßenbahn losfuhr, musste ich die Frühmesse um sechs Uhr, wenn ich es recht in Erinnerung habe, besuchen. Während es danach im Reichsarbeitsdienst keinen Kirchenbesuch am Sonntag gab, war dies in der Ausbildungszeit bei der Wehrmacht anders. Sonntags wurde getrennt nach Religionszugehörigkeit angetreten und man marschierte zur Messe bzw. zum Gottesdienst.

Nun kommt mein Schutzengel zum Zuge, vermutlich vor allem mein Vater. Man kann es Gottes Fügung, Zufall oder auch Vorsehung nennen, ich nenne es Schutzengel. Einige Beispiele:

Hat mein Schutzengel dafür gesorgt, dass ich während meiner Soldatenzeit vor dem Einsatz in der sogenannten Ardennenoffensive wochenlang bei der kleinen Truppe in der ‚Etappe' in Köln-Weiden verbleiben konnte, während das Gros der Kompanie im belgischen Raum bereits hohe Verluste hinnehmen musste? Es hieß, wir paar Fallschirmjäger sollten am schweren Pioniergerät ausgebildet werden, doch dieses Gerät ließ zum Glück auf sich warten.

Als ich mich am 4. 1. 1945 in einem Bauernhof in Ondenval schlafen legen wollte, sagte mein älterer Freund Günter Beck zu meinem jüngeren Freund Walter Hänsch: Walter, lass' den Leo an der Tür schlafen, da er wegen seines Durchfalls uns dauernd wecken würde. Wir tauschten die Plätze und am nächsten Morgen gegen fünf Uhr traf eine Granate dieses Haus. Walter Hänsch und Günter Beck sowie einige andere Fallschirmjäger unserer Gruppe waren verschüttet, ich lag unter einem Schrank und konnte mich befreien. Beide waren tot, W. H. sofort, G. B. lebte noch eine Weile und betete im Unterbewusstsein das Ave Maria, obwohl er evangelisch war, was mich sehr verwunderte. Ich hatte also einen guten Schutzengel, aber ich frage mich, wo blieben die Schutzengel dieser beiden.

Am 14. 1. 1945 wollten wir die eingedrungenen US-Soldaten im Nachbarort von Ondenval, in Thirimont bei Malmedy zurückdrängen. Mein Gruppenführer hatte für seine Maschinenpistole lediglich zwei Magazine. Er hieß mich, ich solle das jeweils leer geschossene Magazin füllen – er hatte einen mit Munition voll gefüllten Brotbeutel dabei –, was ich im Loch hockend tat. Er schoss aus diesem Loch heraus auf die US-Soldaten. Ich war somit gut geschützt, bis die Munition alle war, auch bei den anderen Fallschirmjägern, und wir uns ergaben.

Vom selben Ort ein weiteres Erlebnis, das auch meine Schlagfertigkeit zeigte: Wir rutschten in Thirimont einen verschneiten Hang hinunter, als eine Granate zwischen den vor mir robbenden Gruppenführer und mich einschlug. Er rief: „Maniura, sind meine Beine noch dran?" Ich antwortete: „Ja, aber ist mein Kopf noch dran?" Befreit lachten wir beide. Ob auch hier der Schutzengel seine Hände über mich gehalten hat?

Als ich Fort Knox, Kentucky, ankam, ließ der Lagerkommandant Lloyd L. Hamilton mich durch seinen Adjutanten notieren. Vielleicht zwei oder drei Wochen später kam er bei mir, während ich in der Wachbaracke beim Putzen war, mit einem Dolmetscher vorbei und fragte, ob ich sein Sohn werden sollte. Ich sagte: „Ja" und er zog ab. Es war noch einige Wochen vor Kriegsende. Später sagte ich zu ihm, dass ich doch nicht in den USA bleiben, sondern in Deutschland leben möchte. Warum also hatte ich das Glück, unter Tausenden von Kriegsgefangenen in den USA diese Sonderstellung zu bekommen? Er gab mir auch den Tipp, in die Kirche zu gehen, worauf ich antwortete, dass ich als streng katholisch Erzogener jeden Sonntag in die Kirche ginge. Vor Weihnachten 1945 wurden einmal alle notiert, die zur Messe gegangen waren. Es gab Pluspunkte für die Entlassung, denn Nazis gehen nicht in die Kirche. Weitere solche Pluspunkte gab es, wenn man sich in Abendkursen weiter bildete, denn auch dies tun ja Nazis nicht. Ich belegte Russisch, weil Polnisch nicht im Angebot war, außerdem Buchhaltung oder ähnliches. So summierten sich meine Pluspunkte und ich kam ca. zwei Jahre früher nach Deutschland als die Masse, denn die anderen Gefangenen verschlug es nach Frankreich oder England zu Aufbauarbeiten. Ich bin überzeugt, dass auch hier mein Schutzengel und natürlich mein regelmäßiger Kirchgang mitgespielt haben.

Im Gegensatz zum Gewahrsam in den USA mit guter Verpflegung gab es in Frankreich, wo ich noch bis März 1945 war, kaum etwas zu Essen. Wurden bei der Messe Hostien ausgegeben, da ging jeder Gefangene hin, so groß war der Hunger. Aber auch in Frankreich spürte ich meinen Schutzengel, denn als wir in Querqueville gefragt worden waren, wer bei den Fallschirmjägern gewesen sei, da diese in die USA verschifft würden, traten alle Kriegsgefangenen vor. Der US-Offizier wollte nun aber die Soldbücher sehen. Während die meisten kein Soldbuch mehr besaßen, hatte ich meines noch und zwar deshalb, weil unser gewitzte Kompaniechef, Oberleutnant Ludwig Havighorst, während des Fronteinsatzes sagte, wir sollten entgegen der geltenden Handhabung im Falle der Gefangennahme unsere Soldbücher behalten.

Nun noch ein Ereignis von vielen, das zeigt, dass Schutzengel auch unsere Familie beschützen. In unserer Frankfurter Zeit gingen wir einmal nach Rödelheim einkaufen. Auf einmal riss sich Wolfgang – er mag zwei Jahre alt gewesen sein – los und lief auf die Straße vor ein abbiegendes Auto. Ruth lief sofort los und riss ihn vor dem mit quietschender Bremse stehenden und schimpfenden Autofahrer zurück; warum ich dies nicht tat, kann ich mir bis heute nicht erklären, vermutlich weil sie ihn vorher an der Hand gehalten hatte.

Während unseres Ehelebens gingen wir sporadisch in die Kirche, meist zu den ökumenischen Gottesdiensten. Wir heirateten nur standesamtlich, weil ihre Eltern auf evangelische und meine Mutter auf katholische Trauung pochten. Diesen Verlangen gingen wir also aus dem Weg und führten, wie ich so sagte, von de Kirche her eine herrlich wilde Ehe. Unsere Buben wurden in der evangelischen Stadtkirche in Bad Hersfeld getauft. Ruth sagte im Vorfeld unserer Goldenen Hochzeit, sie hätte nichts dagegen, wenn wir dies in der katholischen Kirche feiern würden. Pfarrer Wagner sagte uns dazu, dass es nicht erforderlich sei, dass Ruth praktisch katholisch werde, denn es gäbe eine Regelung, die besagt, dass die standesamtlichen Trauungen nach dem Krieg auch als kirchliche anerkannt würden, weil die frühere strenge Handhabung gelockert worden sei. Allerdings müsse die bischöfliche Behörde zustimmen. Auf diese Zustimmung warteten wir jahrelang, also Goldene Hochzeit ohne Kirche. Sogar dem Pfarrer Wagner war es unerklärlich, warum von Limburg an der Lahn keine Äußerung kam.

Vorsehung oder wie man es nennen soll: Warum war ich am Ruths Todestag bei ihr im Badezimmer, wo wir uns doch abends immer allein dort zurecht machten. Vielleicht, weil sie mittags erstmals die Kartoffeln im Sitzen schälte.

So konnte ich sie beim Sekundentod am Waschbecken, wo sie Zähne putzte, auffangen und aufs Klo setzen.

Wir sind uns eigentlich darin einig, dass ein Mensch an irgendetwas glauben muss, gleich ob es eine christliche oder eine andere Religion oder gar eine Sterndeuterei und ähnliches ist. Das verleiht innere Ruhe und man spart den Psychiater. Wir Christen glauben auch an den schon erwähnten Schutzengel, der als Vermittler zwischen Himmel und Erde angesehen wird. So gibt es Schutzengel auch in nichtchristlichen Religionen.

Ein Kalenderspruch ist mir in Erinnerung: Man soll Gott nicht dafür verantwortlich machen, was Menschen anrichten. Gedacht war hier wohl an einen Krieg.

Gesundheit

Man soll viel für seine Gesundheit tun. So gehe ich noch in meinem Alter einmal wöchentlich zur Senioren-Gymnastik in der Gruppe. Dann bin ich auf eine Art Diät gekommen, die mir mein Magen von selbst vorgibt. Wenn ich auf etwas Appetit habe, selbst wenn es streng genommen keine Diät ist, dann bekommt mir dieses Essen trotzdem. Einiges, was unter dem Thema Gesundheit einzuordnen ist, habe ich bereits im Abschnitt Krankheit erwähnt. Viel Bewegung spielt auch eine große Rolle, Spaziergänge und Radfahren sind dafür typisch. Seit Ruth auf dem Waldfriedhof liegt, werden meine Spaziergänge zu ihr regelmäßiger. Mangelerscheinungen haben keine negativen Langzeitwirkungen. Manchmal sind sie sogar förderlich, denn man stellte fest, dass es in der Kriegs- und ersten Nachkriegszeit bei weitem nicht so viele Herztote gegeben hat wie heute, denn man lebte zwangsweise fettarm. Gut für meine Gesundheit ist auch der regelmäßige Besuch auf beiden Friedhöfen, denn es führt bei mir zu einem inneren Ausgleich. Wir haben festgestellt, dass der Gesundheitszustand sich rapide ändert, wenn eine große Aufgabe erfüllt ist. So blieb Oma Kunz solange gesund, bis ihre Mutter nach jahrelanger Bettlägerigkeit mit 107 Jahren starb; dann wurde sie krank. Weiteres Beispiel: Fritz Roppelt, ein guter Bekannter von uns, befasste sich jahrelang mit der Geschichte der dritten Fallschirmjäger-Division. Er war eigentlich ganz gesund. Als das Buch druckreif geworden war, starb er ganz plötzlich. Fazit: Man bleibt solange gesund, solange eine bestimmte Aufgabe zu bewältigen ist.

Krankheit, Trauer

Krankheiten leichterer Art gab es schon immer, ernstere mit stationären Aufenthalten zum Glück nur in geringer Zahl. Bei Ruth denke ich an ihr Gallenleiden seit ihrer Jugend mit Kuren 1950 und 1959, das nach der Operation 1962 praktisch verschwand. Ab diesem Zeitpunkt nahm sie endlich zu! 1959 kam eine stationäre Behandlung wegen ‚strapazierter Nerven' hinzu. Vielleicht war die Schilddrüse daran schuld, deretwegen sie später, nämlich 1975 in der DKD und 1979 im Josephshospital untersucht wurde. 1969 hatte sie nach einer Leistenbruchoperation 1965 nach Einführung eines vermutlich nicht einwand-freien Katheters laufend mit der Blase (Enterococcus) zu tun. 1973 während des Urlaubs in Oberstdorf-Tiefenbach zog sich Ruth einen Oberarmbruch links. Wechseljahr-beschwerden 1980, gegen die sie zeitweilig Hilfe durch einen Psychiater in Anspruch nahm zu. Für 1982 gilt es das Entfernen der Gebärmutter nach Verletzung bei der Ausschabung und 1995 Venenoperation an beiden Beinen hinzuzufügen. Im Jahre 2001 wurde Ruths Grauer Star operiert. Schließlich drei Endoprothesen: Rechtes Knie 2002, linke Hüfte 2003 und linkes Knie 2004. Zum Schluss hatte sie allerhand mitgemacht. Ihre Todesursache war Lungenembolie mit sogenanntem Sekundentod.

Während meiner Soldatenzeit samt Lazarettaufenthalt hat-te ich Marschfraktur an beiden Füßen und damals begann auch mein Magenleiden, das ich durch Diät gut in den Griff bekommen habe; ferner erfroren mir während der Kriegs-gefangenschaft im Januar 1945 einige Finger und Zehen.

1954 diagnostizierte man bei mir in der Frankfurter Universitätsklinik einen hämolitischen Ikterus. 1994 verwarf man diese Diagnose und stellte mit Morbus Moulingracht eine neue auf. Aber auch dies schien nicht zu stimmen, denn 2001 hieß es, es liege in meinem Genbereich – ein Untergen war dran schuld – und da ich bereits über 70 Jahre alt geworden war, bräuchte ich keine Kontrolle oder Behandlung mehr. 1966 Mandeloperation, Leistenbruchoperationen rechts und links (1992, 2008) sowie Gallensteinentfernung im Jahre 2007 und zwei Mal Gürtelrose 1979/80 und 2007 runden meine Krankengeschichte ab. Ich fühle mich trotzdem gesund. Seit 1977 machten Ruth und ich gemeinsam regelmäßig Badekuren in Bad Endbach, zuletzt 2005.

Schrecklich für uns war die Erkrankung unseres Wolfgangs nach seiner Bundeswehrzeit. Er hatte eine Erkrankung der Lunge, möglicherweise über Vögel übertragene Pilze, und war im desolaten Zustand ins Hildegardiskrankenhaus in Mainz eingewiesen worden. Später, 1978 und 1982, war er dort erneut in stationärer Behandlung. Zum Glück konnte man ihm jedes Mal helfen. Im Lauf des Lebens kommen im Rückblick allerhand Erkrankungen zusammen. Vorbeugend machten wir / mache ich jährlich Vorsorgeuntersuchungen. Noch etwas zum Stress: Ein bisschen Stress schadet gar nichts, normaler Stress spornt sogar an.

Nun einige Tipps zur Anwendung von Hausmitteln:

Wenn meine Magenbeschwerden übermächtig werden, trinke ich eine Flasche Bier – nicht aus dem Kühlschrank – schluckweise und spüre ziemlich bald ein wohliges Magengefühl, obwohl es die Hausärztin nicht glauben will. Früher nahm ich einen zu Brei geriebenen Apfel und mein Durchfall war weg. Auch Aufstoßen tut gut, um die Magensäure zu mindern. Im Übrigen habe ich zu meinem Magenleiden eine positive Einstellung, hat mir doch dieses Leiden 1945 an der Front bekanntlich das Leben gerettet.

Einen Apfel nehme ich auch, wenn ich spüre, dass eine Erkältung, beginnend mit Halsweh, im Anmarsch ist. Anscheinend ist die Apfelsäure gut zur Halsweh-Behandlung, zumindest lindert diese Prozedur das Leiden. Als Kind machte meine Mutter für uns heiße Fußbäder, eingehüllt in eine Decke und zu Trinken gab es Zitronentee; auch inhalierten wir über einer Schüssel mit Wasserdampf. Irgendwie war bei Erkältungen dadurch ein Arzt überflüssig.

Hatten wir uns verletzt, gab Mutter Jod drauf. Heute ist Jod verpönt, aber es half.

Beim Schluckauf versuche ich, mindestens dreimal hintereinander die Spucke runter zu schlucken, ohne dass es dazwischen wieder zum Schluckauf kommt. Dann hört er auf.

Wenn ich mir die Finger beispielsweise am heißen Topf verbrenne, dann fasse ich ein Ohrläppchen an und der Schmerz geht zurück.

Damit ich beim Schlaf – seitwärts – keine Kniebeschwerden bekomme, weil Knieknochen auf Knieknochen liegen, lege ich entsprechend einer Empfehlung des Orthopäden ein kleines Kissen zwischen die Knie.

Jahrzehntelang hatte ich eine rote Nasenspitze (Rosazea), auch Säufernase genannt (familiär bedingt, wie ich dies auch bei meinen Geschwistern sehe). Meine bisherige Hausärztin machte mir keine Hoffnung, bis ich einen jungen Hausarzt fand, der mir riet, die Lymphdurchblutung zu fördern, indem ich abends genau fünf Minuten lang die Nasenflügel massieren soll. Dazu die Nasenspitze mit ‚Diroseal' einsalben. Dadurch ging die Röte manchmal bis zum vollständigen Verschwinden zurück.

Morgens reibe ich meine Gelenke mit Franzbranntwein ein und habe daher kaum noch Gelenkschmerzen. Mittags nehme ich gegen Wadenkrämpfe Magnesium-Brausetabletten.

Jahrzehntelang hatte ich es mit Rückenbeschwerden zu tun. Daher auch die Badekuren und Massagen zwischendurch. Bei der letzten Massage – die ist schon ein paar Jahre her – zeigte mir die Therapeutin fünf Übungen, die ich täglich machen sollte, um dem Leiden vorzubeugen. Ich tue dies auch täglich und brauche seitdem nicht mehr in die Massagepraxis. Für mich war dies ein positives, für sie ein finanziell sicherlich negatives Ergebnis.

Bei den Fallschirmjägern lernten wir wochenlang Fallen. Rolle vorwärts, Rolle rückwärts, aber nie über den Kopf, sondern über die rechte oder linke Schulter. Was mir allerdings wichtiger ist: Wenn man nach vorne fällt, soll man sich mit den Ellbogen abfangen und nicht mit den empfindlichen und leicht zu brechenden Handgelenken. Hoffentlich verhalte ich mich im Ernstfall auch so.

Keine Vorangst haben, wenn eine vermeintlich schmerzhafte Untersuchung ansteht. Man kann sich schmerzunempfindlicher machen, indem man sich sagt, es wird nicht so schlimm werden und erstaunt stellt man dann fest, dass es ohne Betäubungsspritze gut gelaufen ist. Hier denke ich an Darm- oder Magenspiegelungen, aber selbst vor einer Zahnbehandlung sollte man daran denken. So ging es mir, als ich in Fort Knox einen Zahn gezogen bekam, wovor ich trotz örtlicher Betäubung mächtig Angst hatte. Da jedoch in dieser Militär-Zahnklinik vom Warteraum aus in alle offenen Kabinen geschaut werden konnte und ich als einziger POW den GIs nicht meine Angst zeigen wollte, ließ ich die Prozedur ganz bewusst über mich ergehen und stellte fest, dass sie gar nicht weh getan hatte. Seitdem habe ich keine Angst vor Zahnarztterminen.

Wenn mich etwas unangenehm drückt, dann lindere ich es durch Zwerchfellatmung.

Ich versuche bei Blutdruckmessungen das Ergebnis dadurch zu beeinflussen, dass ich mir innerlich während der Messung sage: Blutdruck geh' 'runter. Manchmal hilft dies. Außerdem warte ich mit der Messung, bis ich ungefähr zwei Minuten geruht habe. Man kann mental vieles beeinflussen. So zähle ich beispielhaft bei leichten Brustbeschwerden mindestens je fünf Mal innerlich: „Die Brust wird schwer – die Brust wird warm – Ruhe verkörpert sich in der Brust." Das hilft entsprechend auch bei Lampenfieber und anderen Anlässen zur Nervosität.

Erfahrungsgemäß geht man bei Erkrankungen – wenn etwas weh tut – zum Arzt. Bei leichteren Erkrankungen wie Zahnweh oder Heiserkeit setze ich mir einen Termin: Wenn bis zum Soundsovielten die zu ertragenden Schmerzen nicht verschwinden, gehe ich zum Arzt. Erstaunlicherweise erledigt sich dann alles von selbst.

Ich habe diese Ratschläge deshalb meist aus meiner Sicht geschrieben, weil ich Ruth über ihre Erfahrungen leider nicht mehr befragen kann; sie waren sicherlich gleich.

Nach Ruths Tod war die Trauer riesengroß. Mit der Zeit sieht man es realistischer. So sage ich mir, was eingetreten wäre, wenn die Reanimierung nach 45 Minuten (!) Erfolg gehabt hätte. Es wäre sicherlich der von ihr so gefürchtete Pflegefall eingetreten. Zur Erinnerung: Ihre Großmutter war 15 Jahre bettlägerig. Diese Gedanken lindern zwar nicht die immer noch vorhandene Trauer, es beruhigt lediglich ein bisschen. Zur Trauerbewältigung helfen mir sehr die Gespräche mit Gott sowie die guten Kontakte zur Familie und zu Mitmenschen bei den Seniorentreffs, beim Kegeln, aber auch bei unseren wöchentlichen Rummyspielen – doch leider ist nun auch Frau Esters von uns gegangen. Früher war ich immer darum bemüht, Verstorbene nicht mehr anzuschauen, sondern sie so in Erinnerung zu behalten, wie ich sie lebend kannte. So konnte Ruth lange nicht die schreckliche Erinnerung an ihre Mutter vergessen, die sie als Tote im Krankenhaus mit abgerissenen Schläuchen und Ähnlichem noch angesehen hatte. Mittlerweile bin ich anderer Meinung, denn ich habe Ruth, Schwiegertochter Hildegard und Adoptivsohn Christian auch als Hingeschiedene lieb in Erinnerung. Mir bleibt hier nur übrig, Ruth für die gelungene Erziehung von Wolfgang und Norbert, dass wir unser gemeinsames Leben gut bewältigen konnten und eine glückliche Familie führen durften, herzlich zu danken. Sie fehlt mit nach wie vor sehr und andere Frauen im Bekanntenkreis schneiden beim unwillkürlichen Vergleich mit ihr nicht so gut ab; ich möchte daher (vorerst?) keine engere Verbindung eingehen. Vielleicht sind meine Vorstellungen zu ideal; jedenfalls lebe ich nun ohne Schwierigkeiten im ‚Zölibat'. Wie sagte aber unsere Apothekerin zu mir: Es ist gut, eine Lebensgefährtin zu haben, nicht wegen der Erotik, sondern um dem Alleinsein zu entgehen und vor allem, um vieles gemeinsam unternehmen zu können. Ich lasse mich überraschen, zumal mir der Urologe und Herrenarzt Dr. Hettmer kurz nach Ruths Tod nach eingehender Untersuchung mitteilte, ich sei biologisch 62 Jahre alt und meine Prostata entspräche der eines 18jährigen. Ich glaube, dass er mir hatte schmeicheln wollen.

Sonstiges

Seit mir meine Mutter zu Weihnachten 1942 ein Tagebuch /Notizbuch geschenkt hatte, habe ich Interesse am Führen eines Tagebuches. Das erste begann am 1. 1. 1943 zum Ende der Handelsschulzeit, als ich gerade 16 Jahre alt geworden war. Die letzte Eintragung vom 1. 4. 1943 lautete: ‚Heute ging ich zum ersten Mal zum Dienst zum Versorgungsamt Gleiwitz'. Danach war berufs- bzw. kriegsbedingt keine Zeit für weitere Eintragungen; beruflich war ich ja täglich bei der Entfernung nach Gleiwitz, die gut 20 km beträgt, lange unterwegs gewesen. Erst 1945 in Fort Knox, Kentucky, kaufte ich ein neues Tagebuch, das ich an meine Mutter in Schomberg sandte und 1956 wieder in den Händen hatte. Es beginnt mit dem 1. 1. 1957; auch heute noch führe ich ein Tagebuch, wie zu Beginn bereits angedeutet.

Dass ich erfolgreich ein Fahrtenbuch führe, erwähnte ich schon im ersten Abschnitt.

Jetzt, im Zeitalter der elektronischen Datenverarbeitung, hätte ich es einfacher, mir zu notieren, welche Orte im In- und Ausland ich am Soundsovielten besucht habe. Ich tat bzw. tue es in einer sogenannten Loseblattsammlung.

Eigentlich habe ich schon oft nachgeblättert, wann ich in einem bestimmten Ort war. So steht im Buch ‚Heimatkunde für Fortgeschrittene‘, das ich letzte Weihnachten von Tessa und Jan geschenkt bekam, ein netter Artikel über das Lemgoer Junkerhaus, das ich auch einmal besichtigt hatte. Dank meiner Loseblattsammlung fand ich auf Anhieb das Datum.

Versuche stets eine Arbeit zu Ende zu führen und erst dann die nächste in Angriff zu nehmen. Mir ist dies bis heute nicht hundertprozentig gelungen. Es ist zwar normal bzw. üblich, zwei oder drei Arbeiten parallel zu erledigen, wenn es sich um länger andauernde handelt wie diese Abhandlung. Aber dies gilt nicht für normale Tätigkeiten. So begann ich morgens, das Bett zu richten. Mittendrin schloss ich jedoch das Fenster und stellte die Blumen aufs Fensterbrett. Danach beendete ich das Bettenmachen – unlogisch, oder?

Ich habe mir angewöhnt, möglichst sofort zu klären, wenn mir etwas merkwürdig vorkommt. Tue ich es nicht gleich, vergesse ich es womöglich. So fragte ich mich einmal, wie wird im Englischen ‚sicher‘ geschrieben. Sofort im Wörterbuch nachgeschaut und klar war: Es heißt sure und nicht shure.

Unter anderem beim Friseur oder in der Gastwirtschaft gebe ich Trinkgelder, aber es bleibt im Rahmen. Wenn wir zu Acht im Restaurant gegessen haben, runde ich die Endsumme um 50 Cent für jeden auf und komme auf ein Trinkgeld von 4 €.

Falls man sich etwas einprägen will, ist es gut, dies zunächst schriftlich zu fixieren, dann merkt man sich dies viel besser. Ich tat dies oft, wenn es um Gesetze oder ähnliches ging. Ich schrieb mir den Text auf, las ihn behutsam und merkte mir das Geschriebene viel besser, als wenn ich den Gesetzestext nur gelesen hätte.

Man soll sich auch ‚von der Seele‘ schreiben, was einen bedrückt. So bin ich dankbar, dass mir Doris bei Ruths

Trauerfeier ein Trauerbuch geschenkt hat, in das ich sehr vieles über Ruth hineinschreiben konnte. Ähnliches tat ich nach Christans Tod.

Man soll eigentlich nicht als Einzelgänger durchs Leben gehen, denn Freunde, Gleichgesinnte oder Bekannte bereichern das Leben. Dazu zählen die schon erwähnten Klassen- und Heimattreffen sowie Mitgliedschaften in der Partei, Gewerkschaft, Arbeiterwohlfahrt, im Roten Kreuz, Arbeiter-Samariter-Bund, Kegelverein, Rummykreis usw.

Schöne Erlebnisse bzw. Überraschungen soll man genießen. So erging es mir, als ich in der Kirche in Hohenlieben (Oberschlesien) völlig überraschend auf der Gedenktafel für die Gefallenen des Zweiten Weltkrieges zwei Mal den Namen Maniura las, zumal diese Maniuras aus einer ganz anderen Gegend in Oberschlesien abstammten. Freudig genossen habe ich dabei, dass es in der Kirche so eine Gedenktafel in deutscher Sprache überhaupt gab. Hier passt die Frage nach dem Vertreibungsschock. Ich verdrängte meine Vertreibung dadurch, dass ich mir einredete, ich sei vom Versorgungsamt Gleiwitz zum Versorgungsamt Kassel versetzt worden, was ja seinerzeit bei Reichsbeamten die Regel war, wollte er befördert werden.

Ein sehr wichtiger Ratschlag: In der Familie sollten wichtigen Entscheidungen wie Möbel- oder Autokauf, aber auch Urlaubsgestaltungen möglichst gemeinsam getroffen werden. Mein witziger Bruder Alfred sagte, dass bei ihnen Marianne für die kleinen Entscheidungen (Anschaffungen) und er für die großen (US-Präsidentenwahl) zuständig sei.

Tessas Vorschlag für diese Abhandlung, die sicherlich nicht vollständig ist, hat auch mir Spaß gemacht, kam doch wieder vieles in nette Erinnerung – danke schön!

Beendet am 28. 1. 2009, zufällig der Tag, an dem 1945 Schomberg von Sowjetsoldaten besetzt wurde.

Fragen und Antworten

Ein Spruch aus einem Kalenderblatt: ‚Wer mit seiner Geschichte nicht im Reinen ist, wird mit seiner Gegenwart nicht klarkommen und auch seine Zukunft nicht bewältigen können'.

Wäre Ruth nicht 1945 nicht vom Arbeitsamt entlassen worden, dann hätte ich sie in unserem Amt nicht kennengelernt.

Ich sandte diese Abhandlung zunächst an Tessa, weil ich davon ausging, dass es gewiss Fragen geben wird. So war und ist es auch. Tessa hatte Fragen zu den ersten beiden Absätzen im Abschnitt ‚Zusammenleben'. Dazu nun meine heutigen Antworten (8. Februar 2009):

1. Frage, die sie im Hinblick auf den ersten Satz aufwarf: Wenn ich mich richtig erinnere, hattest du sie damals, als ihr euch zum ersten Mal saht, sie als Erstes angesprochen?

Antwort: Das stimmt. In ‚Geschichte der Familien Maniura und Kunz (Nachtrag 2006)' habe ich das bereits notiert: Ruth lernte ich als Kollegin bereits Mitte 1947 kennen. Einige Monate später […] spielte mein Kollege […], der damals schon verheiratet war und mit Ruth in einem Zimmer arbeitete, ‚Kuppler', indem er mich auf sie aufmerksam machte und anregte, ich solle sie doch einmal ins Kino einladen. So begann unser gemeinsames Leben....

Die weiteren Fragen betreffen den zweiten Absatz.

2. Frage: Versteht man unter enthaltsamer – keinen Sex vor der Ehe? Und wenn ja, bist du der Meinung, es sollte heutzutage auch noch so sein?

Antwort: Das Enthalten bezog sich mehr auf unsere Beziehung und ich wollte Ruth nicht bedrängen, nicht zuletzt aus der Befürchtung, ein voreheliches Kind zu bekommen; damals gab es ja noch nicht die Pille. Ich vermute, dass sich auch damals nicht alle an die auch religiös bestimmte Enthaltsamkeit vor der Ehe gehalten haben.

Von meinen Klassenfreunden kenne ich lediglich einen einzigen, der – wie er bei unseren Treffen sagte – mit Vor-Liebe geheiratet hat. Während Ruth nichts mit Buben ,am Hut hatte', hatte ich in der Nachkriegszeit, bevor ich Ruth kennenlernte, bereits Sex mit anderen Mädchen gehabt – meist mit Gummischutz –, wobei ich mit einer Elmshagerin so gut wie verlobt war. Es hört sich alles widersprüchlich an, aber vielleicht war für unsere Enthaltsamkeit auch ausschlaggebend, dass für Ruth Sex nicht im Vordergrund stand und weil es zu viele ,Aufpasser' gab. Bei mir war es die Arztwitwe Klärchen Kraus vom ,alten Schlag', die nicht erlaubte, dass Ruth mich besuchte, auch als wir bereits verlobt waren, es sei denn, sie war dabei. Ruths Eltern und ihre Großmutter achteten darauf, dass unser Abschied an der Haustür immer sehr kurz ausfiel. Im Übrigen gab es damals noch den sogenannten Kupplungsparagrafen im BGB, an den sich Frau Kraus streng hielt. Die mehr oder weniger erzwungene Enthaltsamkeit löste sich mit der Pille auf, denn Frauen brauchten keine Angst mehr zu haben.

3. Frage: Da damals so ein Thema tabu war – konntest du dich offen mit der Oma darüber unterhalten?

Antwort: Ja, da waren wir beide sehr offen zueinander. Für uns gab es kein Tabu-Thema.

4. Frage: Was denkst du über die Einführung der Pille?

Antwort: Sicherlich hätten auch wir sie benutzt, wenn es sie damals schon gegeben hätte. Ich hätte mich dabei nicht um die kirchliche Meinung geschert, dass es nur ,ordentlichen Verkehr' geben darf. Schau' auf die negativen Auswirkungen dieser Meinung in Afrika mit den krankhaften Folgen wie Aids. Trotz unserer Messmethode waren wir uns nicht immer sicher.

5. Frage: Also denkst du, dass damals vielleicht auch die Kirche eine große Rolle spielte, warum man über Sex nicht sprach?

Antwort: Da bin ich überzeugt, vor allem im streng katholischen Oberschlesien, wo es vor der Heirat noch den priesterlichen Brautunterricht gab und gibt. Meiner Schwester Liesel mit Hubert wurde dabei gesagt: Hier kommen zwei fremde Menschen zusammen; sie sind mit Rohdiamanten zu vergleichen, die während der Ehe geschliffen werden. In den heutigen Kirchennachrichten steht: Vorbereitung auf die kirchliche Eheschließung. Seminar ‚Lebendige Partnerschaft – lebendige Ehe‘, Kostenbeitrag 15 € pro Paar.

Tessa schrieb abschließend: Also nochmals kurz zusammengefasst: Was du uns mit Hilfe dieser Information auf den Weg geben kannst, ist, dass der Zusammenhalt der Familie eine wichtige Rolle spielt und das Besprechen solcher Themen wie Sex unumgänglich ist, denn sonst hättest du und die Oma gewiss mehr als nur zwei Kinder gehabt.

Nachbetrachtungen

In der Zwischenzeit kamen wieder einige Sachen auf mich zu, die mir etwas Angst machen, weil es mehr als Zufälle sind. Oder ist es der siebte Sinn? So kam mir am 12. Februar der Name des Taufpaten meines Bruders, eines Kriegskameraden meines Vaters in den Sinn. Er hieß ‚Tietz‘ und es geschah praktisch aus heiterem Himmel ohne irgendeinen akuten Anlass. Am nächsten Tag lese ich im Wiesbadener Kurier die Todesanzeige eines mit fast gleichen Namen, nämlich ‚Titz‘. –

Am Waldfriedhof unterhielt ich mich mit einer Nachbarin, die zum Grab ‚Wieczorek‘ gehen wollte, Sie sprach den Namen mit getrennten Vokalen aus, also Wi-e-czorek, oberschlesisch also. Ich sagte ihr, dass es das lang gezogene ‚ie‘ in Oberschlesien nicht gäbe, wir sprächen beide Vokale einzeln aus. Als Beispiel sagte ich ihr, dass mein Schulfreund Cieslik bei uns Ci – e – lik gerufen wurde. Als ich auf dem Waldfriedhof weiterging, sah ich erstmals zwei Gräber neben dem von Frau Asmis einen ‚Cieslik‘ liegen. –

Vor Jahren hatte ich ein komisches Gefühl, was meinen Schulfreund Ernst Kaluza in Wolfsburg betraf. Ruth sagte mir, ich solle ihn doch einfach anrufen. Beim Anruf sagte mir seine Frau, dass Ernst wegen eines schweren Herzleidens im Krankenhaus läge. –

Am 14. Februar saß ich über einem Kreuzworträtsel, einem Brückenschlag, wo in der Mitte Wörter zu suchen sind, die sowohl beim vorderen Wort angehängt als auch hinteren vorgesetzt werden, zum Beispiel: Fett … Stuhl, also ist in der Mitte ‚Polster' einzutragen ist. Ich zerbrach mir den Kopf bei den Wörtern Tür … Beutel. Just in diesem Augenblick höre ich im ZDF bei der Sendung ‚Karneval Hoch Drei' aus Mainz ein Zwiegespräch, wobei einer den anderen fragt: Wie heißt der Mainzer Oberbürgermeister: Beutel; und wie heißt der Mainzer Bischof: Klingelbeutel. Also hatte ich mein mittleres Wort auf dem Tablett gebracht bekommen, nämlich ‚Klingel'. Harmlos, aber merkwürdig. –

Ob ich diesen siebten Sinn von meiner Mutter geerbt habe, denn sie hatte in dieser Hinsicht viel mehr erlebt?!

Im Übrigen war meine Mutter positiv eingestellt. Auch diese schöne Eigenschaft habe ich von ihr geerbt. Diese Zeilen, die ich zufällig dieser Tage wieder in den Händen hielt, zeigen deutlich ihr Denken. – Leseabschrift: Liebe schenken, Freude geben, dankbar und zufrieden sein ist das höchste Glück im Leben und schließt alles Schöne ein. Niemals kann man glücklich werden, wenn man hasst und wenig gibt. Nur dem lacht das Glück auf Erden, der vom Herzen gibt und liebt. – Sei im Leben froh und heiter, schau' stets vorwärts nie zurück. Im Leben geht's mal rauf mal runter, verlass' dich nie aufs ‚Große Glück'. Was Du mit Fleiß Dir selbst erschafft, gibt Dir Zufriedenheit und Kraft, was Du auch tust, hab' Gottvertrauen, so kannst Du immer aufwärts schauen!

Jetzt weiß ich auch, warum ich wie meine Mutter so gern nach positiven Sprüchen schaue. Gene lassen sich nicht verdrängen. Dazu noch etwas vom Franz von Assisi: Tu' zuerst das Notwendige, dann das Mögliche, und plötzlich schaffst du das Unmögliche.

Was man in der Zeitung so alles zum Lesen bekommt. So las ich am 12. Februar, dass „Gesundheit" wünschen out ist, so die Benimmtrainer. Eigentlich schade, denn dies ist eines der wenigen deutschen Wörter, die in den USA aus gegebenem Anlass gesprochen werden. Es bleiben also nicht mehr viele deutsche Wörter im US-Sprachgebrauch übrig.

Ich erwähnte, dass es früher üblich war, vor der Heirat ein Jahr offiziell verlobt zu sein. Im Trauring steht ja auch das Datum der Verlobung und nicht der Heirat. Nun lese ich zu meinem Erstaunen, dass es Verlobung auch heute noch gibt, denn wenn man von dieser zurücktritt, kann man nach § 1298 BGB Schadenersatz verlangen und zwar für den Schaden, der beispielsweise daraus entstanden ist, dass in Erwartung der Ehe Aufwendungen betrieben oder Verbindlichkeiten eingegangen wurden.

Zum bereits erwähnten Tabuthema, weil ich gerade im Buch ‚Ein Fingerdruck und Sie sind Ihre Schmerzen los' – ISBN 3-89350-017-0 – las, dass dieses Tabuthema so streng nicht nur in Oberschlesien zu Hause war. Ich zitiere aus diesem im Jahre 1990 erschienenen Buch unter dem Abschnitt ‚Akupunktur und Sexualität – Impotenz und Frigidität': Es ist noch nicht lange her, dass sich die abend-ländische Wissenschaft und Forschung mit der Sexualität beschäftigt, einem Thema, das bis dahin als tabu galt….

Ich glaube, dass sehr interessant ist, was wir als ‚Historie' bezeichnen, denn aus ihr heraus kann man vieles in der heutigen Zeit verstehen.

Fangen wir mit Bismarck und den Sozialgesetzen an. Um der Sozialdemokratie den Wind aus den Segeln zu nehmen, führte Bismarck gegen Ende des 19. Jahrhunderts Sozial-gesetze ein: 1883 Krankenversicherung, 1884 Unfallver-sicherung, 1889 Invaliden- und Altersversicherung. So kam es zum Generationsvertrag – die gegenwärtige Generation zahlt die Rente für die vorangegangene Generation –, weil ja für diese Versicherung kein Geld angespart worden war; 1911 folgte die Angestelltenversicherung, 1927 die Arbeitslosenversicherung, 1995 die Pflegeversicherung. Mit Bismarck war die Einführung weiterer Sozialgesetze nicht abgeschlossen und ich bin sicher, dass es noch einige gibt, die ich nicht erfasst habe.

Vor der Zeit, als Bismarck mit der Sozialgesetzgebung begann, dachte man an den Kinderschutz (1839) mit späterem Arbeits- und Gewerberecht (Gewerbeordnung von 1869). Zum Kinderschutz wurde uns gelehrt, dass es seinerzeit zu wenig Heranwachsende mit voller Gesundheit gab, sodass das Militär nach Abhilfe rief. Die Kinderarbeit wurde also nicht mit Rücksicht auf die Kinder, sondern vor allem mit Rücksicht auf militärische Erfordernisse bekämpft.

Zur Historie gehört aber auch die deutsche Schrift. Wir schrieben in der Schule die so genannte Kurrentschrift, die erst 1941 durch die lateinische Schrift abgelöst wurde. Wenn wir Post von der Oma in Bad Hersfeld erhielten, konnten Wolfgang und Norbert diese Briefe nicht lesen, da Oma Sütterlinbuchstaben benutzte. In der Schule hatten wir bis 1941 neben dieser Schrift noch als ‚Schönschrift‘ die lateinische Schreibweise. Das bedeutete in der Praxis beispielsweise, dass der Vorname mit Sütterlin, der Nachname mit Schönschrift geschrieben worden war.

Dass Religion auch Historie bedeutet, ist klar. Überraschend ist in diesem Zusammenhang, dass im dritten Reich – also von 1933 bis 1945 – an eine einheitliche, sozusagen germanische Religion gedacht worden war. Dass man seinerzeit gern auf die Germanen zurückgriff, zeigte auch die Einführung der Ruinenschrift in bestimmten Bezeichnungen wie der SS. Für die neue Religion war der damalige Reichsminister Alfred Rosenberg federführend, der bereits 1930 das Buch ‚Der Mythus des 20. Jahrhunderts‘ herausgab. Diese Theorie blieb zum Glück ein Luftschloss.

Nachtrag vom Januar/Februar 2017

Wenn man – wie ich nun – die 90 erreicht hat, sollte es an der Zeit sein, einen Rückblick zu tun, u. a. auch, was von dritter Seite über einen/mich so gesagt/geschrieben wurde und welches Glück ich wohl dank meines Schutzengels im Leben hatte und habe. Auch wären besondere Ereignisse von Interesse. Auch zeigt das eine oder andere Ereignis, dass auf eine negative Sache oft ein positives Ende erfolgt ist.

Es fing bereits bei meiner Geburt am 17. 12. 1926 an. Oma sagte zu ihrer Tochter, also zu meiner Mutter: Was hast du denn für ein hässliches Kind, worauf hin Mama – wie sie mir viel später sagte – sich nicht getraut hatte, mich anzuschauen. Als sie dann doch vorsichtig einen Blick auf mich warf, sagte sie zur Oma: Was hast du denn, es ist doch ein hübscher Junge!

Als ich ungefähr zehn Jahre alt war, schlug mein Klassen-lehrer Wieczorke/Wenndorf meiner Mutter vor: Warum melden Sie ihren Leo nicht fürs Gymnasium an. Antwort: Und wer soll das bezahlen? Mit damals vier Kindern waren wir ‚kinderreich'. In der Volksschule waren wir in der Klasse über 30 Schüler, in der sechsten Klasse im Jahre 1938 – weil zwei Klassen zusammen unterrichtet wurden – sogar 60 und zumeist barfuß, was gut für die Füße war (und wie sieht es heute aus?). Aber auch schon im Kinder-garten wurden viele Kinder von einer Schwester samt einer Helferin betreut. Auf einem Foto, vermutlich aus dem Jahre 1931, zähle ich fast 80 Kinder, und irgendwie ist aus allen etwas geworden. Theaterstücke wurden eingeübt und vorgestellt, wobei auch ich mitwirkte. Vermutlich hat mir dies viel Freude gemacht und es scheint mir im Blut zu liegen, denn ich machte auch bei Aufführungen in Neben-rollen sowohl in der Kriegsgefangenschaft in Fort Knox, Ky, als auch während der Karnevalszeit in Frankfurt (Main)-Industriehof mit.

Lange vor dem Krieg war ich mit Mama während der Ferien in Hubertsgrund im Wald zum Blaubeeren pflücken. Als der Jäger unseren Leseschein sehen wollte, den wir nicht hatten, ging er so rau mit Mama um, obwohl sie fast kniend bat, sie doch nicht anzuzeigen, zumal sie ja früher im Dienste des Jagdherren gewesen war. Für mich kleinen Buben war dies so demütigend, dass ich den Entschluss fasste: Ich will ebenfalls Beamter werden, aber die Leute würde ich nicht so drangsalieren! Damals wurde wohl der Grundstein gelegt, einmal die Beamtenlaufbahn einzuschlagen.

Vor dem Krieg wurde ausgerechnet ich vom Kaplan gebeten, ohne Mikrofon von der Orgelempore in der großen Kirche Texte vorzulesen; der Organist würde mir den nötigen Zeitpunkt bedeuten. Dazu gab mir der Kaplan Hinweise auf die hochdeutsche Sprachweise, also z. B. nicht i, sondern ü und nicht e, sondern ö. Auf diese Weise verlor ich unsere nette oberschlesische Aussprache und dies kam mir vor allem hier im Westen sehr zugute.

Als mein Vater am 16. 4. 1940 in der Hohenzollerngrube tödlich verunglückte, sagte meine Mutter fast beschwörend: Die Kinder dürfen keine Bergleute werden. Also meldete sie uns an weiterführenden Schulen an. Ich kam zur Städtischen Handelsschule in Beuthen (Oberschlesien). So gesehen hatte Papa sich für uns ‚geopfert‘.

In der Bierzeitung dieser Schule zum Schulende Ostern 1943 steht über mich: ‚In Maschine ein Genie, ist unser kleiner Leonardi‘.

Bei den Segelfliegern in Oberschlesien wurden wir auch ärztlich untersucht, ob wir sporttauglich seien. Am 3. 7. 1942 im Alter von gerade einmal 15½ Jahren wog ich 40 kg und war 153 cm groß, aber ‚sporttauglich 2‘. Ein Jahr später, am 22. 5. 1943, wog ich 41,5 kg, war 162 cm groß und ‚sporttauglich 1‘.

Glück hatte ich insofern, als man fürs Segelfliegen ein Mindestgewicht von 45 kg aufweisen musste, der Fluglehrer

227

aber augenzwinkernd zu mir sagte: Tu doch Gewichte in deine Tasche. Das Fliegen machte mir viel Spaß, aber leider endete es mit der Einberufung zum Reichsarbeitsdienst – immerhin kam ich auf 35 Flüge samt A-Prüfung am 10. 10. 1946 in Kassel: Größe dannzumal 172 cm, Gewicht 62,2 kg halb bekleidet.

Gegen Ende 1942 wurde unsere Klasse der Handelsschule geschlossen zum Arbeitsamt in Beuthen (Oberschlesien) gebeten und wir wurden darüber informiert, dass viele Behörden Beamtennachwuchs suchten. Der Mangel war entstanden, weil viele aktive Beamte zum Wehrdienst einberufen worden waren. Angeboten wurde die Finanzverwaltung, die Justizverwaltung und die Versorgungsverwaltung. Die meisten Mitschüler bewarben sich bei der Finanzverwaltung in Beuthen, viele bei der Justizverwaltung ebendort und nur zwei – Josef Moczko und ich – bei der Versorgungsverwaltung in Gleiwitz. Also waren wir mit den Augen des Arbeitsamtes als Personen mit der mittleren Reife geeignet für die gehobene Beamtenlaufbahn, wofür heute das Abitur Voraussetzung ist. Vielleicht wollten die meisten keine weitere Anfahrt in Kauf nehmen. Beginn beim Versorgungsamt Gleiwitz war der 1. 4. 1943 als Verwaltungslehrling.

Am 28. 8. 1943 wurde ich in Bauerwitz beim Reichsarbeitsdienst vom normalen Dienst befreit, weil ich als ehemaliger Handelsschüler gut in Schreibmaschine und Stenografie war – also geriet ich in die Schreibstube.

Nach Beendigung meiner Zeit beim Reichsarbeitsdienst wurde ich von der Flieger-Hitlerjugend aufgefordert, zum Dienst bei der Hitlerjugend zu erscheinen, weil das Versorgungsamt eine damals wichtige politische Beurteilung angefordert habe. Ich ging dann Anfang Dezember 1943 hin und brachte die jungen Pimpfe beim Marschieren durcheinander, weil ich ja beim Arbeitsdienst einen anderen Schritt beigebracht bekommen hatte. Das erboste den Fähnleinführer so, dass er mich vor versammelter Mannschaft vor dem Jugendheim ‚zur Sau machte‘. Das wiederum brachte mich so in Rage, dass ich zu ihm sagte: „Du kannst mich am A... lecken" und ging danach ohne Gruß nach Hause. Meine Mutter war darüber sehr entsetzt, denn was würde der Fähnlein-Führer nun ans Versorgungsamt berichten? Es ging aber gut aus, denn zum 1. 1. 1944 wurde ich zum Regierungs-Inspektor-Anwärter ernannt – ich erhielt von dieser Urkunde als Soldat in Eindhoven eine Abschrift mit der Information, dass ich das Original erhalten werde, wenn ich wieder meinen Dienst beim Amt antreten werde. Das unterblieb jedoch wegen der Kriegsereignisse. Diese Abschrift samt meiner Kamera blieben in der Bordfunkerschule in Lyon zurück, als ich am 21. 8. 1944 wieder zu einem Einsatz gegen französische Maquis-Widerstandskämpfer eingesetzt wurde und im Zuge dieses Einsatzes nicht mehr in die Bordfunkerschule zurück kam, weil der Rückzug aus Südfrankreich nach Deutschland, in meinem Fall nach Freiburg im Breisgau begonnen hatte; unsere Kompanie verließ Lyon am 2. 9. 1944.

Sowohl in der Rekrutenzeit in Eindhoven (NL) im 51. Fliegerregiment ab 28. 12. 1943 als auch in Wartestellung zur Versetzung auf die Bordfunkerschule in Lyon (F) – dies war ab 15. 3. 1944 in einem Fliegerregiment in Huijbergen (NL) – wurde ich sofort als Putzer für den Zugführer eingesetzt. Ich muss wohl etwas Besonderes haben, weil ausgerechnet ich ‚Putzer' geworden bin, denn das brachte einige Freiheiten mit sich. Während der Rekrutenzeit wurde ich am 22. 1. 1944 in Soesterfeld b. Utrecht (NL) auf Fliegertauglichkeit untersucht. Im Ärztlichen Hauptuntersuchungs-Zeugnis steht abschließend unter Berücksichtigung von Größe (167 cm) und Gewicht (55 kg): ‚Der Flieger Leonhardt Maniura möchte Bordfunker werden. Es handelt sich um einen schmächtigen Jungen in mäßigem Ernährungszustand. Er weist keine körperlichen Fehler auf, ist aber wegen seines schwächlichen Körperbaues und seiner geringen Muskelentwicklung nicht geeignet als Fallschirmschütze. Sonst entspricht er den gestellten

Anforderungen und wird beurteilt als wehrfliegertauglich, aber untauglich als Fallschirmschütze [...] .Nachtsehleistung: gut'. Unter Psyche steht in diesem Gutachten u. a.: Eher robust – stabil – lebhaft – schlagfertig. Später wurde ich, wenn auch ungefragt, doch noch Fallschirmjäger!

Glück hatte ich bei den Rückzugsgefechten aus Südfrankreich: Feuertaufe war der 21. 8. 1944 in einem Ort etwas südöstlich von Lyon (F). Damals war ich Schüler in der 6. Kompanie der Bordfunkerschule. Eigenartiges Gefühl, wenn auf einen geschossen wird! Gegen Ende August 1944 war ich bei einer Nachtwache an der Front einfach eingeschlafen – waren ja schon tagelang ohne geordneten Schlaf und das mit 17 Jahren. Der Kompanieführer drohte mir daraufhin ein Kriegsgerichtsverfahren an, was mir weitere schlaflose Nächte brachte. Es kam jedoch nicht zu diesem Verfahren, weil – wie bereits erwähnt – zu meinem Glück ab 2. 9. 1944 der Rückzug aus Lyon [F] begann und unsere Einheit, in Deutschland angekommen, sofort ‚aufgelöst' wurde!

Mein weiteres Glück bei den Soldaten war, dass nach Auflösung der Luftwaffe mangels Benzins für die Flugzeuge unsere aufgelöste Lyon-Einheit zu den Fallschirmjägern kam – welch' eine Ironie aus der Sicht der vorerwähnten ärztlichen Zeugnisses! Andere Luftwaffen-Einheiten wurden zur Waffen-SS geschickt, ohne gefragt worden zu sein. Glück also, weil ich während der Kriegsgefangenschaft und nach dem Kriege ‚unbefleckt' dastand, denn unsere Einheit war eine Fallschirmjäger-Einheit geworden. Die armen Mitsoldaten, die samt ihrer Luftwaffen-Einheit damals ungewollt in die Waffen-SS getrieben wurden, hatten später als Zivilisten nicht nur im Beruf enorme Schwierigkeiten.

Bei den Fallschirmjägern hatte ich wiederum Glück, weil unsere Einheit im November 1944 zum Fronteinsatz gegen die Amerikaner kam, einige Soldaten – davon auch ich – jedoch in Weiden bei Köln blieben, um als Pioniere mit schwerem Gerät vertraut gemacht zu werden. Dieses Gerät, das gegebenfalls dem Brückenbau dienen sollte, kam jedoch nicht an, weil Zugstrecken bombardiert worden waren. So machten wir in Weiden den Beginn der Ardennenoffensive am 16. 12. 1944 nicht mit, sondern wurden erst am 2. Weihnachtsfeiertag zu unserer in Belgien liegenden Einheit befohlen. Unsere Kompanie hatte zu diesem Zeitpunkt bereits über die Hälfte der Soldaten verloren. Die meisten waren gefallen und nur einige verwundet.

Ein weiterer Glücksfall – oder war es mein Schutzengel? – war der Einsatz bei jener Offensive. Mein Gruppenführer befahl mir, sein Ersatzmagazin für die Maschinenpistole immer wieder zu füllen, damit er fast ununterbrochen schießen konnte. Ich kauerte mich im gemeinsamen Schützenloch 'runter und war während dieser Arbeit vor feindlichem Feuer geschützt. Auch bewahrte mich der Schutzengel vor einer unangenehmen Überraschung beim Nahkampf bzw. Häuserkampf, als ich allein in ein Haus eindrang, ohne auf Gegenwehr zu stoßen. Das hätte tödlich enden können.

Als ich bei dieser Gegenoffensive in US-Kriegsgefangenschaft geriet, behielt ich entgegen der soldatischen Bestimmungen mein Soldbuch – unser Kompanieführer hatte uns dies empfohlen! – und zu meinem Glück konnte ich durch dessen Vorlage von Frankreich in die USA gelangen, weil nur nach Fallschirmjägern gefragt worden war. Die anderen Gefangenen hatten eben ‚Pech‘ gehabt und blieben in Frankreich. Und warum hatte Oberstleutnant Lloyd L. Hamilton, Leiter der Camps in Fort Knox, bei den unzähligen Kriegsgefangenen ausgerechnet mich mit der hohen Kriegsgefangenen-Nummer 74440 gefragt, ob ich sein Sohn werden sollte? Er wollte mich tatsächlich adoptieren. Da er wollte, dass ich meine Englischkenntnisse verbessern sollte, brachte er mich mit dem Dolmetscher des Lagers – Kurt Bethge – zusammen, der mein Freund wurde und der mir, da ich nicht in den USA bleiben wollte, die Adresse seiner Eltern in Kassel mit einem entspre-

chenden empfehlenden Brief als Anlaufstelle in West-
deutschland gab.

Als wir Kriegsgefangene in Fort Knox, Kentucky, USA,
ankamen, wurden wir registriert und dabei kam ich auf ein
Gewicht von 132 pounds = rd. 60 kg sowie eine Höhe von
5 feets + 6 ½ inches = rd. 169 cm. Anmerkung: Weiter gewachsen auf 172 cm – heute wieder ‚niedriger' geworden
auf 170 cm – und bei der Badekur in Bad Endbach 1993
wog ich 78,5 kg. Heute sind davon 72 kg übrig.

Eine Überraschung waren die vielen Geschenke, die ich
1945 in Fort Knox von Mitgefangenen zu meinem Geburtstag erhielt. Ein Zeichen des Dankes, denn vielen habe ich
durch meinen Einfluss beim Kommandanten – ich war ja
bei den US-Soldaten der ‚Colonels-Boy' – helfen können.
So habe ich u. a. ein Radiogerät, einen goldenen Füllfederhalter und eine Dose Ananas erhalten. Nicht zu vergessen die Süßigkeiten, die mir der Lagerleiter Lloyd L.
Hamilton während der Fahrt durch Fort Knox in seinem
eigenen PKW quasi als Geburtstagsgeschenk überreicht
hatte, wobei er noch gefragt hatte, ob ich ‚nächsten Sonntag
bestimmt' in die Kirche gehe, was ich als Kirchgänger
sowieso bejahte. Dies war mit ein Grund, eher aus der
Kriegsgefangenschaft entlassen zu werden, also ein bis
zwei Jahre früher. Und am Abend dieses Geburtstages
wurde für mich im Lagerfunk das Lied ‚Vor meinem Vater-
land steht eine Linde' gebracht.

Bei der Entlassung kam ich aus den USA zunächst ins
Durchgangslager Bolbec in Frankreich. Dort gab es viele
Unterlager. Als wir einmal in ein anderes geführt wurden,
um dort einen Film zu sehen, ging ich – ein Jahr nach dem
Krieg – nicht mehr im Gleichschritt mit, sondern spazierte
in der Kolonne dorthin, was natürlich die Marschkolonne
durcheinander brachte. Ich wurde daher von einem US-
Offizier geohrfeigt und ging danach wieder im Gleichschritt
weiter. Als wir nach dem Kino wieder in unser Unterlager
kamen, wurden wir mit den Worten befragt, wer denn von
uns von einem US-Offizier totgeschlagen worden sei. Ich

sagte ihnen, dass ich nicht totgeschlagen worden bin, sondern lediglich eine Ohrfeige erhalten habe – wie rasch sich Scheißhausparolen verbreiten! Als damals Totgesagter erwartete mich nun ein sehr langes Leben.

Beim Landratsamt in Kassel wurde mir gesagt, dass ich nicht in der Stadt bleiben könnte, weil zunächst die Ausgebombten wieder untergebracht werden müssten. Ich wurde daraufhin nach Elmshagen weitergeleitet. Und hier geriet ich zu meinem Glück an die Bauernfamilie Zimmermann mit guter ‚Kost und Wohnung'.

Beim Versorgungsamt Kassel kam ich auch deshalb gut an, weil der Amtsleiter des Versorgungsamtes Gleiwitz vorher Assistent bei diesem Amt war und er bestätigen konnte, dass ich bei ihm in Gleiwitz beschäftigt war. Nach 3½ Monaten wurde ich wieder zum Regierungsinspektor-Anwärter ernannt, weil ich inzwischen von Mama den entsprechenden Nachweis per Brief bekommen hatte. Das Glück bestand darin, dass dieser Nachweis nur deshalb vorhanden war, weil in Oberschlesien im Hinblick auf den sowjetischen Einmarsch den Beamten im Dezember 1944 eine Bestätigung ihres Titels ausgehändigt oder übersandt worden war. Also verhalfen mir ungewollt die Russen zu diesem Nachweis!

Als Anfang 1947 in Hessen die Versorgungsverwaltung, weil ‚Kriegsverwaltung' aufgelöst und die Arbeit dieser Verwaltung den Landesversicherungsanstalten sowie den Allgemeinen Ortskrankenkassen übertragen worden war, wurde ich zum Aufbau dieser neuen Verwaltung nach Marburg (Lahn) versetzt, aber im letzten Augenblick bekam ich zum Dienstschluss per Telefon den Auftrag, am nächsten Arbeitstag nicht nach Marburg, sondern nach Hersfeld zu fahren. Ich hatte schon gehen wollen, war bereits außerhalb des Büros und kehrte wieder zurück. Hier lernte ich im Laufe der Zeit Ruth kennen, die man bei diesem neuen Amt als Chefsekretärin eingestellt hatte. Auch dies war ein Zufall, denn sie war beim Arbeitsamt Hersfeld nach Kriegsende entlassen worden, weil sie Mitglied der Hitlerjugend gewesen war. Was Zufälle auf dieser Welt – ich nenne dies einfach Glück, denn es bestimmte ja unsere gemeinsame Zukunft. Dies blieb dem Kollegenkreis nicht verborgen, denn zum Faschings-Nachmittag 1949 – nun hieß es Bad Hersfeld – wurde beim gemeinsamen Feiern der Vers vorgetragen: ‚Mit dem Pfeil, dem Bogen aus Amerika kam zu uns geflogen Leonhardt Maniura. Er ist lieb und freundlich, hilfsbereit zu uns. Doch besonders freundlich ist er zu Fräulein Kunz'. In einem Artikel über die Dienststelle in Bad Hersfeld vom Juni 1986 steht über mich: ‚Ja, nun ist der weg, der Leo, und wir mussten sehen, wie wir ohne ihn, der bei den beginnenden Umanerkennungsverfahren nach dem BVG verantwortlich eingesetzt war und im Auftrag unterschrieb, auskommen. Übrigens ahnten wir schon damals, dass er den Marschallstab im Tornister mitführte.' Hier ist anzumerken, dass ‚im Auftrag' nur Dezernenten unterschreiben durften, also in der Regel Juristen. Ich bekam diese Zuerkennung bereits als Regierungsinspektor-Anwärter, also praktisch als Beamter im Vorbereitungsdienst. Seinerzeit mangelte es an Volljuristen.

Jetzt komme ich langsam zum Schluss, denn der weitere Lebenslauf vor allem in der Versorgungs-Verwaltung ist bekannt: Frankfurt am Main, Wiesbaden (hierhin vor allem deshalb, weil im Ministerium Vertriebene gesucht worden waren! Welch Glück für mich!) und Suhl. Beim Versorgungsamt Suhl war ich als reaktivierter Beamter (kommissarischer Amtsleiter) tätig und hatte zum Abschied von den Mitarbeitern geschrieben bekommen: ‚...möchten Ihnen sehr herzlichen Dank sagen für Ihren unermüdlichen Einsatz beim Aufbau und beim ‚in Gang setzen' des Amtes. Wir wissen es sehr zu schätzen, dass Sie unter Verzicht auf ein angenehmes Dasein im Ruhestand viele Wochen hier in Thüringen tätig waren und uns aufgrund Ihres reichen Erfahrungsschatzes den Weg für eine erfolgreiche Tätigkeit geebnet haben. Wir versprechen Ihnen, dass jeder von uns künftig an seinem Platz das Beste geben wird, und wir wünschen Ihnen nun eine schöne Zeit im Kreise Ihrer Familie und beste Gesundheit [...] 28. 2. 1991'. Meine Beamtenlaufbahn hatte es schon in sich: Nach zweimaligem Lehrlingsdasein dauerte meine Lehrzeit mit anschließender Zeit als Regierungsinspektor-Anwärter exakt zehn Jahre, weil es nach dem Krieg kein Studium samt Abschlussprüfung für Beamten gab. Diese Prüfung war erst am 4. 3. 1953 möglich mit dem Ergebnis, dass ich dank Gesamtnote ‚gut' zum 1. 4. 1953 zum Regierungsinspektor berufen wurde! Bereits vorher – 1951 – wurde mir eine Referentenstelle übertragen, die heute nur mit juristischer Ausbildung zu erlangen ist. Mein großes Glück war, als Minister Franke vom BHE (Block der Heimatvertriebenen und Entrechteten) nach seiner Wahl im Jahre 1956 fragte, warum es im Ministerium kaum vertriebene Beamte gab. So wurde (auch) ich ins Ministerium geholt. Dort ging es dann ganz schön aufwärts: 1957 Regierungs-Oberinspektor, 1963 Amtmann, 1968 Amtsrat, 1970 Oberamtsrat, 1983 Regierungsrat und 1984 Regierungsoberrat. Zwischendurch eine Beurteilung vom 31. 12. 1973: ‚Herr OAR Maniura besitzt umfassende und gründlichen Kenntnisse im Kriegsopferversorgungs-Recht und in den Gesetzen, die das Bundesversorgungsgesetz für anwendbar erklären'. Besonders stolz bin ich auf die Belobigung durch den doch so arg kritisch eingestellten Bundesrechnungshof vom 27. 2. 1987, also kurz vor meiner Pensionierung. Ich gab ihm jeweils meinen Gratisleitfaden zur Heil- und Krankenbehandlung nach dem Bundesversorgungsgesetz, der für die hessische Versorgungsverwaltung gedacht war: ‚Wir bedanken uns dafür, dass über so viele Jahre (persönliche Anmerkung: 20) hinweg die Zusammenstellung nebst Ergänzungen zur Verfügung gestellt wurde. Für Ihren Ruhestand wünschen wir Ihnen alles Gute'. Vermutlich bin ich der einzige Beamte im gesamten Bundesgebiet, dem der Bundesrechnungshof etwas Positives bescheinigt hat.

Nach Ruths Tod war ich zunächst ein paar Jahre allein, bis ich dann Resi kennen lernte und wir uns kirchlich trauen ließen – nur kirchlich deshalb, weil sie, weil ich bereits in Pension bin und keinen Anspruch auf Witwengeld hätte. Inzwischen sind wieder ein paar Jahre vergangen und wir beide sind sehr glücklich über diese Entscheidung, zumal wir auch von unseren beiden Familien gut aufgenommen wurden. Beide sind wir vor allem altersgemäß nicht mehr ganz gesund, aber das hindert uns nicht, fast jeden Tag unseren ausgedehnten Spaziergang zu machen sowie mittwochs zur Senioren-Gymnastik zu gehen. Das Alter macht sich u. a. dadurch bemerkbar, dass ich meine Beine beim Spazierengehen nicht mehr so hoch bekomme. Ich halte mich nun im Treppenhaus am Geländer fest und beim Spazierengehen achte ich auf Unebenheiten. Ansonsten fühle ich altersgemäß gar nicht so schlecht, habe die Krankheiten – u. a. Diabetes – dank der Medikamente gut im Griff. Übrigens, meine Ruhe habe ich erst nach meiner Pensionierung so richtig erreichen können. Vielleicht ist diese auch damit zu begründen, dass ich nun mehr als früher bete. Resi sagt mir, dass diese Ruhe inzwischen auch auf sie übergegangen sei.

Nun bin ich also trotz der erwähnten, manchmal turbulenten Ereignisse 90 Jahre alt geworden – wie eingangs erwähnt – und fühle ich eigentlich ganz wohl in meiner Haut, wie man so sagt. Wie oft haben die geschilderten Erlebnisse gezeigt, dass aus einem eingangs negativen Ereignis später ein positives geworden ist. Beispielsweise Tod des Vaters 1940 und Besuch einer weiterführenden Schule – oder wegen Durchfalls während der Ardennenoffensive 1945 dem Tod entkommen – oder beabsichtigte Urlaubsfahrt im Januar 1945 und Kriegsgefangenschaft – oder 1946 ins ungewisse, für mich völlig fremde West-Deutschland zu fahren als in den USA zu bleiben mit dem hier eingetretenen, nicht vorauszusehenden Aufstieg vom zweimaligen Verwaltungslehrling und ‚ewigen' Anwärter zum Amtsleiter. 1943 Soldat geworden und dadurch 1945 nicht in Schomberg gewesen, als Russen einmarschierten und dass ich den im Januar 1945 zugesprochenen Heimaturlaub nicht antreten konnte. Negativ war die Eroberung Oberschlesiens durch die Sowjetarmee, aber dadurch hatte ich den Nachweis des Versorgungsamtes Gleiwitz von Anfang Dezember 1944, dass ich Regierungsinspektor-Anwärter gewesen war. 1946 'raus aus Kassel und Einweisung in Elmshagen mit guter Kost und Wohnung. Versetzung 1946 vom Versorgungsamt Kassel statt ursprünglich nach Marburg (Lahn) Hals über Kopf nach Hersfeld. Vertriebener und 1956 deshalb ins Ministerium. Und und und....

Email an den Herausgeber

Lieber Michael,   Wiesbaden, den 28. Januar 2020

nach unserem letzten Telefonat suchte ich in alten Auf-zeichnungen und fand unter dem Stichwort ‚Rückblick' vom Januar/Februar 2017 einiges, was ich auch als Glück bzw. Schutzengel für mich bezeichnen möchte und was vielleicht auch Dein Interesse wecken dürfte. Es ist ja meist auf mich bezogen, besagt aber auch einiges, was die Familie ‚Maniura' betrifft.

Einiges ergänze ich:

Im Abschnitt Volksschule habe ich erwähnt, dass unser Jahrgang rund 60 Schüler waren. Von diesen sind 29 im Krieg geblieben, also jeder zweite Mitschüler! Glücklicher-weise gehörte ich zu den Überlebenden.

So steht im Abschnitt über die Berufsberatung 1942 beim Beuthener Arbeitsamt (Beamtennachwuchs), dass im Krieg die Laufbahn für die gehobene Beamtenlaufbahn – also die Inspektorlaufbahn – auch für Bewerber mit der sogenannten mittleren Reife geöffnet worden war.

Früher galt und das gilt heute wieder, dass dafür ein Abitur vorausgesetzt wird. Für Bewerber mit der mittleren Reife, also Handelsschule war die Sekretärslaufbahn vor-gesehen. Nun waren aber im Krieg Bewerber mit Abitur nicht vorhanden, weil man gesetzlich gesehen mit 16 Jah-ren zum Reichsarbeitsdienst und mit 17 zur Wehrmacht einberufen wurde. Somit gab es keine Bewerber mehr mit 18, weil diese ja bereits bei der Wehrmacht waren – man erweiterte die Einstiegmöglichkeit kriegsbedingt auf 17 und damit auf Bewerber mit mittlerer Reife. Überspitzt gesagt bin ich also ein ‚Kriegsgewinnler'. Die Praxis zeigte, dass es auch mit solchen Bewerbern ging. Was hatte ich damals schon ein Glück!

Zum Abschnitt Flieger-Hitlerjugend habe ich nach dem Krieg beim Versorgungsamt Kassel erfahren, dass der dort vor dem Krieg beschäftigte Assessor Dr. Schleiffer dadurch negativ aufgefallen war, dass er in SA-Uniform im Ratskeller ‚unflätige' Lieder gesungen habe und man ihn nach Oberschlesien strafversetzt hatte. So lernte ich ihn als Leiter des Versorgungsamtes Gleiwitz kennen. Wenn ihm also von der Hitlerjugend ein etwas kritischer Bericht zugegangen war, kann es sein, dass es ihm sogar imponierte. Wiederum ein Glück für mich.

Vor dem Abschnitt oberschlesische Aussprache wäre zu erwähnen, dass ich am 1. 9. 1939 meinen zweiten Geburtstag erlebte. Als nämlich in Antwort auf den Kriegsbeginn in der Nacht vom 31. 8. zum 1. 9. 1939 um zehn Uhr Schomberg aus polnischen Bunkern in Godullahütte beschossen wurde, hatten wir schulfrei, weil Danzig ‚befreit' worden war. Als eine der rund 100 Granaten auch unser Klassenzimmer traf, waren wir Gott sei Dank nicht in der Schule! Daher ein glücklicher zweiter Geburtstag!

Im Zusammenhang mit der Ardennenoffensive erlebte ich am 5. 1. 1945 den dritten Geburtstag. Dies ergibt sich schon aus der Dir vorliegenden Lebensgeschichte. Vielleicht ist etwas an dem Spruch ‚Totgesagte leben länger' doch wahr, denn auch ich wurde im März 1946 totgesagt. Damals waren wir, aus den USA zurückkommend, im US-Lager im französischen Bolbec bei Le Havre. In einem Nebenlager war ein Kino und als unser Nebenlager an der Reihe war, sich dort einen Film anzuschauen, marschierten wir los; ich ging dabei spazieren, denn so lange Zeit nach dem Kriege wollte ich einfach nicht ‚marschieren'. Das brachte aber den begleitenden US-Offizier so in Rage, dass er mir eine Backpfeife gab – also marschierte nun auch ich in der Kolonne. Bei der Rückkehr in unser Nebenlager wurden wir mit den Worten empfangen: Ein Mitgefangener ist am Tor totgeschlagen worden. Eine typische Scheißhausparole, wie man zu Deutsch sagt.

Ja, lieber Michael, es gibt im Leben Ereignisse, die man einfach nicht vorhersehen konnte.

So zum Schluss: Als Ruth starb, befand sie sich abends im Badezimmer. Wir waren immer einzeln darin gewesen, weil es nur ein Waschbecken gab. Warum bin ich diesmal ins Badezimmer gegangen, obwohl Ruth noch nicht ‚fertig' war? Und die innere Stimme gab mir recht, denn ich konnte sie am Waschbecken gerade noch auffangen, als sie sagte „mir ist es schlecht" und sie aufs Klo setzen. Da war sie bereits an einer Embolie gestorben. Wäre ich nicht hinein gegangen, hätte ich sie später auf dem Boden tot liegen gesehen.

Alles Gute und recht herzliche Grüße von

Deinem Onkel Leo